甘阳 主编

文化：中国与世界新论

*

帝国的想象

文明、族群与未完成的共同体

梁展 著

生活·讀書·新知 三联书店

Copyright © 2023 by SDX Joint Publishing Company.
All Rights Reserved.
本作品版权由生活·读书·新知三联书店所有。
未经许可，不得翻印。

图书在版编目（CIP）数据

帝国的想象：文明、族群与未完成的共同体 / 梁展
著．—北京：生活·读书·新知三联书店，2023.8
（"文化：中国与世界"新论）
ISBN 978-7-108-07534-5

Ⅰ.①帝⋯ Ⅱ.①梁⋯ Ⅲ.①世界史－近代史－文集
Ⅳ.① K14-53

中国版本图书馆 CIP 数据核字 (2022) 第 194331 号

责任编辑	丁立松
装帧设计	薛　宇
责任校对	常高峰
责任印制	张雅丽
出版发行	生活·讀書·新知 三联书店
	（北京市东城区美术馆东街 22 号 100010）
网　　址	www.sdxjpc.com
经　　销	新华书店
印　　刷	河北鹏润印刷有限公司
版　　次	2023 年 8 月北京第 1 版
	2023 年 8 月北京第 1 次印刷
开　　本	850 毫米 × 1092 毫米　1/32　印张 11.25
字　　数	225 千字
印　　数	0,001 - 5,000 册
定　　价	49.00 元

（印装查询：01064002715；邮购查询：01084010542）

"文化：中国与世界"新论

缘 起

百年前，梁启超曾提出"中国之中国"，"亚洲之中国"，以及"世界之中国"的说法。进入 21 世纪以来，关于"世界之中国"或"亚洲之中国"的各种说法益发频频可闻。

但所谓"中国"，并不仅仅是联合国上百个国家中之一"国"，而首先是一大文明母体。韦伯当年从文明母体着眼把全球分为五大历史文明（儒家文明，佛教文明，基督教文明，伊斯兰文明，印度教文明）的理论，引发日后种种"轴心文明"讨论，至今意义重大。事实上，晚清以来放眼看世界的中国人从未把中国与世界的关系简单看成是中国与其他各"国"之间的关系，而总是首先把中国与世界的关系看成是中国文明与其他文明特别是强势西方文明之间的关系。二十年前，我们这一代人创办"文化：中国与世界"系列丛书时，秉承的也是这种从大文明格局看中国与世界关系的视野。

这套新编"文化:中国与世界"论丛,仍然承继这种从文明格局看中国与世界的视野。我们以为,这种文明论的立场今天不但没有过时,反而更加迫切了,因为全球化绝不意味着将消解所有历史文明之间的差异,绝不意味着走向无分殊的全球一体化文明,恰恰相反,全球化的过程实际更加突出了不同人民的"文明属性"。正是在全球化加速的时候,有关文明、文化、民族、族群等的讨论日益成为全球各地最突出的共同话题,既有所谓"文明冲突论"的出场,更有种种"文明对话论"的主张。而晚近以来"软实力"概念的普遍流行,更使世界各国都已日益明确地把文明潜力和文化创造力置于发展战略的核心。说到底,真正的大国崛起,必然是一个文化大国的崛起;只有具备深厚文明潜力的国家才有作为大国崛起的资格和条件。

哈佛大学的张光直教授曾经预言:人文社会科学的 21 世纪应该是中国的世纪。今日中国学术文化之现状无疑仍离这个期盼甚远,但我们不必妄自菲薄,而应看到这个预言的理据所在。这个理据就是张光直所说中国文明积累了一笔最庞大的文化本钱,如他引用 Arthur Wright 的话所言:"全球上没有任何民族有像中华民族那样庞大的对他们过去历史的记录。二千五百年的正史里所记录下来的个别事件的总额是无法计算的。要将二十五史翻成英文,需要四千五百万个单词,而这还只代表那整个记录中的一小部分。"按张光直的看法,这笔庞大的文化资本,尚未被现代中国人好好利用过,因为近百年来的中国人基本是用西方一时一地的理论和观点去看世界，甚至想当然地以为西方的理论观点都具有普遍性。但是，一旦"我们跳出一切成见的圈子"，倒转过来以中国文明的历史视野去看世界，那么中国文明积累的这笔庞大文化资本就会发挥出其巨大潜力。

诚如张光直先生所言，要把中国文明的这种潜力发挥出来，我们需要同时做三件事，一是深入研究中国文明，二是尽量了解学习世界史，三是深入了解各种西方人文社会科学理论，有了这三个条件我们才能知所辨别。做这些工作都需要长时间，深功夫，需要每人从具体问题着手，同时又要求打破专业的壁垒而形成张光直提倡的"不是专业而是通业"的研究格局。这套丛书即希望能朝这种"通业研究"的方向做些努力。我们希望这里的每种书能以较小的篇幅来展开一些有意义的新观念、新思想、新问题，同时丛书作为整体则能打破学科专业的篱笆，沟通中学与西学、传统与现代、人文学与社会科学，着重在问题意识上共同体现"重新认识中国，重新认识西方，重新认识古典，重新认识现代"的努力。

之所以要强调"重新认识"，是因为我们以往形成的对西方的看法，以及根据这种对西方的看法而又反过来形成的对中国的看法，有许多都有必要加以重新检讨，其中有些观念早已根深蒂固而且流传极广，但事实上却未必正确甚至根本错误。这方面的例子可以举出很多。例如，就美术而言，上世纪初康有为、陈独秀提倡的"美术革命"曾对20世纪的中国美术发生很大的影响，但他们把西方美术归结为"写实主义"，并据此认为中国传统美术因为不能"写实"已经死亡，而中国现代美术的方向就是要学西方美术的"写实主义",所有这些都一方面是对西方美术的误解,另一方面则是对中国现代美术的误导。在文学方面,胡适力图引进西方科学实证方法强调对文本的考证诚然有其贡献,但却也常常把中国古典文学的研究引入死胡同中,尤其胡适顽固反对以中国传统儒道佛的观点来解读中国古典文学的立场更是大错。例如他说"《西游记》被三四百年来的无数道士和尚秀才弄坏了",认为儒道佛的"这些解说都是《西游记》的大敌",但正如《西游记》英译者余国藩教授所指出,胡适排斥儒道佛现在恰恰成了反讽,因为欧美日本中国现在对《西游记》的所有研究成果可以概观地视为对胡适观点的驳斥,事实上,"和尚,道士和秀才对《西游记》的了解,也许比胡适之博士更透彻,更深刻!"。

　　同样,我们对西方的了解认识仍然远远不够。这里一个重要问题是西方人对自己的看法本身就在不断变化和调整中。例如,美国人曾一度认为美国只有自由主义而没有保守主义,但这种看法早已被证明乃根本错误,因为近几十年来美国的最大变化恰恰是保守主义压倒自由主义成了美国的主流意识形态,这种具有广泛民众基础而且有强烈民粹主义和反智主义倾向的美国保守主义,几乎超出所有主流西方知识界的预料,从而实际使许多西方理论在西方本身就已黯然失色。例如西方社会科学的基本预设之一是所谓"现代化必然世俗化",但这个看法现在已经难以成立,因为正如西方学者普遍承认,无论"世俗化"的定义如何修正,都难以解释美国今天百分之九十以上的人自称相信宗教奇迹、相信上帝的最后审判这种典型宗教社会的现象。晚近三十年来是西方思想变动最大的时期，其变动的激烈程度只有西方17世纪现代思想转型期可以相比，这种变动导致几乎所有的问题都在被重新讨论，所有的基本概念都在重新修正，例如什么是哲学，什么是文学，什么是艺术，今天都已不再有自明的答案。但另一方面，与保守主义的崛起有关，西方特别美国现在日益呈现知识精英与社会大众背道而驰的突出现象：知识精英的理论越来越前卫，但普通民众的心态却越来越保守，这种基本矛盾已经成为西方主流知识界的巨大焦虑。如何看待西方社会和思想的这种深刻变化，乃是中国学界面临的重大课题。但有一点可以肯定：今天我们已经必须从根本上拒斥简单的"拿来主义"，因为这样的"拿来主义"只能是文化不成熟、文明不独立的表现。中国思想学术文化成熟的标志在于中国文明主体性之独立立场的日渐成熟，这种立场将促使中国学人以自己的头脑去研究、分析、判断西方的各种理论，拒绝人云亦云，拒绝跟风赶时髦。

黑格尔曾说，中国是一切例外的例外。近百年来我们过于迫切地想把自己纳入这样那样的普遍性模式，实际忽视了中国文明的独特性。同时，我们以过于急功近利的实用心态去了解学习西方文明，也往往妨碍了我们更深刻地理解西方文明内部的复杂性和多样性。21世纪的中国人应该已经有条件以更为从容不迫的心态、更为雍容大气的胸襟去重新认识中国与世界。

承三联书店雅意,这套新编论丛仍沿用"文化:中国与世界"之名,以示二十年来学术文化努力的延续性。我们相信,"文化"这个概念正在重新成为中国人的基本关切。

甘 阳
2007年中秋于杭州

目录

导言：帝国与民族–国家的纠缠　*1*

一　帝国的崩解与再造

卡夫卡《中国长城修建时》的政治话语　*20*

布拉格的"中国人"　*20*

奥匈帝国的神话　*27*

"大奥地利"方案　*59*

二　政治地理学与大同世界

康有为《大同书》的文明论谱系　*84*

文明话语实践与人种学的诞生　*84*

政治地理学与体质人类学　*99*

晚清外交危机与人种分类的知识与实践　*114*

"烟剪人"、鲜卑与康有为殖民巴西的计划　*130*

种族改良与大同世界的构想　*140*

三 帝国与启蒙的前夜

《大莫卧儿帝国旅行记》中的土地、财富与东方主义　157

"莫卧儿 – 贝尔尼埃"　160

自由思想者眼中的焚祭礼和日食　167

印度洋贸易、财富和土地所有制　182

四 帝国与反叛的幽灵

法兰西革命年代的文人形象　204

密谋家　213

浪荡汉或波希米亚文人　227

幽　灵　240

五 自由帝国主义与民族主义

重思安德森的《想象的共同体》　253

来自爱尔兰的中国海关关员　253

本尼迪克特·安德森与印度尼西亚民族主义运动　277

自由帝国主义与殖民地民族主义　315

导言：帝国与民族-国家的纠缠

1917年6月，犹太裔英国马克思主义史学家艾瑞克·霍布斯鲍姆出生于埃及的亚历山大城。为了摆脱埃及民族主义风暴给外国人带来的不安，母亲带着两岁的艾瑞克乘坐意大利邮船公司的"赫勒万号"邮轮来到她在亚得里亚海边的故乡——奥匈帝国的的里雅斯特，不久前这座风景秀美的港口城市刚刚被意大利占领。数月后，霍布斯鲍姆一家移居维也纳郊区，艾瑞克在那里度过了喜忧参半的童年时光。在这个前多瑙河帝国的政治与文化中心、新的奥地利国家首都，霍布斯鲍姆虽然没有机会亲历哈布斯堡帝国分崩离析的政治悲剧，但是共同生活在帝国内的德裔、斯拉夫人、马扎尔族群以及犹太人之间的政治、文化、语言冲突仍未远去。[1]"假如说19世纪奠定的'民族原则'曾经在某一时刻赢得了胜利的话，那么这个时刻便是在第一次世界大战结束之际"[2]，离

---

[1] 参见 Richard J. Evans, *Eric Hobsbawm: A Life in History*, New York: Oxford University Press, 2019, pp.1-44。
[2] Eric Hobsbawm, *Nations and Nationalism Since 1780: Programme, Myth, Reality*, Cambridge: Cambridge University Press, 1992, 2nd ed., p.131.

开维也纳长达半个世纪之后，霍布斯鲍姆带着遥远的童年记忆论道，民族主义在 1918—1950 年之所以达到了高潮，究其原因，应当是中东欧多民族大帝国的崩溃和俄国革命的爆发所致。所谓"中东欧多民族大帝国"显然是指历时 50 余载的奥地利 – 匈牙利帝国（1867—1918）。凡尔赛和会之后，美国总统伍德罗·威尔逊和布尔什维克党人揭橥民族自决权的旗帜，民族主义浪潮一浪高过一浪，一直绵延到了 20 世纪 90 年代。在此期间，奥斯曼土耳其帝国、奥匈帝国、俄罗斯帝国很快成为历史，英、法殖民帝国元气大伤，苏联最终也未能摆脱解体的命运；在中东欧、亚洲、非洲和南美洲地区，新兴的民族 – 国家如雨后春笋般接连涌现，这让人们觉得，20 世纪仿佛是一个"民族 – 国家的世纪"。

历史学家往往以孤立的民族 – 国家为基本单位来叙述本民族和国家的历史，抹去民族 – 国家的帝国印迹以及它与帝国相互重叠和纠缠的"前史"，来服务于民族主义政治的现实需要。然而，近年来的史学研究则尝试在全球史网络中考察东西方各个民族 – 国家的历史，发掘它们在更为广阔的时空中彼此连接构成的复杂关系，并对过度依赖民族 – 国家视角的历史编纂学原则，即所谓"方法论的民族主义"做出质疑、反思和挑战。[1] 以德国殖民史、东亚（日本）史和全球史理论见长的塞巴斯提安·康拉德指出，在以往的历史叙述

---

[1] 2021 年 8 月 26—27 日，皮埃尔·杜·布瓦基金会在瑞士日内瓦研究生学院举办了一场"方法论的民族主义"论坛，来自欧美国家的 12 位历史学家与会并发言，见 Cemil Aydin, Grace Ballor, Sebastian Conrad et.al., "Rethinking Nationalism", in *American Historical Review*, Volume 127, Issue 1 [March 2022], pp.310-371。

中，帝国与民族-国家泾渭分明，然而将帝国看作是民族-国家出于经济发展和人口增长向外扩张的结果的观点，并不完全符合历史实际。其实，对于民族-国家而言，帝国既是催化剂也是有待克服的障碍：一方面，帝国的压迫培养了共同的民族意识，在世界上的许多地方，民族主义如霍布斯鲍姆所说，是对"传统的发明"，它将"族裔、宗教、语言和地区的差异与联合人们起来反对外来统治的利益连接起来"。因此，作为反殖民主义的民族主义，"其本身正是借助基于交流和交换的目的而设立的帝国诸项制度和基础设施才成为可能，而且，作为政治枢纽的帝国中心反过来亦有利于反殖民主义民族主义的滋生"；反殖民主义民族主义如若要生根发芽、开花结果，就必须跨越横亘在它们面前的帝国这一障碍，换言之，如果后殖民国家要追求民族兴盛，帝国也就必须要解体。然而，"具有讽刺意味的是，这种信念（即民族兴盛——引者）恰恰是帝国意识形态的核心所在"，对国内"落后民族"所肩负的"文明的使命"往往也能够使帝国预见到自身会缓慢没落的命运。[1]因此，与其说20世纪是民族-国家的世纪，不如说它是民族-国家与帝国相互纠缠的历史。

在中东欧民族独立的进程中，捷克斯洛伐克、南斯拉夫和马扎尔等的民族主义者纷纷指斥奥匈帝国是"各民族人民的监狱"，我们不能否认这个政治口号在当时的历史语境

---

[1] Sebastian Conrad, "Empire and Nationalism", in *American Historical Review*, Volume 127, Issue 1 [March 2022], pp.327-332.

下发挥了不可替代的政治动员作用,然而,在以民族-国家为中轴线展开的历史叙述中,中性意义上的帝国治理方式对国内族群的政治民族主义发展起到的催化作用却遭到了不同程度的漠视。彼得·贾德森是在意大利欧洲大学任教的中东欧历史学家,他在2016年推出的《奥匈帝国史:一部新史》中,分析了哈布斯堡王朝对帝国境内各个族群"分而治之"的情况,以及地方政治精英积极有效地利用帝国的族群治理政策服务于他们各自领导的民族主义政党选举活动的事实。[1] 举例而言,1897年4月5日,帝国总理巴德尼颁布语言法令,要求在政府工作的德裔公务员能够熟练掌握捷克语,这个举措的初衷是要在波希米亚王国境内将捷克语提升到与德语同等重要的地位。感到利益受损的德裔族群立即走上街头,反对该法令的实施,并以言辞辱骂巴德尼本人,最后,一场声势浩大的抗议活动以巴德尼被迫辞职才平息下去。在贾德森看来,巴德尼危机使越来越多的奥匈帝国普通民众参与到对国家决策的讨论当中,表明维也纳中央政府对波希米亚王国两大族群的影响力和重要性受到削弱,遂使波希米亚形成了除维也纳之外的另一个帝国中心。此外,政府为波希米亚王国单独制定法律的做法又引起与其毗邻相处的格拉茨或萨尔斯堡的不满,从而激发了当地人的民族平等意识。[2] 由此可见,帝国非但没有构成民族主义发展道路上的障碍,反而成了民族主义的摇篮。

---

[1] 参见 Pieter M. Judson, *The Habsburg Empire: A New History*, Cambridge: The Belknap Press of Harvard University Press, 2016。
[2] 参见 Pieter M. Judson, *The Habsburg Empire: A New History*, p.314。

若论帝国对内部民族主义的压迫,与奥匈帝国相比,英帝国对爱尔兰民族主义的镇压显然更为残酷无情。在奥匈帝国解体100周年来临之际,贾德森在密歇根大学的一次讲演中,首先谈到了1916年在都柏林爆发的一次民族起义。4月24日(复活节)清晨,1200多名爱尔兰民族主义者持枪攻占了位于都柏林市中心的椭圆形地带,驻扎在这里的英军在经历了短暂的震惊之后,迅速从英国各地调集了多达数千名的士兵,甚至用战场上才使用的重炮猛烈轰击叛乱者构筑的街垒。数日后,起义者终于感到寡不敌众,被迫于4月29—30日向英军缴械投降。根据2015年英国官方公布的统计数字,这次起义一共造成至少485人死亡,其中有260名平民[1];2600余人受伤,其中包含至少2200名平民以及40余名17岁以下少年儿童。尽管接受了对方的投降,驻爱尔兰英军总司令还是下令逮捕了3500余名叛乱者,处决了帕特里克·皮尔斯、詹姆斯·康诺利等154位领导者。在讲述这一历史事件时,贾德森刻意隐去了起义发生的地点。很多人会觉得,这场第一次世界大战期间最大规模的民族起义一定爆发在奥匈帝国的某个边远省份,因为在1916年协约国战败迹象显露之际,奥匈帝国内部的族群冲突正愈演愈烈。

但事实并非如此,即便在帝国的末日,对于地方民族主义者提出的自治要求,卡尔皇帝也表现得宽容有度。1918年的秋天,在施蒂利亚州首府格拉茨,一批商业名流和工人迫切想要解决当地生活用品的供应问题,于是组成了"施蒂利

---

[1] 参见 Glasnevin Trust, *1916 Necrology*, March 2015。

亚州公共福利委员会",决心斩断与奥匈帝国的纽带。该委员会同时致电卡尔皇帝和施蒂利亚州州长,请求他们赋予其在当地行使原本属于帝国政府的权力。维也纳方面不但同意了他们的诉求,而且命令州长将涉及当地物资供应和帝国内部贸易的权力全部移交给该委员会。贾德森就此评论道,这一做法体现了善于根据形势灵活应变的帝国传统。[1]

在分析1916年复活节起义失败的原因时,历史学家指出,起义的举动在当时并没有得到普通市民和公众舆论的支持:无论是英军的亲属,还是英爱联合派,连英国国会中的爱尔兰党派都对起义军心怀敌意,这一现象被贾德森概括为普通民众对自身民族身份的漠视(indifference to nationhood)。在奥匈帝国晚期,语言常常被认定为甄别一个人的民族身份以及衡量他对本族群是否忠诚的标准。在族群杂居的地方,语言成为政治斗争的"前线",然而,与当地民族主义政治精英希望看到的态度相反,在摩拉维亚和波希米亚地区,贾德森细致地观察到,当地的农民拒绝将语言的划分转化为在自我认同甚至族群忠诚度方面的差别,相反,"操两种语言、对民族身份的漠视以及利用民族身份投机等现象,表现了双语地区地方文化的基本逻辑,这一逻辑无论是激进的民族主义者还是所谓现代化进程均无法予以摧毁"。[2]因此,族群或民族身份的甄别和归属只是人们看待

---

[1] 参见 Pieter M. Judson, " 'Where our commonality is necessary…': Rethinking the End of the Habsburg Monarchy", in *Austrian History Yearbook 48* (2017): pp.1–21。
[2] Pieter M. Judson, *Guardians of the Nation: Activists on the Language Frontiers of Imperial Austria*, Cambridge: Harvard University Press, 2006, p.3.

世界的诸多方式之一而已，民族身份并非一个人与生俱来的自然事实，它带有很强的偶然性：决定一个人对其民族身份做出选择的因素不是生理特征或者语言特征，而是这个人所处的政治、历史、文化和具体的生活情境。[1]

一般认为，奥匈帝国的崩溃是维也纳中央政府对待各族群的不平等态度以及族群间的政治冲突所致。贾德森的看法则相反，他认为精心营造出一个"民族性的概念"恰恰是奥匈帝国借以表达其统治合法性的基本方式。导致帝国解体的原因并非族群政治，而是另外两个因素：其一是在战争期间由大权在握的军官们制定、并得到皇帝和政府高级官员支持的军事管理措施，严重侵蚀了曾经受到普遍拥护的战前体制的合法性；其二是帝国的治理网络濒于崩溃，尤其是帝国中心越过地方政治精英领导人（他们本身往往是民族主义者）直接与普通民众进行交流的能力下降。[2]

在长篇小说《诉讼》中，卡夫卡描绘了这样一个惨烈的场景：K 先生在 31 岁生日当晚被闯入家中的两名陌生人无故带走，最后像"一条狗"[3]那样被用来剪肉的一把锋利的剪刀插入胸膛而死。K 先生的遭遇通常被人们看作是作家对人类所面临的普遍生存困境的表现，以及"现代官僚世界及生活在这个迷宫般的世界当中无法找寻自己主体的一个巨大

---

[1] 参见 Pieter M. Judson, "Is Nationalism the New Imperialism?", in *American Historical Review*, Volume 127, Issue 1 [March 2022], pp.336-341。
[2] 参见 Pieter M. Judson, " 'Where our commonality is necessary…': Rethinking the End of the Habsburg Monarchy", pp.1-21。
[3] Franz Kafka, *Der Proceß*, Hrsg. Malcolm Pasley, Frankfurt am Main: S. Fischer, 1990, S. 312.

比喻"。[1] 但是，熟悉奥匈帝国历史的读者就会联想到，K先生正是那些在战争期间普遍遭到通敌叛国指控，从而被当局无端逮捕的斯拉夫人和犹太人当中的一员。如卡夫卡所说，对他们来说，这"耻辱比他的生命还要长久"。[2] 在《中国长城修建时》中，村民们对言语不通的邻省爆发的叛乱抱以厌恶之情，城里人对地方政治精英被当街处决的场面漠不关心，孔武有力的信使纵使怎样摆动双臂都无法走出京城的尴尬，以及那位终日枯坐在窗边等待皇帝口谕的乡民……史学家贾德森笔下的奥匈帝国日常生活场景均被卡夫卡嵌入了文学想象的世界，他的小说读起来仿佛是《圣经》中的寓言故事，其中最令人迷惑不解的就是人们分段修建长城的方式。

1918年10月16日，卡尔皇帝在面向全体臣民发表的宣言中说，他决心把奥地利各族群的愿望融会成一个声音，并努力促使它成为现实，"奥地利将满足国内各族群的意愿变成一个联邦制国家（ein Bundesstaat），在这个国家中，每一个族群都要在自己居住的地方建设自己的国家式的共同体。奥地利境内的波兰人聚居地与独立的波兰国家统一无论如何也不应是首选，按照当地居民的愿望，的里雅斯特城及其所包含的地区将被赋予特殊的地位"。卡尔皇帝一方面对刚刚获得独立、尚留在帝国政治版图之内的民族国家许以自治的保障，同时呼吁它们基于共同的利益团结起来，使帝国"共

---

[1] Wilhelm Große, *Franz Kafka Der Proceß*, Stuttgart: Reclam, 1995, S. 73.
[2] Franz Kafka, *Der Proceß*, S. 312.

同体成为单个国家的生活所需"。[1]从宣言措辞的谨慎程度来看，卡尔皇帝对类似波兰这样的少数族群有朝一日会从帝国独立出去的前景感到十分焦虑和不安，而事实上，的里雅斯特（也就是霍布斯鲍姆母亲的故乡）很快就变成了一座意大利城市。本书第一章正是在奥匈帝国晚期的上述政治危机中讨论了卡夫卡的小说《中国长城修建时》，它表达出作家对如何从精神上重建大奥地利帝国以及对普遍意义上的帝国存在理由的思索、困惑和忧虑。

以民族-国家为中心的史学家们大多将"帝国"和"帝国主义"用作贬义。然而，这两个概念在不同的历史时期和国家分别被赋予了非常不同的含义。1895—1914年，围绕两次布尔战争对帝国命运和前途的影响，英国国内的保守派和自由派之间发生了一场热烈的政治论争，它事关英国国内的社会改革和对外政策的未来走向。在这场论争中，戏剧家和费边社的领袖萧伯纳在题为"健康的帝国主义"的政治讲演中，认为布尔战争暴露了英国国力衰落的事实，指出英国已经变成了单纯依赖殖民地经济和国外劳动力过活的寄生虫，如若长此以往英帝国会像历史上的罗马帝国那样不复存在。因此，萧伯纳倡导在国内实行社会福利改革，对外坚持"国旗必须飘扬在文明和贸易所到之处"。他从保守主义阵营中接过以维护英国海外利益为宗旨的帝国主义话语，并谋求与自由党阵营中的自由帝国主义者联合，批评格拉斯顿推行的旧自由主义信条，认为所谓的"个人主义的共和主义、不

---

[1] *Weiner Zeitung*, Donnerstag, den 17 Oktober.

干涉政策和民族主义"与英国的实际不再吻合而应当予以抛弃[1]，代替它的应当是以仁慈的方式来管理诸如印度这样的海外殖民地，并通过提升当地"落后种族"文明等级的方式维护英国作为一个文明种族的实力和形象，这才是帝国主义殖民统治的合法性来源。萧伯纳为英国未能在布尔战争中将德兰士瓦（南非殖民地）的金矿收归公有，以遏制那些投机者和金融家的发财欲望而感到遗憾，但霍布森则认为这场战争是由英国矿主兼商人塞西尔·约翰·罗兹绑架英国政府所发动的，旨在控制德兰士瓦共和国。从南非战场归来之后，霍布森写下了传世名作《帝国主义》，书中第一次提出了驱使帝国主义国家进行海外扩张的动力是资本家想要寻求海外市场和投资机会的主张。他区分了萧伯纳的"健康的帝国主义"与应当予以批判的"不健康的帝国主义"："一种'健康的帝国主义'致力于对'低等种族'的保护、教育和自我发展"，而"一种'不健康的帝国主义'则将这些种族投入到白人殖民者的经济剥削当中，后者只是把前者当作'活的工具'，把前者的土地当作有待开发的资源和用于榨取利润的财富"。[2]

第二次布尔战争是英帝国历史的转折点。自此之后，英国的国力显然无法支撑其继续在全球各地掠夺海外领土，借以扩大其影响范围。于是，以行使帝国"文明使命"的名义

---

[1] Andrew S. Thompson, "The Language of Imperialism and the Meanings of Empire", in *The New Imperial Histories Reader*, Stephen Howe ed., London: Routledge, 2010, p.311.
[2] J. A. Hobson, *Imperialism: A Study*, London: George Allen & Unwin Ltd., 1902, p.246.

提升被殖民者的文明水平成为其主流的殖民地治理方式，代替坚船利炮出现的是英帝国从18世纪以来创造的诸如政治经济学、政治地理学和人种学等殖民主义知识形式。本书第二章系统梳理了康有为《大同书》援引的西方知识谱系，从其接受的李提摩太、合信等英国传教士的政治说教，生理学、医学、体质人类学知识，以及欧洲人在19世纪编纂的各种各样的百科全书中，我们不难看到殖民权力无处不在的影子。很显然，19世纪末20世纪初中国知识分子接受的西学绝非一种所谓"中立""客观"和"普遍"的知识，而是福柯意义上的殖民权力运作的结果。《大同书》糅合了西方优生学与儒家大同学说，为中国制定了一套表面上臻于完美的民族-国家现代性方案。然而，康有为"殖民巴西、再造新中国"的主张使这套方案涂上了帝国的色彩，这位反殖民主义者也因此转变成了一个具有帝国意识的思想家。正如捷克民族主义者、捷克斯洛伐克首任总统马萨里克所说，后哈布斯堡时代的民族主义者用一种拒绝帝国遗产的语言为其新国家的合法性辩护，然而他们却在默默地以新建立的帝国来代替哈布斯堡国家。[1]回望亚洲，印度也经历过上述由被殖民者向殖民者的身份和策略转换的过程。在两次世界大战期间，印度民族主义思想家泰戈尔在号召人们反抗英国殖民统治的同时，鼓吹一种将印度扩张至东南亚之外的大印度梦想。在印度独立前夕的1947年，尼赫鲁在由中国、越南、

---

[1] 参见 Pieter M. Judson, " 'Where our commonality is necessary…': Rethinking the End of the Habsburg Monarchy", pp.1-21.

菲律宾、缅甸、泰国、印尼等国家代表参加的亚洲关系会议上，倡导以拥有光荣而悠久的古代文化传统的印度为领导的一种泛亚主义，以区别于日本殖民者在战争中推行的亚细亚主义。[1]因此，殖民力量不仅能够生产出殖民主义知识形式，而且能够在被殖民者的土地上创造出新的殖民主体。

黑格尔把他那个时代尚处在奥斯曼土耳其帝国和哈布斯堡王朝统治下的保加利亚、塞尔维亚和阿尔巴尼亚这些具有亚洲起源的斯拉夫民族视为"破碎的野蛮的残余"，说它们是"投入到基督教欧洲与非基督教亚洲战争中的先头部队，波兰人从土耳其人手中解放了被包围起来的维也纳，斯拉夫民族当中的一部分已经为欧洲理性所征服"。[2]在他看来，地处中东欧的斯拉夫民族受制于自然条件和精神状况没有能够建立起自己的国家，也未能像西欧国家那样推动世界历史遵循理性的原则向前发展，因此它们如同非洲一样是"没有历史，且尚未开化"的民族，"它们仍旧被束缚在自然精神当中，也必然只能听凭世界历史的波涛推动它们前行"。[3]面对"纯粹的"亚洲精神，印度宗教、哲学和艺术中体现的"梦幻""主观""粗犷""荒诞"和"非理性"引起了黑格尔的持续关注，他将这些精神因素纳入自己的精神现象学体系

---

[1] 参见 Vineet Thakur, "An Asian Drama: The Asian Relations Conference, 1947", *The International History Review*, 41:3, 2019, pp. 673-695。
[2] Georg W. Hegel, *Vorlesungen über die Philosophie der Geschichte*, Frankfurt am Main: Suhrkamp,1989, S. 422. 黑格尔的这个看法也代表了其同时代德国人对斯拉夫民族的普遍看法。参见 *Südosteuropa in der Wahrnehmung der deutschen Öffentlichkeit: vom Wiener Kongress (1815) bis zum Pariser Frieden (1856)*, Hrsg. von Josip Matešic и. Klaus Heitmann, München: Südosteuropa-Gesellschaft 1990。
[3] 参见 Hegel, *Vorlesungen über die Philosophie der Geschichte*, S. 129。

当中，成为自由精神发展的一个历史环节。然而另一方面，黑格尔将印度的种姓制度看作是自由精神的羁绊，指出渗透在印度宗教、哲学和艺术中的种姓制度是造成印度思想"停滞"的根本原因。因此，如同斯拉夫民族一样，印度无法形成一个"个体在其中充分享受自由的现实形式"，即一个善治的国家。反之，在印度和其他东方国家，个体自由只能表现为"贪婪""残忍"或者"粗野的、无所顾忌的情绪宣泄"。[1] 尽管黑格尔从未踏上过南亚次大陆一步，但其对印度精神生活的论述显示出这位哲学家比其同时代那些迷恋印度和东方文化的德国浪漫派更为博学。

在黑格尔诞生一百多年前，一位博学的法国旅行家和思想家——弗朗索瓦·贝尔尼埃沿着新开辟的商路来到了印度，其《大莫卧儿帝国旅行记》开篇便描绘了两位皇子即奥朗则布与达拉为了争夺莫卧儿帝国皇位而展开一场战争的残酷和血腥场面。我们不知道黑格尔是否翻阅过贝尔尼埃的旅行记，但出自后者之手的这部熔历史与传奇于一炉的著作的确影响了后世的孟德斯鸠、伏尔泰，甚至是马克思和恩格斯对印度的基本看法。然而令这些西方思想家感到迷惑不解的是，"贝尔尼埃说在印度只有国王和贫苦人，那么这个说法如何与塔维尼埃所说的腰缠万贯的商人所表现的富庶相一致呢？"。本书第三章揭示了贝尔尼埃游历印度斯坦的前因后果，指出他对莫卧儿帝国商业和政治状况的矛盾看法，实际

---

[1] 参见 Aakash Singh Rathore and Rimina Mahapatra, *Hegel's India A Reinterpretation, with Texts*, Oxford: Oxford University Press, 2017, pp.3-13。

上是服务于其对路易十四与柯尔贝尔在法国推行重商主义的批评而采用的叙述策略；其为马克思称道的所谓印度社会没有私有制的观点，以及对奥朗则布皇帝开明思想的赞赏，目的则在于悉心规劝法国的统治者们尊重私有财产、奉行仁慈的政治，从而为法国的资本主义发展铺平道路；其法兰西王国商业间谍的身份则体现了17世纪西方人文主义者的殖民主义情结。1687年，也就是贝尔尼埃去世前10年，他将菲利普·库普莱、克里斯提安·海尔迪特里希等耶稣会士用拉丁文翻译和评注的《中国哲学家孔夫子》(*Confucius Sinarum philsophus*，内容包括《论语》《大学》和《中庸》)一书翻译成法文，并把书名修改为《孔夫子，或者君主的科学，包括中国的宗教原则、独特的道德及古代皇帝与君主的政治管理》[1]，借以表达他对中国古代政治制度的欣赏。在贝尔尼埃生活的时代，有关印度和中国的论述还没有成为萨义德笔下的"东方主义"话语或者殖民权力的塑造物，贝尔尼埃亲眼目睹的，或者说至少是其想象中的莫卧儿帝国和中华帝国的政治制度，反过来恰恰是西方启蒙思想家心目当中理想的开明专制制度的来源。

1688年，贝尔尼埃在归国途中于苏拉特见到了法国东印度公司派来的使者，不久之后，柯尔贝尔就在当地设立了商

---

[1] "Confucius, ou la science des princes contenant les principes de la religion, de la morale particulière et du gouvernement politique des anciens empereurs et magistrats de la Chine, abrégée et mise en françois par Mr. Bernier, docteur en médecine de la Faculté de Montpelier", Bibliothèque de l'Arsenal. Ms-2689. 贝尔尼埃这部手稿现收藏在法国阿森纳图书馆，直至近年才获得出版，见 François Bernier (trad.), *Confucius ou la Science des Princes*, Paris: Éditions du Félin, 2015。

行,法国人接着试图从荷兰人和葡萄牙人手中抢夺斯里兰卡的亭可马里港、新西兰的科罗曼德,但均告失败。[1]由于未能在亚洲获得稳固的贸易据点,法国东印度公司被迫于1674年解散。从16世纪开始至拿破仑战争结束,法国人先后在美洲和非洲开辟了新法兰西、安第斯群岛、马达加斯加等殖民地,它们均为旧制度时期的王朝所建立,因此这个时期的法国也被称为"王朝帝国"或者"法兰西第一殖民帝国",以区别于从复辟时期直至第二次世界大战结束的"现代帝国"或者"法兰西第二殖民帝国"。在第二殖民帝国时期,法国征服了阿尔及利亚、印度支那、塞内加尔以及太平洋上的波利尼西亚等地,成为堪与英帝国比肩的世界第二大殖民帝国。1789年大革命虽然确立了现代意义上的法兰西民族-国家模式,但无论是拿破仑叔侄建立的第一帝国、第二帝国,还是执政府时期、复辟时期、第二共和国时期、第三共和国时期,法国的统治精英从未放弃向海外殖民的事业。如果旧制度时期奉行扩张主义的政策是为了彰显王朝的荣耀和摆脱国内的财政与商业危机,那么革命和后革命时期的法国继续进行海外扩张,则是为了摆脱国内不同阶级利益冲突造成的社会危机,借以凸显法兰西文明的优势,提升其国际影响力和增强法兰西民族认同。与全球范围内的其他民族主义一样,法兰西民族-国家与帝国(主义)的现实无法剥离。

---

[1] J.-J.-E. Roy, *Histoire des colonies françaises et des établissements français en Amérique, en Afrique, en Asie et en Océanie, depuis leur fondation jusqu'à nos jours, D'après les documents publiés par le Ministère de la marine et des colonies*, Tours, Imprimeurs-libraires, 1855, p.147.

自古以来，高卢人、罗马人和法兰克人之间的种族战争在法国这块土地上连绵不断。米歇尔·福柯认为，从17世纪到19世纪，古老的种族战争话语在欧洲经历了由出现到被多次转写的过程。在路易十四时代，战争的驱动力是不同种族和语言之间的差异，以及它们在力量、活力和暴力上的差异，其本质是"一个种族对另一个种族的征服和奴役"，它侵入到社会体当中的结果使社会冲突呈现为两个种族之间的冲突。从法国大革命开始，种族战争被转写成欧洲的民族运动、各民族对大国家机器的反抗（如奥匈帝国和俄罗斯的情况所示）和欧洲的殖民主义政治；到了19世纪初期，社会层面的战争"抹去了种族冲突的所有痕迹而被定义为阶级斗争"。[1]

1926年，中东欧历史学家伊斯特万·迪克出生于匈牙利塞克什白堡。在布达佩斯大学完成学业后，他因政治原因移居法国和美国。在1966年举办的一次题为"奥匈帝国的离心力"的学术研讨会上，他说："我认为在奥匈帝国不存在任何支配性的民族。只有处于统治地位的阶级、等级、制度、利益集团和职业。德裔和马扎尔人的确构成了社会中这些支配阶层中的大多数，但是他们所取得的优势地位是本族群中那些低等阶级所不能享有的。"[2]迪克的说法更适于分析1848—1852年间的法兰西国内政治斗争，马克思曾经给予这段历史高度的重视。本书第四章描述了发生在第二帝国

---

[1] 参见 Michel Foucault, "Il faut défendre la société", *Cours au Collège de France (1975-1976)*, Paris: Gallimard, 1997, p.52。
[2] Istvan Deak, "Comments", in *Austrian History Yearbook*, 3-1, 1967, p.303.

建立前夕共和党与保守党各个派别之间的政治斗争，重点关注了法兰西第二共和国和第二帝国的小资产阶级知识分子的信念、背叛和幻象。谢努、科西迪耶尔和波德莱尔们均为七月王朝时期混迹巴黎街头的失落者，他们怀揣改变社会和个人命运的目的，纷纷参加共和派的激进组织，勇敢地投入到反对王朝的街垒战中，但为生计所迫又不得不同时效力于旧警察机关，充当他们的线人和间谍。他们迷恋于通过密谋的手段在顷刻之间推翻政府，其中一些人甚至到了为反抗而反抗、为革命而革命的地步，以至于像波德莱尔那样赋予眼前再寻常不过的风景和事物以"英雄的"品格，沉迷于种种不切实际的幻象不能自拔。

雾月政变建立的法兰西第二帝国结束了1848年以来的政治动荡，"某些人的确说帝国就是战争，而我却说帝国即和平"[1]，路易·波拿巴在巡视外省的途中对法国公众这样说，他认为帝国的功能在于对内实现社会正义，对外保持永久和平。所谓"波拿巴理念"即建立在普选制基础上的民主与皇帝是政府权力的唯一来源的观点。为了遵循圣西蒙的思想，弥合与国内天主教党派之间的分歧，加上以农民支持者为主体的军队的支持，波拿巴巩固了对阿尔及利亚的殖民统治，开凿了苏伊士运河，在亚洲占领了印度支那地区，从而将法国原有的殖民地面积扩大了三倍之多。殖民事业和外交场面上的成功既为法兰西民族-国家带来了荣光，也最终导

---

[1] F. Laurent, *Voyage de S. A. J. Louis Napoléon dans les départements de centre et de midi de la France*, Paris: Schiller, aîné, 1852, p.357.

致了第二帝国的覆亡。1870年7月，波拿巴政府致函普鲁士皇帝威廉一世，要求霍亨索伦家族的利奥波德亲王放弃西班牙王位候选人身份，并就此事做出书面保证。俾斯麦在盛怒之下将法国的无礼行为公之于众，于是，一向不愿侵扰其他欧洲国家利益的波拿巴在包括共和党在内的国内各个政治派别与公众舆论的压力下被迫向普鲁士宣战。[1]色当战役失败后，波拿巴被俘，阿尔萨斯-洛林被割让给了普鲁士，这让已经认可波拿巴帝国理念的共和党中的自由主义思想家厄内斯特·勒南回到了政治民族主义的立场。在写于1882年的《何谓民族？》一文中，勒南主张认定一个民族的标准不是种族和语言，而是人们对过去拥有共同的记忆，并且拥有"继续共同生活的欲望和发扬共有传统的意志"。[2]虽然生物学意义上的种族被排除在民族标准之外，但这并不妨碍勒南与另一个共和党人维克多·雨果一样是种族主义者和殖民主义者。在第二帝国覆亡之际，勒南依然说，"一个低等种族被一个高等种族所征服和统治，无须大惊小怪。英国在印度推行的殖民实践有益于印度和全人类，也有益于自身"，而"对同等种族的征服要遭到谴责，但低等种族的堕落与高等种族的杂交则是天经地义的事情"。[3]

本尼迪克特·安德森在他的《想象的共同体》第二版（1992）的结尾援引了勒南对民族的著名定义，呼吁进入后苏哈托时代的印度尼西亚人遗忘兄弟残杀的历史，走向没有

---

[1] 参见 Gérard Unger, *Hisoire du seconde empire*, Paris: Perrin, 2018, pp.389-391。
[2] Ernest Renan, *Qu'est-ce Qu'une Nation?* Paris: Claman Lévy, 1882, p.26.
[3] Ernest Renan, *La réforme intellectuelle et morale*, Michel Lévy frères, 1871, p.93.

东西方之别的民族主义道路。然而，安德森并不知晓作为法兰西第二帝国和第三共和国政治家的勒南，以及这位自由知识分子在面对被殖民者时的傲慢和失去阿尔萨斯-洛林给他带来的刻骨铭心的伤痛。本书最后一章揭示了安德森作为一个战后西方左翼知识分子不自觉地采用了殖民主义的人类学模式来解读印尼的民间文化和民族主义，最终走向从英国布尔战争时期开始形成的自由帝国主义立场，以西方文明的使者身份教导后殖民国家与殖民者相互谅解、合作甚至是联合。在当今世界，自由帝国主义思想已经蜕变成了否定战后殖民国家的独特发展道路，为美国霸权主义辩护的工具，作为其极端的表现方式，苏格兰裔美国史学家尼尔·弗格森甚至主张给予英帝国历史上的殖民主义行为与今天美国人的"帝国"以积极的评价。[1] 与卡夫卡渴望各族群能够在精神上和谐共处的"大奥地利帝国"想象相比，这是遵循西方旧帝国主义思想展开的一种新的"帝国的想象"。

---

[1] 参见 Niall Ferguson, *Empire: The Rise and Demise of the British World Order and the Lessons for Global Power*, New York: Basic Books, 2003。

一 帝国的崩解与再造

卡夫卡《中国长城修建时》的政治话语

布拉格的"中国人"

自 1914 年 7 月第一次世界大战爆发以来,弗朗茨·卡夫卡(Franz Kafka, 1883-1924)的亲戚、熟人和朋友们纷纷入伍离开了布拉格。然而,作为波希米亚王国"劳动事故保险局"(AUVA)的官员,卡夫卡却无法实现成为一名奥地利-匈牙利帝国战士的愿望。尽管心脏不适的问题不是什么不可逾越的障碍,但上司却以卡夫卡拥有丰富行政经验且"不可或缺和替代"为由,申请帝国军事管理部门免除他的军役。1915 年 6 月 22 日,当局正式下达命令,"无限期"地免除了卡夫卡的军役。[1] 开战以来,卡夫卡一直相信,只有走出布拉格,奔赴战场,才能摆脱烦琐和劳累的日常办公室工作,医治好内心的孤独和长期困扰他的神经衰弱症。翌年春

---

[1] Peter-André Alt, *Franz Kafka. Der ewige Sohn. Eine Biographie*, München: C. H. Beck, 2005, S.432; 另参见 K. u. K. Militärkommando in Prag, "Kafkas Freistellung vom Militärdienst", in Franz Kafka, *Amtliche Schriften*, Hrsg. v. Klaus Hermsdorf, Berlin: Akademie-Verlag, 1984, SS.402-403。

天（1916年5月），当入伍的请求再次遭到拒绝之后，卡夫卡给远在柏林的未婚妻菲莉丝·鲍威尔（Felice Bauer，1887-1960）写信，表露出了十分沮丧的心情。虽然投笔从戎的梦想没有得到满足，但这位颇受上司赏识的职员却意外地获准了一个带薪的长假。在这样的心境中，卡夫卡独自一人来到了位于波希米亚王国西部著名的玛丽恩温泉（Marienbad）疗养地。一场"最猛烈"的暴风雨过后，卡夫卡向菲莉丝寄出了一张明信片："假如我是一个中国人，而且即将启程返回家乡（我根本上就是个中国人，此刻正走在返乡的路上），我必然会迫使自己在不久的将来再次返回到这里。"[1]如此模糊的表达，不禁让我们产生一丝困惑：对于眼前这位孤寂的旅者，何处才是内心眷恋的故乡呢？是布拉格吗？数天之前，卡夫卡迫不及待地从那里"逃离"，可是马上又要回到那里，现实中的故乡让卡夫卡感到万般无奈。难道是梦想中的中国吗？暴雨过后的玛丽恩温泉，她的"寂静"和"空疏"不正是中国古典诗歌着力表现的经典意境吗？

在这段时间里，卡夫卡怀着极大的兴致，一遍遍地阅读和玩味着由汉斯·海尔曼编译的《中国抒情诗：从12世纪至今》[2]这本小书。现实处境与诗歌中着力刻画的意境交融

---

[1] Franz Kafka, *Briefe an Felice und andere Korrespondenz aus der Verlobungszeit*, Hrsg. v. Erich Heller und Jürgen Born, Frankfurt am Main: Fischer Taschenverlag, 1976, SS.655-658. 后文出自同一著作的引文，将随文标出该著名称首词和引文出处页码，不再另注。
[2] Hans Heilmann, *Chinesische Lyrik vom 12. Jahrhundert v. Chr. bis zur Gegenwart*. München: R. Piper & Co., 1905. 后文出自同一著作的引文，将随文标出该著名称首词和引文出处页码，不再另注。1912年11月24日，卡夫卡在书信中首次提及这本诗集，自此之后，它一直是作家的案头书，直到1920年末才被转赠他人。在卡夫卡的私人藏书中，还有另外一部贝特格的德译（转下页）

一处，让卡夫卡对中国人的审美趣味产生了强烈的认同。在清代性灵派诗人袁枚的《寒夜》一诗中，这位布拉格作家仿佛一下子找到了自己的影子："寒夜读书忘却眠，锦衾香尽炉无烟。美人含怒夺灯去，问郎知是几更天。"[1]作于乾隆十四年（1749）的这首抒情诗，生动地呈现了生活在百年前的一位中国古代学者壮年时红袖添香、秉烛夜读的家庭生活场景。卡夫卡曾激动地把这首汉诗的德译文完整地抄录给刚刚结识的菲莉丝，表达他希望与这位来自柏林的姑娘永结连理的意愿（*Briefe*: 119）。诗歌中和睦温馨的场景自此一直贯穿在两人长达四年的通信当中。[2]马克斯·布罗德（Max Brod，1884-1968）甚至认为，"与长篇累牍的讽刺作品所表现出的诗人品格相比"，这首诗"更能揭示卡夫卡个人的性情"。[3]19世纪二三十年代曾经长期生活在维也纳的德语作

（接上页）中国古典诗集，即 Hans Bethge, *Die chinesische Flöte. Nachdichtungen chinesischer Lyrik*, Nachdichtungen Chinesische Lyrik. 9 Aufl. Leipzig: Insel-Verlag, 1918（参见 Jürgen Born, *Kafkas Bibliothek, Ein beschreibendes Verzeichnis*, Frankfurt am Main: S. Fischer Verlag, 1990, S.60）。卡夫卡还提过克拉朋编译的李白诗集 [Klabund (Alfred Henschke), *Li-tai-pe: Nachdichtungen*, Leipzig: Insel-Verlag, 1916]。与后两种诗集相比，卡夫卡更喜欢海尔曼的译笔（Franz Kafka, *Briefe 1902-1924*, Hrsg. v. Max Brod, Frankfurt am Main: S. Fischer Verlag, 1958, S.282）。海尔曼本人实际上不识中文，他的译本并非直接译自中文，而是从两位法国汉学家在此前完成的法译本转译而来，这两种法译本分别是 Judith Gautier, *Le Livre de Jade, poésiestraduites du chinois*, Paris: Felin Juven, 1902，以及 Le Marquis d'Hervey-Saint-Denis, *Poésies de l'époque des Thang (VIIe, VIIIe et IXesiècles de notreère), traduites du chinois, avecuneétudesurl'artpoétique en Chine*, Paris: Amyot, 1862。贝特格的德译本则是依据以上三种译本修改而成的。

[1] 袁枚《小仓山房诗文集·一》，上海古籍出版社，1988，第123页。
[2] 对卡夫卡书信中涉及《寒夜》一诗的详细分析，参见 Elias Canetti, *Der andere Prozess. Kafkas Briefe an Felice*, München: Hanser Verlag, 1977, S.105; Weiyan Meng, "China and Chinese in Kafka's Works", in Adrian Hsia, ed., *Kafka and China*, Berlin: Peter Lang, 1996, p.89; 同样参见 Rolf J. Goebel, *Constructing China: Kafka's Orientalist China*, Drawer: Camden House, 1997, pp.52-64。
[3] Max Brod, *Verzweiflung und Erlösung im Werk Franz Kafkas*, Frankfurt am Main: S. Fischer Verlag, 1959, S.68.

家埃里亚斯·卡内蒂（Elias Canetti，1905-1979）认为，"中国主题从18世纪开始就为欧洲文学所经常采用。然而，就性情而言，卡夫卡是唯一一位被西方人认可的汉风诗人"。[1]假如《寒夜》中的学者是清代诗人袁枚的真实写照，那么卡夫卡则正好与此诗的作者年岁相仿、才情相当。德译者海尔曼对前者的评价，即"满腹经纶、聪颖早慧、才艺非凡"（*Chinesische*: 153），更是给卡夫卡留下了深刻的印象。

经历了订婚、解约、再订婚、分手的过程之后，在对婚姻生活极度失望的卡夫卡的世界里，《寒夜》里的那一抹暖色调渐渐褪去。然而1917年初，一位陌生的中国学者突然闯入了卡夫卡的梦境，他"丝带系腰"、神色紧张、"身材瘦弱、鼻梁上架副眼镜，留着一把稀疏的、黑灰色硬山羊胡子"。[2]时间回转至1913年初，那时的卡夫卡就曾对菲莉丝说："中国学者总是在午夜两点钟的光景光临他的梦境。"（*Briefe*: 249）在上面提到的那个奇特的梦境里，卡夫卡变身为一个中国人，从东方远道而来，想要拜访以欧洲人面目出现的另外一个自己：年迈的欧洲学者一把抓住了正想逃离的中国学者，于是"卡夫卡掌控了卡夫卡"。在卡夫卡的作品中，我们知道，将自己视为他者、陌生人，从而取消主体与

---

[1] Elias Canetti, *Der andere Prozess. Kafkas Briefe an Felice*, S.101, Anmerkung. 为了佐证上述看法，卡内蒂还着重提到，以翻译中国古代经典著称的英国汉学家亚瑟·韦利（Arthur Waley, 1889-1966）也持同样的观点。从《拒绝》和《中国长城修建时》中，这位汉学家看到了卡夫卡身上体现出来的"自然的道教"和"礼教"色彩。

[2] Franz Kafka, *Nachgelassene Schriften und Fragmente I*, Hrsg. v. Malcolm Pasley, Frankfurt am Main: Fischer Taschenbuch Verlag, 1993, S.323. 后文出自同一著作的引文，将随文标出该著简称 *NSF I* 和引文出处页码，不再另注。

客体的界限，使两者的意识相互交融的现象并不鲜见。[1]不久之后，又有一个中国人出现在卡夫卡的笔下，这就是《中国长城修建时》("BeimBau der chinesischen Mauer")的叙述者——"我"——一位以研究"比较民族史"（vergleichende Völkergeschichte）见长的中国学者，而之前那位瘦弱不堪的中国学者在不期然间所造访的欧洲人，同样是一位身患心疾而依然手执古卷的史学家（*NSF I*: 323）。

《中国长城修建时》是一部残稿，卡夫卡生前无意发表它。1930年，德国犹太宗教史家汉斯-约希姆·肖普斯（Hans-Joachim Schoeps，1909-1980）在卡夫卡的遗稿中首先发现了小说的底稿，将其发表在柏林出版的一份犹太双月刊上[2]，之后肖普斯与布罗德合作，编辑出版了同名的卡夫卡遗作集[3]，至此，《中国长城修建时》才真正为读者所知。1937年，布罗德在这部残稿后面又发现了一个段落，其首句为"如今修建长城的消息满世界传开了"，这显然与已发现的部分有着密切的关联，两者合在一起应当从属于一部篇幅

---

[1] 在1917年9月之后创作的一系列"动物故事"当中，这种现象尤其明显，例如《一条狗的研究》和《给科学院的报告》等（Wilhelm Emrich, *Franz Kafka*, 3 durchgesehene Aufl., Frankfurt am Main: Athenäum, 1964, S.186）；在1920年创作的另一个中国题材的片断（Franz Kafka, *Nachgelassene Schriften und Fragmente II*, Hrsg. v. Jost Schillemeit, Frankfurt am Main: Fischer Taschenbuch Verlag, 1993, S.269. 后文出自同一著作的引文，将随文标出该著简称*NSF II*和引文出处页码，不再另注）中，老虎与驯兽员二者的主客位置交换呈现了卡夫卡的"自我反思转折"（Michel Arouimi, "Le logiciel chinois de Kafka", *Cahiers Internationaux de Sociologie*, Novelle Série, vol. 87 [1989], p. 358）。

[2] "Aus dem Nachlass des Kafkas, Ein Fragmente, Beim Bau der chinesischen Mauer", in *Der Morgen*, Hrsg. v. Julius Goldstein, 3 (1930), SS.219-231.

[3] Franz Kafka, *Beim Bau der chinesischen Mauer, Ungedruckte Erzählungen und Prosa aus Nachlass*, Hrsg. v. Max Brod u. Hans-Joachim Schoeps, Berlin: Gustav Kiepenheuer Verlag, 1931.

更大的作品。[1]肖普斯推测《中国长城修建时》写于1918—1919年间。[2]至于它确切的创作年代，人们一时无从知晓。但我们至少可以知道，这篇小说应当是在卡夫卡搬离父母家，独居铁匠街（Alchimistengasse）小屋期间，也就是说，是在1916年11月之后落笔的。20世纪80年代，在整理从德国乌普塔尔大学得到的卡夫卡私人藏书的过程中，人们发现了一册由德国汉学家卫礼贤（Richard Wilhelm，1873-1930）编译的《中国民间故事集》（*Chinesische Volksmärchen*，1914），令人感到惊奇的是，这本书的扉页上竟然留有作家的亲笔题赠：

> 赠予奥黛拉
> "扑腾跳上帆船的水手"
> 17年3月29日[3]

奥黛拉就是卡夫卡的小妹妹奥黛拉·卡夫卡（Ottla Kafka，1892-1943），在所有家庭成员当中，她和哥哥卡夫卡的关系最为亲密。1917年3、4月间，在哥哥的支持下，

---

[1] Jost Schillemeit, "Der unbekannte Bote, Zu einem neuentdeckten Widmungstext Kafka", in Ders, *Kafka-Studien*, Hrsg. v. Rosemarie Schillemeit, Göttingen: Wallstein Verlag, 2004, S.246. 卡夫卡的法译者克劳德·大卫认为，从人物安排和作品的基调判断，这段文字应该和随后出现的《古史一页》是一个整体，然而他未能看到卡夫卡的题词，否则便无法解释作为水手的卡夫卡和作为"野蛮人"的卡夫卡之间的一致性（Franz Kafka, *Œuvres complètes*, vol. 1, trad. par Claude David et al., Paris: Gallimard, 1957, pp.1083-1084）。

[2] Hans-Joachim Schoeps, "Nachwort", in *Der Morgen*, Hrsg. v. Julius Goldstein, 3(1930), S.230.

[3] Jürgen Born, *Kafkas Bibliothek, Ein beschreibendes Verzeichnis*, SS.86-87.

从农业学校毕业之后的她,准备到位于波希米亚王国西部的曲劳(Zürau)生活和劳动,身在"一战"前线的大姐夫卡尔·海尔曼(Karl Hermann)之前曾在那里购置过一处田产,不过现在已经转在了卡夫卡一家的名下。题赠《中国民间故事集》之事便发生在这段时间。[1]然而,在上述题词当中,卡夫卡为何自比"扑腾跳上帆船的水手"?这让人百思不得其解。研究者们纷纷猜测,这句话很可能出自卡夫卡当时已经完成的某部作品。果不其然,人们在以"如今修建长城的消息满世界传开了"这个句子开头的那段文字当中找到了它。卡夫卡有个习惯,即在作品写成后的很短时间里,就会在周围的亲戚朋友中间公开朗读它们,奥黛拉显然明了哥哥话里的寓意。在长城始建30年后某个夏日的午后,一个来自异乡的"陌生水手"率领着一干群情激昂的人马,驾驶着帆船经过坐落在帝国偏僻一隅的小小乡村,向一位正值壮年的村民传递了修建长城的消息,当这位村民不住地摇头表示无法相信之后,失望至极的水手非常无奈地跳上了帆船匆匆离去。秉烛夜读的中国学者、孜孜以求的历史学家,还有那位来自异乡的水手一次次走进了卡夫卡的梦境与现实当中,这位布拉格作家令人眼花缭乱的身份变换给读者留下了非常模糊、陌生和神秘的印象。围绕着作品的阐释工作,一个紧迫的问题困扰着我们,"小说构建起来的文学和虚构的世界

---

[1] Franz Kafka, *Briefe an Ottla und die Familie*, Hrsg. v. Hartmut Binder u. Klaus Wagenbach, Frankfurt am Main: Fischer Taschenbuch Verlag, 1981, S.32;又见 Reiner Stach, *Kafka. Die Jahre der Erkenntnis*, Frankfurt am Main: S. Fischer, S.176,后文出自同一著作的引文,将随文标出该著作名称首词和引文出处页码,不再另注。

与作者的现实世界,这两个相互冲撞的世界"究竟是如何被联结在了一起?[1]问题的回答首先取决于我们如何从整体上来把握《中国长城修建时》,取决于我们如何理解卡夫卡当时的个人生活处境,如何理解他所处的世界历史时代。我们的任务首先在于重建这样一个历史世界,并基于这个历史世界去把握卡夫卡的两个世界相互引领、相互交融的过程。在《中国长城修建时》产生的年代,作为奥匈帝国治下波希米亚王国里一个操着双语(德语和捷克语)的犹太人,卡夫卡依然未能脱离晚期奥匈帝国皇天子民的身份,他想象或虚构的世界只能由此开始。

奥匈帝国的神话

1916年冬至1917年春,无论对卡夫卡个人和家庭,还是对奥匈帝国、欧洲乃至整个世界而言,都是一个非常关键的时期。在此期间,卡夫卡与菲莉丝·鲍威尔的爱情复燃。1917年2月,在布拉格亲人们的见证下,双方再次订婚,并商定一旦战争结束,卡夫卡就移居柏林以自由作家为业,菲莉丝则继续其商业生涯。为了婚后的生活能够宽裕一些,卡夫卡还向所在的"劳动事故保险局"提出了升职申请。鉴于战时严峻的经济形势,卡夫卡的申请未能获准,但他却因此有了小幅的加薪。次月,在战争影响下,卡夫卡家族经营

---

[1] Jost Schillemeit, "Der unbekannte Bote, Zu einem neuentdeckten Widmungstext Kafka", S.247.

的石棉厂在停产30个月之后最终倒闭。[1]如何让变卖工厂所得重新投入到能够获利的地方？这让父亲赫尔曼·卡夫卡（Hermann Kafka）很伤脑筋。最后还是卡夫卡想出了个两全其美的主意，用这笔资金盘下了大妹夫赫尔曼在家乡的那处田产。一方面，这让精明的父亲看到了战时食品紧缺的现状给国内农业生产带来的良好前景；另一方面，这也能在不伤和气的情况下缓解奥黛拉与父亲的矛盾。正值24岁妙龄的奥黛拉一直想脱离父亲的工厂，寻求独立的生活；受布拉格当地兴起的犹太复国思想的影响，她想离开布拉格这座城市，到乡间从事农业劳动（*Kafka*: 176）。1916年11月底，卡夫卡迁入由奥黛拉租赁的、位于铁匠街一间简陋的小屋；3月又迁入美泉宫（Schönborn-Palais）一处拥有两个房间的漂亮住所，准备以此作为他和菲莉丝的婚房。[2]在此期间，卡夫卡迎来了一个创作上的高峰。

1914年7月28日，在德国允诺给予军事和后勤援助的情况下，奥匈帝国对塞尔维亚发动了复仇战争。然而出乎意料的是，交战各国原计划当中的局部战争却迅速扩大为一场"世界大战"。[3]因此，英国著名战争史家约翰·基根（John Keegen）认为大战实际上是一场"悲剧性和不必要的冲突"。[4]战火初燃，奥匈帝国的军队就在东线的加里西亚（Galizien）和南线巴尔干地区接连遭到溃败。1915年

---

[1] Peter-André Alt, *Franz Kafka. Der ewige Sohn. Eine Biographie*, S.447.
[2] Hartmut Binder, Hrsg., *Kafka-Handbuch, Bd.1 Der Mensch und seine Zeit*, Stuttgart: Alfred Kröner Verlag, 1979, S.487.
[3] "Für die Lokalisierung, gegen den Weltkrieg", *Prager Tagblatt*, 27 Juli, 1917, S.1.
[4] John Keegen, *The First World, 1914-1918*, New York: Vintage, 2000, p.1.

5月，事先与德奥结盟的意大利出于本国利益，转而投入了协约国的怀抱。随后，罗马尼亚在1916年8月也加入了英法俄阵营，东西两线腹背受敌的奥匈帝国不得不开辟第三战场。在后勤供应方面，奥匈帝国军队主要依赖德国的支援，德奥军事同盟的主动权也牢牢地掌握在德军司令部手里。1916年到1917年间，德国农业歉收和协约国发起的海上禁运，造成了多瑙河帝国境内普遍的物资和燃料紧缺，饥饿和贫穷现象处处可见，在布拉格、维也纳等国内的民众中出现了厌战的情绪，罢工和抗议的声浪此起彼伏。在波希米亚王国内部，德意志族群与捷克族群之间由来已久的、为争夺政治主导权而展开的斗争此时愈演愈烈。捷克民族主义者作为一支新兴的政治力量，也趁着战争的有利时机得到了进一步增强。同时，战争的失利、经济的恶化和民众生活水平的迅速下降，使犹太群体成了各个族群眼中的"替罪羊"，他们不断遭到叛国和投机的指控，因一些被视为"不忠于祖国"的行为遭到军管当局不加审判的逮捕。[1]然而，上述政治事件却很少在卡夫卡的日记、书信和作品中留下明显的印迹。长期以来，卡夫卡研究界和读者形成了这样一个"共识"："外部世界，无论是历史事件也好，还是社会和政治状况也好，都与卡夫卡无关，他所感兴趣的只有'其痛苦的内心生活表现'。"[2]但是，近年来越来越多的研究表明，卡夫

---

[1] Mark Cornwall, "The Wartime Bohemia of Franz Kafka: The Social and National Crisis", in Manfred Engel et al., Hrsg., *Kafka, Prag und der Erste Weltkrieg*, Würzburg: Königshause & Neumann, 2012, SS.37-48.

[2] Manfred Engel et al., "Vorwort/Preface", Ders., Hrsg., *Kafka, Prag und Erste Weltkrieg*, S.1. "我是孤独的——就像卡夫卡一样"，由古斯塔夫·雅（转下页）

卡对同时代，即19世纪末至20世纪初期的社会、法律、国家治理技术非常熟悉，他的作品是对同时代混乱状况拉开距离的讽刺以及对两次世界大战之间欧洲法西斯体制兴起的预言和前瞻。[1]

奥匈帝国皇帝弗朗茨·约瑟夫（Franz Joseph，1830-1916）的离世，使绵延数百年的哈布斯堡王朝进入了最让人痛心的日子。1916年11月22日，卡夫卡每天早餐前阅读的《布拉格日报》转载了《维也纳报》号外刊登的消息："我们的国王去世了。"[2]细心的读者会发现，面对同一个重大历史事件，波希米亚地方报和帝国官报的侧重点有所不同。在发布官方消息之外，《维也纳报》还刊文缅怀了约瑟夫一世谦和、勤勉、睿智的人格；而掌握在自由民主派手中的《布拉格日报》则特别颂扬了执政长达68年的哈布斯堡皇帝，在维护帝国境内各族群的团结、维护"大奥地利"帝国方面做出的不朽功绩。在半个世纪的漫长岁月里，约瑟夫非常成功地把自己塑造成了象征这个多民族国家统一的唯一人格。当他离去之时，这场梦魇般的战争尚未结束，第5期战争债券刚刚发行；就在4周之前，帝国国务总理卡尔·施杜尔克

（接上页）诺赫记录的这句卡夫卡本人的话，加深了人们的这一印象（Gustav Janouch, *Gespräche mit Kafka*, Frankfurt am Main: Fischer Taschenbuch Verlag, 1961, S. 86），但此书的真实性受到卡夫卡研究界的普遍怀疑（Edward Golfstücker, "Kafkas Eckermann? Zu Gustav Janouchs *Gespräche mit Kafka*", in Claude David, Hrsg., *Franz Kafka. Themen und Probleme*, Göttingen: Vandenhoeck & Ruprecht, 1978, S.238）。

[1] Manfred Engel et al., "Vorwort/Preface", Ders., Hrsg., *Kafka, Prag und Erste Weltkrieg*, S.1.
[2] "Unser Kaiser tot", in *Prager Tagblatt*, 22, Nov. 1916, S.1; "Amtliche Teil", in *Wiener Zeitung*, 22, Nov. 1916, SS.1-2.

（Karl Stürgkh，1859-1916）在维也纳遭到反战的社会民主主义者射杀。"上天没有来得及让他看到和平的降临，但他却有幸看到了帝国神奇力量的迸发，有幸见证了一个古老的、令人崇敬的王国从可怕的烈火中重生"[1]，《维也纳报》以如此动情的笔调表达了人们对皇帝离去的哀思。对奥匈帝国各个族群而言，这位深受爱戴的皇帝永远活着，人们甚至无法想象没有他的帝国究竟会怎样（*Kafka*: 166）。尽管如此，哈布斯堡-洛林家族另一位皇帝、约瑟夫的侄子——卡尔一世（Karl Ⅰ，1887-1922）在第二天就登基了。这位年纪轻轻、缺乏必要的政治经验的卡尔皇帝，试图采取一系列措施来挽救濒临崩溃的帝国，如重开关闭已久的帝国议会、释放战争中被逮捕或羁押的政治犯、削弱贵族在军队中的指挥权等等，但这些措施非但没有成功，反倒因为他在1917年春天试图单独与法国私下缔结和平条约的行为遭到败露而威信扫地。[2] 风雨飘摇中的多瑙河帝国如何才能度过自1866年以来遭遇到的最大的统治危机？如何重建一个在精神上统一的"大奥地利"？这不仅是刚刚继任大统的皇帝及宫廷政治家们亟待解决的问题，它也深深触动了帝国子民的心灵，无论他是德意志人、匈牙利人、捷克人，还是犹太人，因为帝国的前途决定着他们每一个人的命运，卡夫卡自然也不能例外。

正值此时，维也纳的作家弗里茨·兰普尔（Fritz Lampl，

---

[1] "Amtliche Teil", in *Wiener Zeitung*, 22, Nov. 1916, S.2.
[2] Manfried Rauchensteiner, *Der Erste Weltkrieg und das Ende der Habsburgermonarchie 1914-1918*, Wien: Böhlau, 2013, S.665. 后文出自同一著作的引文，将随文标出该著简称 *Erste* 和引文出处页码，不再另注。

1882–1955）致信邀请卡夫卡加入由一些艺术家、作家和音乐家共同发起的奥地利爱国主义组织"艺术厅"（Kunsthalle）。据布罗德回忆，类似的爱国组织在战争年代的奥地利层出不穷。[1] 1917年3月8日，卡夫卡回信道：

> 我显然搞不清楚，一个在精神上无论以什么方式完成统一的大奥地利（grosse Österreich）将会是何种面目，当然，我想自己也不能完全融入这个精神意义上的国家，在这样的决断面前，我因感到害怕而退缩了。然而，这不会给您的组织带来任何损失，恰恰相反，我根本就没有能力融入其中，我个人的见识浅陋，也不具备任何决定性的影响力。我的参与不久就会给您带来麻烦。[2]

这封信虽然寄出去了，但其草稿却留在了卡夫卡8个八开笔记本中的第三本里，这寥寥数行文字的位置恰好就在《中国长城修建时》之前（*NSF I*: 336-337）。由此可见，这封信的草拟与小说的创作在时间上应当相距不远，其内容均与帝国重建的话题有关：一个在西方，另一个在东方；一个是眼下被战争折磨得疲惫不堪的奥匈帝国，另一个是古老而遥远的中华帝国。在同一册笔记本当中，与《中国长城修建

---

[1] Claudine Raboin, "Ein Landarzt" und die Erzählungen aus den "Blauen Oktavheften", in *Franz Kafka, Text + Kritik, Sonderband*, Hrsg. v. Heinz Ludwig Arnold, IV/06, München: Richard Boorberg Verlag, 2006, S.167.
[2] Franz Kafka, *Briefe April 1914-1917*, Hrsg. v. Hans-Gerd Koch, Frankfurt am Main: Fischer Verlag, 2001, S.291.

时》相隔数行，出现了另一则有关中国题材的札记，即《古史一页》，卡夫卡原来拟就的题目是《中国古史一页》("Ein altes Blatt aus China")，这段文字从帝国广场上一位鞋匠的视角出发，描述了游牧民族入侵帝国的场景（*NSF I*: 358）。在一道横线将以上文字隔开之后，作者走出来向读者交代："这是由一位从事具体行动的朋友向我们提供的，它们是对中国古史手稿数页内容所作的（纯粹欧化的）翻译。这是一个残篇。发现其续篇的希望并不存在。"（*NSF I*: 361）这一则简短的说明把前述两个故事残篇的时间和空间转换到了当下的欧洲（奥匈帝国），两者之间由此建立了一种明确的隐喻关系：《中国长城修建时》《古史一页》以及作为前者之一节在作家生前就已发表的《一道口谕》("Ein Kaiserliche Botschaft")[1]，这些围绕古代中国题材展开的小说和笔记，应当是卡夫卡以虚构的方式对奥匈帝国面临的一个重大现实问题的回答，这个现实问题便是他在给兰普尔的回信中所提出的那个问题，即在精神上统一的一个"大奥地利"国家如何可能？法国学者克劳迪娜·拉布万甚至认为，小说中围绕修建长城的事件而被牵出的有关中华帝国的描述，其复杂性、其令人困惑的防御体系和行政体系完全对等于濒临崩溃边缘的多瑙河帝国。[2] 曼弗莱德·恩格尔则认为卡夫卡笔下的中国并非好友罗伯特·穆齐尔（Robert Musil，1880–1942）所

---

[1] 该作品最初发表于马丁·布伯（Martin Buber, 1878–1965）编辑的犹太复国主义杂志《自卫》(*Selbstwehr*, 24. Sept., 1919) 上，这是卡夫卡生前唯一面世的一篇以中国为题材的作品。

[2] Claudine Raboin, "«Ein Landarzt» und die Erzählungen aus den ‹Blauen Oktavheften› 1916-1920", in *Franz Kafka, Text + Kritik, Sonderband*, S.167.

描绘的卡卡尼恩（Kakanien）的肖像，而是她的一个未能实现的理念。[1]

在《中国长城修建时》于20世纪30年代重见天日不久，瓦尔特·本雅明就被作品中的隐喻和（犹太）宗教哲学因素所吸引，把它看作是"纯粹的散文"，认为卡夫卡在此思考的是"人类共同体中的生活组织和劳动"问题。[2]卡夫卡步入文坛不久，布罗德就认为其主要的书写对象是"懊悔、自责和黑暗的罪责意识"，它们从反面见证了一个孤独的个人对犹太宗教共同体的向往之情。[3]布罗德试图把卡夫卡纳入布拉格犹太复国主义者（Prager Zionist）行列的做法，通过他撰写的作家传记[4]，及其以"托命人"自居对卡夫卡的作品和遗稿的编辑工作[5]，长期以来形成了一种支配性的阐释原则。第二次世界大战之后，尽管卡夫卡的遗稿得到不断的整理和发表，但《中国长城修建时》的阐释工作依然无法摆脱上述原则。例如，威廉·埃默里希于20世纪50年代出版的、影响颇大的专著仍旧坚持思辨性的宗教哲学立

---

[1] Manfred Engel, "Entwürfe Symbolische Weltordnung, China und China Revisited. Zum China–Komplex in Kafkas Werk 1917-1920", in Manfred Engel et al., Hrsg., *Kafka, Prag und Erste Weltkrieg*, S.167. "卡卡尼恩"是穆齐尔在《无个性的人》中对奥匈帝国的讽刺性称谓：一块罕有的地域，她没有名称，却拥有一个集皇帝和国王于一身的元首（Robert Musil, *Der Mann ohne Eigenschaften*, 1 Aufl., Hamburg: Rowohlt Verlag, 1978, S.31）。
[2] Walter Benjamin, *Benjamin über Kafka, Texte, Briefzeugnisse und Aufzeichnungen*, Hrsg. v. Hermann Schweppenhäuser, Frankfurt am Main: Suhrkamp, 1981, S.9.应当指出，这个观点并非本雅明独创，它来自在《中国长城修建时》首次发表时肖普斯撰写的"后记"（详见本书第24页注2），本雅明一定看过这些文字。
[3] Max Brod, "Unsere Literaten und die Gemeinschaft", in *Der Jude*, Oct., 1916, S.463.
[4] Max Brod, *Kafka, Eine Biographie*, Frankfurt am Main: S. Fischer, 1954.
[5] 关于布罗德的编辑工作以及近年来卡夫卡全集的编辑原则之争，参见Manfred Engel et al., Hrsg., *Kafka-Handbuch, Leben-Werk-Wirkung*, S.517。

场。从普适性与个体生存境遇之间的关系出发,他将《中国长城修建时》所描述的皇帝口谕无法传递到帝国偏僻角落里的某位子民的现象,解读为个人与上帝无法直接沟通这样一个为清教徒所批判的天主教的固陋。[1]另一方面,人们习惯于脱开小说采用的古代中国叙述框架,直接把它读入20世纪初期处于离散状态中的欧洲犹太人向周边社会的归化、犹太民族意识的建构以及犹太共同体和国家的重建语境当中。里奇·罗伯特逊在20世纪80年代面世的著作里,认为《中国长城修建时》不只是对人类社会状况所做的一般性反思,而且更多的是对犹太社会重建原则的考虑,后者正是当时马丁·布伯领导的东欧犹太文化和宗教复国主义热衷议论的话题。[2]从严格的文献学考察出发,卡夫卡全集校勘版(*KA*)的主要编者之一约斯特·施勒迈特提醒我们,中国长城不应只是对活跃在卡夫卡身边的犹太复国主义思想以及对那个时代彼此关联的各种历史性革新和追求的反映,它更是对作者本人(作品中的学者和水手)的历史处境和个人处境的诠释。[3]20世纪七八十年代,在"文化研究"潮流影响下出现了一些论著,它们将长城形象置于西方的"东方主义"话语生产当中,揭示了这一形象背后隐藏的知识/权力关系。[4]

笔者在此仅仅列出了西方学界对《中国长城修建时》所

---

[1] Wilhelm Emerich, *Kafka*, Frankfurt am Main: Athenäum Verlag, SS.199-204.
[2] Ritchie Robertson, *Judentum, Gesellschaft, Literatur*, Stuttgart: 1988, S.228.
[3] Jost Schillemeit, "Der unbekannte Bote, Zu einem neuentdeckten Widmungstext Kafka", S.256.
[4] Rolf J. Goebel, *Constructing China: Kafka's Orientalist China*, 1997.

做的几种代表性阐释。可以看出,以上研究或是从普适性的角度分析作品的宗教、哲学和社会内涵,或是将作品设定在单一的犹太宗教和民族运动这一认知框架之内,忽视了构成卡夫卡身份认同的一个重要环节,即作家在面对一个想象中的、精神上统一的"大奥地利"国家时,情感上的暧昧和行动上的踌躇。从归属关系和集体认同方式来看,国家认同与民族认同不能被简单地等同起来。应当说,在单一的近代民族国家里,两种认同或许是一致的,但在一个由德意志、捷克、匈牙利、波兰、乌克兰等多民族共同构成的国家——奥匈帝国——内部,民族认同与国家认同的格局却绝非如此清晰。民族认同建立在一个共同体的文化记忆之上,后者最初只是出于"生存需要而自发形成的共同体"[1],它在较小的地域范围里容易形成。然而,国家认同是一种政治认同,它基于统治者与被统治者、君主与臣民、主权者与公民的彼此认同,当然这种认同需要统一的文化作为前提。[2]对奥匈帝国这个多民族国家来说,其民众的认同方式是二元的:既要认同于本族群的语言、宗教和文化,又要在政治上忠诚于帝国主权者——皇帝,那么,如何在两者之间保持一种平衡,尤其是在战争导致的混杂局面当中?也许问题过于复杂,在接到兰普尔的邀请信之时,卡夫卡仍然没有想清楚。即使他已经想清楚了这个问题,也很难用三言两语说得清楚:短短数

---

[1] Victor Turner, *Das Ritual, Struktur und Antistruktur*, Übersetzung aus Englischen, Frankfurt am Main: Suhrkamp Verlag, 1969, S.169.
[2] Wolfgang Bergem, *Identitätsformationen in Deutschland*, Wiesbaden: VS Verlag, 2005, S.58.

百字的书信，他反复修改了许多遍。

卡夫卡最终也没有能够完成《中国长城修建时》，像棕色小笔记本里留下的其他札记、信稿、散记、对话一样，这部用"铅笔草草写成"[1]的残稿看起来模糊、混乱，勾勾画画之处比比皆是。小说的内容大致如下：（1）长城在帝国最北方已经宣告建成。但叙述者此时却对它的分段修建方式感到十分困惑：来自东南和西南的两支建设大军，分别被划分为一个个20人的小组，两组人马相向施工，各自用5年时间完成划定的500米任务，待两段城墙合拢之后，这些人又被派往很远的地方继续修建。上述"分段修建"方式的后果是，墙与墙之间留下了许许多多的漏洞，有些漏洞甚至在整个工程完工之后还未能被填补，而且恐怕也无缘再被补上。（2）一位当时的学者指明长城的修建可以为巴别塔的重建打下坚实的基础。（3）叙述者不断地猜测和分析"最高领导"之所以采取分段修建的意图，却发现没有任何人知道"最高领导"的身份和居所。（4）修建长城的目的据说是为了防御北方的蛮族，可是作为南方人，叙述者根本就没有见到过蛮族的凶恶面目。（5）垂死的皇帝试图通过自己的信使向帝国偏僻角落的一位臣民传达一道口谕，但这位孔武有力的信使却无论如何也走不出拥挤不堪的京城，而那位臣民只能在夕阳西下的窗边枯坐空等。（6）长城始建30年之后的某一天，一个陌生的水手突然驾船来到小村庄，告诉他父亲长城开建的消息，当后者摇头一再表示不信之时，水手跳上帆船匆匆

---

[1] 布罗德语，转引自 Franz Kafka, *Œuvres complètes*, vol. 1, p. 1073。

离去（*NSF I*: 337-357）。

让我们从小说的叙述者说起。通过了"最低等学校的最高等考试"（*NSF I*: 343），叙述者"我"，一个20岁的年轻人，有幸作为拥有基本建筑知识的工程师投入到了建设大军当中。这位底层"领导者"（*NSF I*: 340）把自己与以挣取工钱为目的的底层劳工区分开来：由于不理解工程"最高领导"的意图，劳动之余的"我"便孜孜于比较民族史的研究，"只有借助于这个手段，才能触动某些特定问题的神经"，"我发现，我们中国人对一些民族和国家层面的制度特别清楚，而对另一些制度则特别的糊涂"。"最清楚"的制度莫过于帝制，而尤其让人感到"糊涂"的事情则是分段修建长城的方式（*NSF I*: 340）。以叙述者的这一"自白"为分水岭，卡夫卡笔下的长城故事可以被看作是由两个部分组成：前一部分是叙述者对分段修建方式的理性冥思（nachdenken），从中牵出了"最高领导"（das oberste Führung）的组织意图或者"无意图"；后一部分则围绕帝国的主权者——皇帝——与臣民之间的疏离关系而展开。长城是一项浩大的"民族工程"（das Volkswerk），它是"数十万民众的辛劳和生命投入换来的果实"，它用伟大的"蓝图"将全民族力量（Volkskraft）凝聚在未来的新工程之上（*NSF I*: 344）。在此，"民族"并非是德意志传统意义上单一的"文化民族"（Kulturvolk），而是与卡夫卡同时代的乔治·耶利内克（1851—1911）眼中的"政治民族"，即所谓"国族"（Staatvolk）。这位出身维也纳犹太家庭的实证法学家认为，能够称得上"民族"的共同体，只有那些"通过组织行为而形成的民众"，而"这种组织也只有借助于受到认可的法律条文才成为可能，后者关乎民众在法律意义上的意志形成，只有这样才能将它们组织成一体"。[1] 依照人为原则把来自东西部的劳动大军划分为一个个20人的小组，这种"分段"或曰"分治"方式正是耶利内克所说的政治组织方式；另一方面，由于能够看到自己部分的劳动果实，修建者便克服掉了漫长的劳动容易引起的"厌烦"和"失望"情绪。因此，修建长城绝非强制性的劳役（*NSF I*: 342），而是集体意志的体现，是一场声势浩大的建国运动。在这个意义上，小说的两个组成部分实际上可以合并为一个问题重新加以表述：帝国的存在理由（raison d'être）是什么？

故事的核心是皇帝和以皇帝为中心的帝国政治。独自坐在皇城内一张"大小应当合适，实则相对逼仄和狭窄"的龙床之上，他看起来"非常疲惫"，"张开柔弱的嘴巴，不断地打着哈欠"（*NSF I*: 350）。传说中，在弥留之际僵卧病榻之上的皇帝，试图向帝国一隅的一介布衣下达一道重要的口谕。在《古史一页》中，面对从千里之外奔袭京城的游牧民族，他只有紧闭门窗，困守宫室，于一片黑暗之中无奈地看着广场上骚动的敌人（*NSF I*: 360）。前述海尔曼的汉诗集中收入了杜甫的一首诗，诗中一位头戴耀眼金冠的君王，出入于嫔妃们中间，沉湎于声色而无暇参与大臣们的议政（*Chinesische*: 57-58）[2]；同一诗集中还出现了李白的《口号

---

[1] Georg Jellinek, *Allgemeine Staatslehre*, 2 Aufl., Berlin: O. Häring, 1905, S.138.
[2] 遗憾的是我未能查到杜甫这首德译题为《君王》（*der Kaiser*）的诗歌。

吴王美人半醉》，诗中那位纸醉金迷的末代君主——吴王夫差，以及醉卧"白玉床"的美人西施（*Chinesische*: 49）[1]，还有《金陵三首》对六朝往事的兴叹（*Chinesische*: 34）[2]，一定给这位"布拉格的中国人"留下了深刻的印象。《中国长城修建时》中的皇帝正是一位身处王权兴替之际，肉体衰弱不堪，精神萎靡不振，完全失却掌控帝国能力的君主。如此没落的中华帝国形象更多来自尤利乌斯·迪特马（Julius Dittmar）的游记《在新中国》[3]。受《莱比锡报》的委托，迪特马自1910年1月从德国出发开始作环球旅行。1910年深秋，他从鸭绿江朝鲜一侧进入中国，先后游历了中国北方的盛京（沈阳）、天津、北京、青岛和南方的上海、香港和广州。旅途中对晚清中国社会的了解使这位欧洲人明显地感觉到，"中国已经走到了一个大变革的边缘，皇室及其官员的乱政已经达到了不可忍受的顶点"（*Neuen*: 4）。在游历北方时，与迪特马同行的还有一位德国小姐法尔克、一位俄国间谍Z先生、一位英国人摩尔女士，还有一位美国人利维

---

[1] 李白的原诗为"风动荷花水殿香，姑苏台上宴吴王。西施醉舞娇无力，笑倚东窗白玉床"。

[2] 德译版为《金陵挽歌》（*Ode auf Nanking*），原诗为"六代兴亡国，三杯与尔歌。苑方秦地少，山似洛阳多。古殿吴花草，深宫晋绮罗。并随人事灭，东逝与沧波"。

[3] Julius Dittmar, *Im Neuen China. Reiseeindrücke*, 3 Aufl., Köln: Hermann & Friedrich Schaffstein, 1912. 后文出自同一著作的引文，将随文标出该著简称 *Neuen* 和引文出处页码，不再另注。卡夫卡非常喜欢沙夫斯太因出版社的"绿皮小丛书"（Grüne Bändchen），迪特马这本中国游记便是其中一种，虽然在卡夫卡的私藏中未见此书，但从《中国长城修建时》相关段落的某些语句，可以推测他读过这本书，这个看法几乎已成为卡夫卡研究界的一个基本共识（Hartmut Binder, *Kafka-Kommentar. Zu sämtlichen Erzählungen*, München: Winkler Verlag, 3 Aufl., 1982, S.218）。另外，迪特马这本游记的内容曾经于1911年春天在《莱比锡报》（*Kölnische Zeitung*）连载，其影响不容小觑（Julius Dittmar, *Eine Fahrt um Welt*, Berlin: Alfred Schall, 1912, S.7）。

斯。他们当中既有帝国主义者，也有和平主义者，既有对中国充满好奇，急于想了解这个东方国家的人，也有对中国十分熟知并且热爱中国文化的人。在旅途当中，这些持不同立场的西方人不断就中国的文化和政治展开时而甚至是针锋相对的讨论，从他们的言谈和思想当中，我们可以一窥19世纪末至20世纪初在西方流行的种种有关中国和中国人的定型看法。显然，迪特马游记中记录的山海关长城及其照片（*Neuen*: 29）给了卡夫卡直接的创作灵感。西方学者大多认为迪特马笔下的长城只是为卡夫卡的长城故事提供了一个简单的叙述框架而已，其本身不足以解释作品，也就是说，它不能够构成作品阐释工作的基础。反之，执着于这种"文本间性"（Intertextualität）就会重蹈实证主义研究的覆辙，即以对作品生成原因的精确研究来代替对作品"复杂语义体系"的分析。[1]然而，如果深入细致地阅读迪特马的旅行记，我们就会得出不同的意见。《在新中国》不只为《中国长城修建时》提供了一个创作上的诱因，而且更重要的是，它也为卡夫卡的中国故事奠定了基调（Grundstimmung）：迪特马重复了同时代在西方人中间普遍流行的"东方主义"话语，宗主国的殖民主义优越感在书中也随处可见[2]，但他与热心翻译中国古典诗歌的海尔曼（*Chinesische*: v-x）一样对中

---

[1] Manfred Engel, Entwürfe Symbolische Weltordnung, China und China Revisited. Zum China–Komplex in Kafkas Werk 1917-1920, SS.223-224.
[2] "自此之后，我们便会承认殖民地的意义在这里被固定了下来：给亚洲人民带来一个直观的看法，看看我们［德国人］在所有的地方为人类进步所做的贡献；然后他们就会思索，购买我们的商品，在政治上跟随我们到底值得与否。"（*Neuen*: 79）详细的分析可参见 Rolf J. Goebel, *Constructing China: Kafka's Orientalist China*, p.67。

国古文明的覆亡抱以同情，对中国新变革的到来寄予希望。1905—1911年间，大清帝国和奥匈帝国，其实何止这两个帝国，还有俄罗斯帝国、奥斯曼土耳其帝国，横跨欧亚大陆的五个多民族帝国（multinational empire）几乎同时面临着多重危机：宪政危机、边疆危机等等。这些帝国因无力应对上述危机，遂在1917—1923年间相继走向解体，在崩溃和濒临崩溃的帝国边疆出现了许多新的国家。[1]

不要忘了在长城故事里，卡夫卡已经摇身一变成了一位研究比较民族史的中国学者。两个古老的帝国分别在1910—1911年和1916—1917年走到了革旧鼎新的时刻，这自然会激发起这位布拉格作家无限的政治想象力。在迪特马的眼中，盛京百姓居住的大街小巷凌乱、"嘈杂"、"肮脏"和"丑陋"，而埋葬清太祖努尔哈赤的福陵则干净、整饬，松柏和石像分立两侧，共同守护着这位已逝的君王，它们"让宁静的陵园充满了生机，让死者的沉默越过自身传向远方"。皇家陵园的极尽奢华让这位远道而来的德国旅行者想起了陵园外面一座百姓坟茔（"小土堆"）的破败：前者是闻名于世的帝王陵园，后者是一个无名"苦力"的坟头（*Neuen*: 27），迪特马禁不住问道："难道丧葬习俗不也是衡量一个民族文化高低的尺度吗？"（*Neuen*: 23）在天津租界里，西方人以主人姿态来往穿梭，而华人却为挣取一块面包而甘为人下，迪特马评论道，"再也没有比在中国的城门口纷纷建立的繁

---

[1] 关于这一历史过程的详细描述，参见 Alfred J. Rieber, *The Struggle for the Eurosian Borderlands: From the Rise of Early Modern Empire to the End of the First War*, Cambridge: Cambridge University Press, 2014, p.424。

荣的欧洲殖民地更能显出一个庞大帝国的无能和一个伟大民族的无助了","一边是最丰富的艺术和最有魅力的奢华,一边是最让人痛苦的贫穷和最肮脏的破败,在民众和他们的皇室之间隔着巨大的鸿沟"(*Neuen*: 34)。在紫禁城里:"天子生活在神圣的闭塞当中,因为对中国人来说,他是最受尊重的人。就像一个被关进金笼子的囚犯一样,我想起了一个修饰语,'孤独的男人',实际上这只是他的诸多名头之一。正在强有力地叩击中国大门的新时代,难道不会连这种光荣的苦难一同扫尽吗?"(*Neuen*: 44)俄国间谍这样解释道:"他们把他们的皇帝命名为天子,普通的中国人不敢奢望见他一面,甚至不能抬眼看他。当皇帝出行时,街道必然被封闭起来,全部门窗都必须关上,以至于普通民众中没有人看到过他。"(*Neuen*: 36)在《中国长城修建时》中,叙述者将帝国君臣的隔绝状态表述为,"我们民族"除了祭拜当地的"农神"之外,"所有的心思都指向了皇帝,不是指向当朝的皇帝,或者不如这样说,假如我们了解他,或者假如我们能够得到其确切消息的话,我们的思想就会指向当朝的皇帝"(*NSF I*: 349)。所有的人都没有体会(erfahren)到皇帝的存在,朝圣者也好,水手也好。中国的疆域太大,北京和皇帝都只是一个点而已,然而,"活着的皇帝和我们一样"(*NSF I*: 350)。

在1848年资产阶级民主革命引发的统治危机中,弗朗茨·约瑟夫接替身体虚弱的费迪南(Ferdinand I, 1793—1875)当上了奥地利帝国的皇帝。为了扭转费迪南治下极端薄弱的统治力,他仿效特雷莎女皇(Maria Theresa, 1717—

1780）采取了一套中央集权的专制主义政策，被称之为"新专制主义"。[1] 但由于缺乏足够的政治经验，在与拿破仑三世的法国和撒丁王国的战争中接连失利，1866年在与普鲁士争夺德意志联盟霸主地位的战争中遭受挫败，严重地削弱了弗朗茨·约瑟夫的权力，这使得他不得不谋求与匈牙利统治精英的联合。一番艰难的谈判过后，1867年6月，他加冕为匈牙利国王，成了奥地利-匈牙利帝国皇帝（Osterreich-Ungarn/Kaiser und König）。然而自其建立之初，这个二元制帝国就一直面临着日趋激烈的民族冲突：一方面是匈牙利贵族的独立要求，一方面是奥地利境内德意志人与波希米亚少数族裔人为争夺统治主导权而产生的冲突。尽管如此，约瑟夫皇帝仍然坚守1867年宪法的原则，不愿在帝国的旧制度上做出任何改变，其中包括后来被刺杀的皇储弗朗茨·费迪南大公提出的联邦制计划。1897年，巴德尼（Kasimir Badeni，1846–1909）内阁在波希米亚推行的民族妥协（Ausgleich）政策不但没有减轻，反而加剧了波希米亚王国的德意志人和捷克人之间的政治和文化冲突。在这样的形势之下，1908年10月，奥匈帝国又不顾周边国家的反对，使用武力吞并了波斯尼亚和黑塞哥维那地区。1914年6月，奥地利王储费迪南夫妇在萨拉热窝巡视时，遭到目标在于建立一个包括波黑地区在内的"大塞尔维亚国"的"黑手党"（Schwarze Hand）暗杀。一个月之后，约瑟夫皇帝签署文件

---

[1] Ernst Joseph Görlich, *Grundzüge der Geschichte der Habsburgermonarchie und Österreichs*, Darmstadt: Wissenschaftliche Gesellschaft, 1970, S.217. 后文出自同一著作的引文，将随文标出该著名称首词和引文出处页码，不再另注。

向塞尔维亚宣战。[1]1914年8月,糟糕的作战计划致使奥匈帝国军队在东线遭到惨重的失败,80万训练有素的士兵因此失去了生命。[2]到了1916—1917年,内外交困的哈布斯堡帝国显出了分崩离析的迹象。战争初期涌起的爱国主义情绪明显减退,帝国内部也开始出现批评帝制的声音。

自约瑟夫于1849年登基以来,帝国的政治领袖、各个党派和统治精英都在持续不断地制造"帝王崇拜"。皇帝的生日庆典、结婚纪念日庆典、外出巡视活动,甚至哈布斯堡家族的传统符号和礼仪形式,均被用来表现这个二元制帝国的主权者:约瑟夫皇帝成了象征多民族帝国统一的唯一人格。每逢皇家庆典来临之际,成千上万的民众纷纷站立在大街小巷的两旁,争相向皇帝表达忠心。人们聚集在天主教堂、清真寺和犹太会堂里,聆听神职人员对哈布斯堡统治者及其家族的颂扬。人们用德语、捷克语、波兰语、乌克兰语放声高唱《上帝保佑吾皇弗朗茨》("Gott erhalte Franz den Kaiser"),频频向皇帝送上健康的祝福。公共建筑、市民家庭、咖啡馆、农舍,到处张贴着皇帝的画像,在帝国子民的心目当中,约瑟夫就是"奥匈帝国的父亲"。[3]战争伊始,奥匈帝国与这位皇帝更被看作一个命运共同体,《告我的各民族书》("An meine Völker")用那种真诚而恳切的

---

[1] Heinrich August Winkler, *Geschichte des Westens, Von den Anfängen in der Antike bis zum 20. Jahrhundert*, 3 Aufl., München: C. H. Beck, S.1163.

[2] Sönke Neitzel, *Weltkrieg und Revolution, 1914-1918/1919*, Berlin: be.bra Verlag, 2008, S.45.

[3] Daniel L. Unowsky, *The Pomp and the Politics of Patriotism in Habsburg Austria, 1848-1916*, West Lafayette: Purdue University Press, 2005, p.2.

语气一下子点燃了民众心头的爱国热情,渴望以对外战争来平息国内的民族纷争、换取国内和平的思想,不仅使统治精英、政治党派,而且使普通民众对帝国及其主权者——约瑟夫皇帝表达出一种空前的忠诚:战争成了检验和衡量帝国境内的德意志人和斯拉夫人,甚至是和平年代就已经遭受怀疑的犹太人对帝国和皇帝是否忠诚的手段。[1]但是,晚年的约瑟夫却沉浸在亲人的接连失去、突发的政治暗杀和对战局的悲观情绪里,从而陷入了一种老年人的孤独之中。1907年染上的支气管炎一度使约瑟夫皇帝中断了工作,1911年,一场严重的咳嗽给他的健康敲响了警钟。尽管这没有使他缩短每天的工作时间,放慢工作节奏,却使他的出行从此受到了限制:在大部分时间里,他只能留在肖恩布兰宫(Schönborn)听取官员们的汇报,埋头处理文件,对维也纳的百姓而言更是难得一见。"他和外部世界之间隔着某种雾霭,某种极大的疲惫",公主玛丽亚·瓦莱里(Marie Valerie)在1916年10月的日记中这样记载(*Erste*: 647)。于是,围绕皇帝周围形成了一个神话,有关他已经驾崩的消息不胫而走。[2]卡夫卡的好友穆齐尔和弗朗茨·沃伏尔(Franz Werfel)分别带着反讽和哀伤的语调怀疑弗朗茨·约瑟夫皇帝是否还依然活在人世,或者他根本就已经不存在了。另一位作家理查德·封·肖克尔(Richard von Schaukal,1874-1942)声称,

---

[1] Mark Cornwall, "The Wartime Bohemia of Franz Kafka. The Social and National Crisis", S.37.
[2] Jean Paul Bled, *Franz Joseph, "Der Letzte Monarch der Alten Schule"*, übertragen von Marie-Therese Pitner und Daniela Homam, Köln: Böhlau Verlag, 1988, S.499.

皇帝被"装进了自己尊严的盔甲里",如同一个"遥远的星辰"。在战争年代,莱昂·萨皮耶哈(Leon Sapieha)评论道:"有时人们可以听到一些谣言,悄悄地说弗朗茨·约瑟夫已去世好久了,只是消息被封锁了起来,而另外一些人则相信不久之后就会在前线见到他。"[1]

哈布斯堡王朝的合法性建立在天主教的圣体学说之上。据说王朝的缔造者鲁道夫一世(Rudolf Ⅰ,1218-1290),曾经把身下的坐骑赠予一位手执圣体的牧师,帮他渡过湍急的河水为一个生命垂危的人做临终祷告。作为回报,这位神圣罗马帝国皇帝被赋予了统治世界的权力,而牧师随从手中的铃铛则象征着上帝的声音,召唤他去建立一个世界帝国,而这个帝国将受到上帝的神佑,这就是中世纪广泛流传的所谓"奥地利虔诚"(Pietas Austriaca)。自1622年始,圣体游行作为哈布斯堡王朝与上帝和天主教会之间独特联系的象征,年复一年地在奥地利的土地上举行,它帮助帝国度过了约瑟夫二世(Joseph Ⅱ,1741-1790)的开明专制主义、1848年民主革命和1870年天主教会的分裂所造成的一系列政治危机。这个盛大的仪式及其象征内涵被帝国境内的天主教、东正教以及非基督教少数族群广泛接受,从而为哈布斯堡王朝赢得了一种跨族群的普遍忠诚。在经历了1897年巴德尼危机之后,圣体游行从一种民间宗教演变成为官方组织的仪式,教会的作用反倒退而居其次,约瑟夫皇帝于是成为人们

---

[1] Adam Kożuchowski, *The Afterlife of Austria-Hungary: The Image of the Habsburg Monarchy in Interwar Europe*, Pittsburgh: University of Pittsburgh Press, 2013, p.150.

注意的中心。皇帝本人也非常严肃地对待人们对圣体的崇拜，并将其作为把自己展示给臣民的绝佳机会。1898年之后，皇帝个人的不幸遭遇（妻、子相继死去）又被看作是与耶稣基督一样为民受难的过程，因此，他的形象又与后者联系在一起。学校的教科书不断传播着旧王朝和世袭的国家观念，先后有两代人都接受了这种帝制的宣传，从内心深处崇敬"帝国的父亲"。[1]

这种将皇帝的身体与耶稣基督的身体关联起来的做法，复兴了中世纪"国王的两个身体"（the King's two bodies）的法律信条，一种"神秘虚构"，即主权者——国王或皇帝拥有"一个人格，两个身体"：一个是自然的和必死的，另一个则是超自然的和不朽的。前者是生理的，后者是政治的；前者看得见，后者却看不见。[2] "尽管与我们在尊严上并没有什么差别，他生活在我们中间，但还是与一般的市民完全不同。"（*NSF II*: 264）在写于1920年深秋的另一篇以中国为背景的小说《拒绝》（"Die Abweisung"）里，卡夫卡借叙述者"我"之口，说出了主政一座小小边城的"最高税务官"，也就是这个城市的"首脑"的特殊身份。面对市民请愿团，他手持两根长长的竹竿，俨然代表了法律，"这个古老的习俗意味着：法律就这样支撑着他，而他也这样支撑着法律"（*NSF II*: 266）。叙述者随后又解释道，这种现象绝

---

[1] James Shedel, "Emperor, Church, and People: Religion and Dynastic Loyalty during the Golden Jubilee of Franz Joseph", *The Catholic Historical Review*, Vol. 76, No. 1 (1990), pp. 71-92.
[2] Erst H. Kantorowicz, *The King's Two Bodies: A Study in Mediaeval Political Theology*, New Jersy: Princeton University Press, 1957, p.7.

非孤立的，而是普遍的现象。市民"小小的请愿不时能得到满足，那是首脑出于一个有权势的个人所负有的责任而这样做的……在重要事情上，市民们总是会被拒绝，仿佛如果不被拒绝，人们就不习惯了似的"（*NSF II*: 268）。作为权力主体的首脑与普通市民之间的距离，不亚于一座边城与首都之间的距离，"每当请愿团来到他面前时，他站在那里就像竖起一道世界之墙一样。在他身后什么也没有，人们支起耳朵来听，预感到从那里传来了一阵窸窸窣窣的声音，但这明显是个错觉，它只意味着整体的结束，至少对我们来说如此"（*NSF II*: 264）。"然而，活着的皇帝却跟我们一样，与我们一样坐在他的龙床之上，这张床大小应当是合适的，实则相对逼促和狭窄。"（*NSF I*: 350）皇帝的肉体已经虚弱不堪，但他还要挣扎起来，试图向远方一位微不足道的子民传达一道重要的口谕，如今就连这道口谕也难以抵达。信使的力量无论再强大，他胸前绣着的象征皇权的"太阳标记"也无法使他穿越重重叠叠的宫殿和鳞次栉比的民宅走出北京；而身在帝国偏僻一隅的那位子民也只能坐在"夜晚的窗边梦想着圣谕的到来"（*NSF I*: 351–352）。中华帝国的地域之大、边城与首都的距离之远根本就不是什么自然或地理的属性，而是帝国主权者力量虚弱的主观表征。不仅皇帝的血肉之躯行将死去，而且其超自然的、神圣的和不朽的身躯也在消失。在讨论了"分段修建"的方式，以及当时"人们头脑中的许多混乱"之后，《中国长城修建时》的叙述者评论道："在领导的斗室当中——他在哪儿，谁坐在那里，我问过的所有人都不知道，而且过去也不曾知道——人们所有的想法和愿望组成了一个圆圈,而人们所有的目标及其达成又组成了另一个相对的圆圈,然而神圣世界的余晖(Abglanz)却透过窗子照在了正在描绘蓝图的领导者的双手之上。"(*NSF I*: 345)中国皇帝身上神圣的光芒在渐渐退去,其政治的和超自然的身体也在逐渐消亡。身处奥匈帝国晚期的弗朗茨·约瑟夫皇帝,其命运也不过如此。

"帝制不朽,但某位皇帝可以死去和崩溃,整个王朝也甚至会在顷刻之间衰落和消亡,"卡夫卡的叙述者说,"这些斗争和苦难从来不为人们(das Volk)所知,他们仿佛是后来者,仿佛是城市里的陌生人那样站在拥挤的小巷深处,安静地享用着自己带来的饭食,就在前面不远处的市场中央,他们的主人正在被当众处决。"(*NSF I*: 350-351)中世纪的法学家们把亚里士多德的"世界永恒性"学说应用到宪政和法律–政治领域,建立了一种王朝连续性的理论。古罗马立法者巴托罗斯(Bartolus de Saxoferrato, 1313-1357)认为,"整个世界的规则都存在于国王那里"。由上帝建立的罗马天主教世俗帝国国运不朽,而且罗马的人民也拥有不可剥夺的权力,他们能赋予帝国和国王所有的权力。既然罗马和帝国是永恒的,那么罗马人民也就是永恒的,无论由谁来代替原来的罗马人民,也无论谁在特定的时期发挥着作用。罗马法的解释者们承认这种"无视变化的同一性"和"在变化中的同一性"原则。英国法学家爱德华·柯克(Edward Coke, 1552-1634)在英格兰王位交替之际,提出国王凭借"与生俱来的权力"而拥有英格兰,皇位依据皇家血统而世代传递,因此,"加冕礼仅仅是王朝的一种装饰和对皇帝名号传递的庆祝而已，它并非皇位的一部分"。[1]王朝不朽，国王不死：皇帝乃王权的守护者，其主权的永恒性寓于王权之中。"国王可以一个个死去，但他代表的主权正义与最高法官所代表的东西却是不死的；他将通过他的官僚机构，甚至是在他的自然身体死去之后持续不断地行使司法权力。"[2]

然而，中世纪政治神学制造的王朝和国王（皇帝）连续性却在卡夫卡的想象世界里断裂了。1916年11月底，或许就在约瑟夫皇帝去世的同一周内[3]，卡夫卡写下了一生中唯一一部戏剧——《守陵人》(*Gruftwächter*)[4]，一个经过数次修改最终也未能完成和发表的作品。剧本主要展现了当朝执政的侯爵雷欧（Fürst Leo）与其家族守陵人之间的对话场景：这位年过七旬的伤残军人拖着疲惫的病体，对新统治者讲述了自己数十年来与以弗里德里希公爵（Herzog Friedrich）为首的家族幽灵们复复一夜的循环斗争（Ringkrieg）(*NSF I*: 267-303)。这个剧本的创作时间稍早于《中国长城修建时》。读过《在新中国》一书的人，很快就会发现卡夫卡剧作的灵感依然来自迪特马的中国游记，事

---

[1] Erst H. Kantorowicz, *The King's Two Bodies: A Study in Mediaeval Political Theology*, p.317.
[2] Erst H. Kantorowicz, *The King's Two Bodies: A Study in Mediaeval Political Theology*, p.418.
[3] Juliane Blank, "Historische Konkretisierung und Verallgemeinerung in den «Gruftwächter» Aufzeichnungen (1916-1917)", in Manfred Engel et al., Hrsg., *Kafka, Prag und der Erste Weltkrieg*, S.192.
[4] 题目为布罗德在发表遗稿时所加。据卡夫卡的盲人挚友奥斯卡·鲍姆（Oskar Baum）说，作者最初拟就的题目为《洞穴》(Die Grotte)或《陵墓》(Die Gruft)，参见Jost Schillermeit, "Der Gruftwächter", in Hartmut Binder, Hrsg., *Kafka Hand-buch, Bd. II, Das Werk und Seine Wirkung*, Stuttgart: Alfred Kröner Verlag, 1979, S.497。

关皇陵和百姓墓葬的内容占据了该书相当大的篇幅。从盛京到平津铁路沿线，迪特马一行人目睹了包括清福陵（清太祖努尔哈赤墓）在内的多处明清皇陵，中国的丧葬习俗以及其中表现的民族性格是这些西方旅行者津津乐道的话题。在天津驶往北京的火车上，摩尔女士对在座的人说，中国人迄今为止依然相信世界上充满着各种各样的幽灵，相信自己的祖辈生活在一个幽灵组成的世界里，"活着的人如若不能让逝者保持良好的心情（Laune），那么他们就会给活着的人带来伤害"（Neuen: 37）。也许是从迪特马的游记开始，卡夫卡对中国民间的"鬼故事"非常感兴趣。[1]《守陵人》的前文本——《破碎的梦》这篇札记的首句便是"出于心情，一位过去的侯爵打算在陵园里的石棺边上安排一位守陵人"（NSF I: 267）。然而，侯爵的这个决定果真如剧中人物内廷少府（Hofkammer）所说，是"向伟大的逝者表示致敬"（NSF I: 276），希望他们不要给自己带来伤害吗？至于这一做法的必要性，侯爵并没有一个清晰的认识。对他而言，陵墓意味着家族的在世者与其他人（das andern）的界限（NSF I: 276）。

从剧本的下文来看，所谓"其他人"显然是弗里德里希公爵等生活在幽灵世界中的人。守陵人的职责不在防范陌生的百姓进入墓地，而是设法阻止阴间的幽灵们夜晚从墓穴中走出来打搅阳间的雷欧侯爵。在宫廷发号施令的侯爵雷欧和只在夜间叩击守陵人门窗的公爵弗里德里希，两者分别是新

---

[1] Jianming Zhou, "Literary Rendition of Animal Figures: A Comparison between Kafka's Tales and Pu Songling's *Strange Stories*", in Adrian Hsia, ed., *Kafka and China*, p.113.

统治者和旧统治者。戏剧故事恰恰发生在这样一个新旧权力交接的时刻。令人感到奇怪的是，与墓穴幽灵们持续斗争长达30年之久、行将就木的守陵人，竟然对这个显赫家族的世系全然不知。正如长城故事中的叙述者一样，所谓"不知有汉，无论魏晋"。守陵人既不了解面前的侯爵何时当上了统治者，也不晓得自己与之终夜缠斗的公爵弗里德里希究竟死在何时。守住陵墓的界限对他来说意味着不让旧统治者加害新统治者，在卡夫卡的笔下，守陵者是一位迷信"鬼魅伤人"的中国人，他在誓死捍卫着新的统治者（*NSF I*: 302）。虽然每每落得体无完肤，但他总能够仅仅凭借"拳头"和"喘气的力道"赢得一夜又一夜的胜利，幽灵们总是习惯在天亮时分放弃战斗回到墓穴里：毕竟它们"没有生命"，也见不得阳光（*NSF I*: 276）。守陵的战斗如此关键，以至于战士（守陵人）把自己看作是比内廷少府——一位伯爵——还要重要的官职："我（竖起拇指来）拥有最重要的宫廷职位。"侯爵反过来对守陵人说："我们如此信任对方，尽管直到今天我才第一次见到你。"（*NSF I*: 286）实际上，正如在《美国》《诉讼》和《在法的面前》等作品中一再出现的"守门人"（Türhüter），以及《拒绝》中的边城"首脑"一样，守陵人充当着"当局的眼睛"（*NSF II*: 268）和法律守护者的角色。然而，我们应当特别加以指明的是，剧中的守陵人虽然坚定地维护了贵族或者王朝制度下的既定秩序，但他同时也斩断了贵族权力和帝王权力的形而上学－神学来源（"幽灵"），其结果是世袭权力因此而失去了合法性。

在修改《守陵人》的过程中，卡夫卡删去了在新旧两位朝臣之间展开的一场精彩的对话，它揭开了一幕发生在新旧权力交接之际的宫廷政治戏剧。管理财务的内廷少府是已逝的弗里德里希公爵的旧部，与他对话的是管理政务的内廷总管（Obersthofmaister），一位跟随侯爵夫人来自"陌生朝廷"的新臣。在雷欧侯爵暂时离场的间隙，身穿制服出场的年轻总管便指责内廷少府向"反对党"献媚。从被指控者的否认当中，我们得知内廷发生了纷争，到任不久的内廷总管卷入了这场"复杂的宫廷纠葛"当中，并试图从中弄出个是非曲直。这是一位理性的政治家，一些在内廷少府这里是复杂的事情，却被他看得一清二楚：

> 侯爵有两个身形，前一个身形埋头于国家事务，对百姓漫不经心、犹豫不定，不能有效地使用自己手中的权力。后一个身形则像他自己所承认的那样，目标精准地寻求巩固自己的［统治］基础。在［王朝的］过去中寻求它们（基础），常常更远地深入其中。这是对事态多么严重的误判！一个不能不算是重大的误判，其错误的程度却要大于人们在短时间内所能看到的样子。（*NSF I*: 255）

在年轻的内官看来，侯爵实际上无须任何巩固自己的措施，假如他能够运用手中所有的权力手段，他就会发现，这些东西"足以创造出对上帝和人民拥有的那种最让人感到紧迫的责任所要求他做的一切"；然而，"他却害怕平庸的人生，他正走在成为暴君的路上"（*NSF I*, Apparatband:

256)。对话者还向内廷少府直白地透露，侯爵夫人和总管本人，以及"支持他们的人"对此已经感到"不可忍受"，这些天已经接近了"一个让人充满希望的良好决断时刻"（*NSF I*, Apparatband: 255）。一场内廷少府所说的"风暴"（die Strömungen）（*NSF I*, Apparatband: 254）就要来临。我们看到，最后出场的年轻侯爵夫人"面色黢黑，牙关紧咬"（*NSF I*, Apparatband: 263），她不正是长城故事的传说中那些饱食终日的皇后们中的一员吗！她们"为沾染贵族习气的宫廷佞臣贼子们所利用"，权欲熏心、肆意妄为、嗜血成性（*NSF I*: 353）。

在剧本中，内廷总管诚恳地劝告内廷少府，希望后者能为他们的政治观点所吸引，参与到这场风暴中去："阻止这样的做法，这是唯一的政治，它关乎我们每个人的生存，关乎侯爵制度、侯爵夫人，或许甚至关乎侯爵本人。"（*NSF I*: 256）在年轻的政治家们看来，侯爵刻意造就的勤勉形象，目的在于"用尽一切能够拼凑起基础的力量，而这个基础据说都赶上了巴别塔的高度"（*NSF I*, Apparatband: 256）。阻止侯爵的这项工作，就是要切断他与在弗里德里希陵园上空盘旋的幽灵和鬼魅们的联系，切断侯爵制度的连续性及其世袭权力的神圣来源，从而转向现实，建立起一种新的统治合法性。在新一代朝臣看来，真正的臣仆需要有这样一种清醒的意识：陪伴一个已经走上邪路的侯爵（der Fürst ist auf Abwegen）走下去，或者说"以全部恭顺的姿态将他追赶回来（zurückjagt）"（*NSF I*, Apparatband: 254）。由此看来，身份卑微的守陵人就像是长城脚下那些只为挣取工钱而劳动的人们一样,在内廷总管的"心情"或者"迷信"当中,"他不只是一个拙劣的工具,更是一位在困苦中完全受人尊敬的独立劳动者"(*NSF I*, Apparatband: 257)。1911年秋,在卡夫卡定期阅读的《新评论》杂志上出现了一篇题为《中国的革命》的文章,作者是神学家和政治家保罗·罗尔巴赫,他先后在德国海军部和外交部供职,辛亥革命前后曾访问过中国。[1]在这篇文章里,作者追述了清王朝自咸丰以来的政治历史,其中尤为引人注意的细节是慈禧太后于戊戌维新失败之后对光绪皇帝的残酷处置。自咸丰皇帝死后一直作为"摄政女王"掌握清王朝统治权的慈禧,通过秘密手段将年仅4岁的载湉立为皇帝。成年之后的光绪皇帝希望借康有为、梁启超发动的维新运动赢得独立执政的地位。变法失败之后,他被幽禁在瀛台。这位熟悉北京政情的德国外交官说,1908年秋,长年患有多尿症(即糖尿病)的光绪皇帝病危,慈禧恰在此时患上了肺炎,也将不久于人世。于是,她决定赐死光绪,让他在悬梁、吞金和服食鸦片三种死亡方式中选择一种,结果光绪皇帝选择了最后一种。[2]罗尔巴赫的细节描述非常具有戏剧性,我们不难看出,《守陵人》的修改稿和《中国长城修建时》中"后宫干政"的传说,可以说均取材

---

[1] Paul Rohrbach, "Die Revolution in China", in *Die Neue Rundschau. 22 Jahrgang der freien Bühne*, Berlin: Fischer Verlag, 1911, SS.1751-1758. "你的《新评论》杂志在我们这里又成堆了,为了对得起良心,我会在最后返还它们的时候,夹进一些你或许感兴趣的东西。"(Franz Kafka, "An Max Brod (2.3.1911)", Ders., *Brief 1902-1923*, S. 88)尽管不能确定卡夫卡是否读过该期的《新评论》,但从1911年至1917年间,对辛亥革命进行报道、观察和反思的文章不时地出现在这份杂志上,如"中国与资本主义""中国革命的心理问题""中国的革命与复辟"等等,因此,卡夫卡对晚清到民国这段鼎革时期的历史现实应该是熟悉的。

[2] Paul Rohrbach, "Die Revolution in China", S.1754.

于晚清的宫廷政治戏剧。同样，在《中国长城修建时》的修改过程中，卡夫卡也删去了一则发生在邻省的叛乱事件。造成这场叛乱的原因在叙述者的眼里无关紧要，与一场范围和规模更大的"国家变乱"（staatliche Umwälzung）和"当代战争"（zeitgenössische Kriege）一样，它很少能够触及"在这个国家里生活的人们"。谁也无法看懂来自叛乱省份的一份政治传单，因为他们使用的口语与"我们"不同，其书面语带有古语的特征（*NSF I*, Apparatband: 349）。

为了将这些故事编入文本，卡夫卡有意抹去了它们的时代标记，以完成时态语句展开的叙述读起来使人如堕"云雾"（*NSF I*: 349）之中一般。"人们就这样看待过往的帝王，却把当今的万岁爷混同于死人"（*NSF I*: 353），卡夫卡的叙述者说道。我们无法把《守陵人》中的雷欧侯爵、弗里德里希公爵、长城故事中的皇帝和皇后，与奥匈帝国现实政治中的弗朗茨·约瑟夫、弗朗茨·费迪南，以及末代皇帝卡尔一世一一对应，正是缘于卡夫卡的上述写作策略。但是，剧本所表现的宫廷政治在当时的哈布斯堡王朝却并不鲜见。弗朗茨·约瑟夫和伊丽莎白各自拥有属于自己的内廷官员[1]，这些同样出身于哈布斯堡家族的贵族对皇帝和皇后施加的影响非常显著。伊丽莎白自拜因王国来到维也纳之后，喜欢自由的她与拘泥于礼仪的皇太后之间渐渐产生了敌意，后者甚至派遣宫女暗中监视自己的儿媳。当伊丽莎白终于有权选

---

[1] *Hof-und Staat-Handbuch der Österreichische-Ungarische Monarchie für 1881*, Wien: Druck und Verlag der K. K. Hof-und Staatsdruckerie, 1881, S.13.

择自己身边之人时,她的内廷又被匈牙利人所占据。[1] 1867年,正是伊丽莎白对马扎尔人的亲近态度,在某种程度上促使约瑟夫皇帝与匈牙利达成了妥协,这一决策被认为破坏了奥地利与沙皇俄国的同盟关系,因此立即引起了帝国境内斯拉夫族群的不满。[2] 约瑟夫皇帝的第二任内廷总管阿尔弗雷德·封·蒙特诺沃(Alfred von Montenuovo,1854-1927)因费迪南大公的那桩不合身份的婚姻而与皇储结成了死敌。当时的报纸普遍猜测,皇帝对侄儿的厌恶再加上封·蒙特诺沃在一旁怂恿,致使被谋杀的费迪南大公夫妇的遗体无法入葬哈布斯堡家族在维也纳的墓地,这位皇帝的近臣因而受到人们的猛烈抨击。[3] 在现实与虚构的边缘,卡夫卡让笔下中国学者的眼光在两个帝国之间不停地穿梭,叙述者"我"在努力为帝国制度的疑难寻找一个答案。弗朗茨·约瑟夫皇帝执意从哈布斯堡家族的传统中汲取神学–政治资源,通过名目繁多的节日游行和勤勉治国的身影成功地制造了一个"国父"的形象;面对日趋激烈的族群语言、政治和文化纷争,他退缩不前,甚至不愿对陈旧的帝国制度做出丝毫改变:他分明是《守陵人》中的现任统治者雷欧侯爵;晚年的弗朗茨·约瑟夫从维也纳和整个奥匈帝国人民的眼睛里消失,正如雷欧侯爵那样,单纯在"心情"的驱使下,想为陵墓增添一名守卫,然而对宫廷以外的事情,却一无所知。难怪"守

---

[1] *Hof- und Staat-Handbuch der Österreichische-Ungarische Monarchie für 1881*, S.43.
[2] Jean Paul Bled, *Franz Joseph, "Der Letzte Monarch der Alten Schule"*, S.286.
[3] Alma Hannig, *Franz Ferdinand. Die Biografie*, Wien: Amalthea Signum Verlag, 2013, S.211.

陵人"无法把新任的侯爵与已死15年之久的弗里德里希区分开来。

"大奥地利"方案

《圣经》中的巴别塔故事旨在宣示上帝对人类傲慢天性的惩戒。如果通天塔能够被建成，那么人类今后便会无所不能；因此上帝让奇迹降临，迫使人们操起不同的语言，彼此无法沟通，为了实现这个计划，他还让人们散居在世界不同的地方。在卡夫卡的作品中，巴别塔如同在《圣经》里一样，"同时象征了人类为实现理想的目标而付出的努力，以及这些努力的失败"。但《圣经》中人类的失败缘于"最高力量对人类意志的干预"，在卡夫卡这里，这要归咎于"人类自身的弱点"。[1]在《守陵人》中，雷欧侯爵的工作（Arbeit）是竭尽全力为自己的统治打下堪与巴别塔一较高低的基础。据生活在长城修建之初的一位学者的看法，"长城是在人类的历史上第一次为一座新的巴别塔创造一个坚实的基础"（*NSF I*: 343）。在他看来，当初人们之所以没能建成巴别塔，并非出于别的原因，而是因为它的基础过于薄弱，如今随着建筑知识的增长和技术的娴熟，一座崭新而坚固的巴别塔将指日可待。这又重蹈了人们在当初修建巴别塔时的普遍看法，"工程根本不会耗时太久；在奠基这件事情上，

---

[1] Stéphane Mosès, *L'Ange d'Histoire. Rosenzweig, Benjamin, Scholem*, Paris: Gallimard, 2006, p.14.

人们完全没必要过于夸张，乃至退缩"，在《城徽》(Das Staatswappen，1920年秋）中，卡夫卡借叙述者之口这样说。但是，之后的数代人在真正投入建塔的劳动时又会这样想，"掌握完善建筑知识的下一代人，会发现前代人的劳动成果并不怎么好，于是他们将旧塔推倒，以便重新开始"（*NSF II*: 319）。如此周而复始，一座完整的巴别塔便成了无望的事情。预料到这一结局的人们转而希望"拥有漂亮的街区，于是就爆发了各种各样的冲突，直至这些冲突上升为流血的战争"（*NSF II*: 319）。

长城的修建也无外乎此：防御"北方民族"的入侵，维护帝国一统的大业无法排斥修建长城这项宏大工程所要求的劳动分工。"分段修建"实出于人类的天性："人类的生性，根本上来说就是轻浮的，就像是在半空中飞扬的尘埃一样，受不得一星半点儿的束缚，假如他们被捆住了手脚，那么不消多时，他们就开始疯狂地挣脱绳子，将城墙、锁链甚至是自己抛撒向四面八方去。"（*NSF I*: 344）由于人类的天性中"缺乏必要的集中"（*NSF II*: 319），"分段修建"方式的结果表明，长城的最终目标并非为筑就一个完整和封闭的防御体系；相反，人们各自在修建属于自己的长城，城墙与城墙之间根本就无法连通，而是被有意地留下了一个个缺口，后者"通常不能得到填补，据说这些缺口的宽度要远比已经建成的部分更大"（*NSF I*: 338）。当初修建巴别塔的事业失败之后，人类便年复一年、日复一日地修建着（各自的）长城，正如《城徽》中的人们转而修建供自己居住的街区那样，就连作为指挥者亲自参与工程建设的叙述者"我"

也弄不清长城的修建究竟始于何时[1]，他说："不如说领导向来都是存在的，而修建长城的决策也是如此。"（*NSF I*: 348）分段修建的方式表面上看来是领导者的有意设计，但实质上只是顺应了人们出自天性而提出的要求而已："他了解我们。带着深切的关怀，反复地思索的他知道我们，了解我们小小的追求，眼见我们全都住在低矮的小屋里，夜晚坐在亲人们中间的父亲发出的祈祷，或是让他感到高兴，或是让他感到不快。"（*NSF I*: 347-348）领导的意图和决策——"早就已经在那里"，不像那些高官仅凭一时之兴，便召集大家开会，做出那些朝令夕改的决议（*NSF I*: 348）。正如叙述者所说，领导者不见得没有意识到分段修建本身隐含的"矛盾想法"，但他显然没有能够克服"集体劳动所面对的困难"，因此，他的所谓决策也只能是"权宜之计，而且不合乎目的（Unzweckmässig）"（*NSF I*: 345）。此乃人类的天性使然，它体现了人性中的弱点。

巴别塔寓言中的人类傲慢与中国人的封闭之间仅仅相隔一纸。迪特马在他的中国旅行记中记录了两位西方人与此有关的一段谈话。俄国间谍Z先生认为，长城的修建正是中国人傲慢、封闭的国民性格的表现。"再也没有比中国人更加封闭的民族了"，"他们将整个帝国用一道城墙与外界隔绝开

---

[1] 小说中有两处交代了长城始建的时间，但两者明显不一致。在开头部分，叙述者说："我运气不错：二十岁那年，我通过了最低等学校的最高等考试，恰逢长城正开始修建。"（*NSF I*: 340）在结尾部分，叙述者又说，长城开建的消息在三十年之后才传到"我"所在的村里："我，那时十岁。"（*NSF I*: 356）不应将上述不一致看作是卡夫卡在结构文本时的失误，恰恰相反，将过去看作当下，把历史视为现实，正是《中国长城修建时》，也是卡夫卡作品突出的文本策略和特征。

来",他说,城市有城墙,家院有院墙,刚刚致富的家庭就迫不及待地要修建第二道院墙。在市民生活中,人们也尽可能地不与他人往来,甚至中国人的复杂穿戴方式也与其封闭的性格有关。美国人摩尔女士不同意俄国人的观点,她认为在层层围墙背后的是中国人不断向后退缩的倾向,这"或许是他们从遥远的故乡,从寒冷、荒芜的亚洲内陆高原地区继承下来的东西"(Neuen: 38)。应当指出,这是19世纪末至20世纪初西方人所建构的典型的东方主义话语。在20世纪30年代以欧亚边疆研究著称的欧文·拉铁摩尔看来,长城的修建虽然体现了作为农耕文明的中原与"蛮族",即中亚地区的蒙古族、满族这些游牧和森林民族之间的关系,但其功能却并非是防御性的;相反,修建长城实质上是中华帝国对其国家行动范围的自我限制。在理论上,长城的修建旨在界定哪些地域和民族可以被有益地纳入帝国之中,以及哪些地域和民族应当被排除在帝国之外;在实践中,作为不可跨越的绝对边疆概念的长城从来就不存在,它试图达到的目标在于保持一种外部压力持续存在的表象,以减缓帝国扩张的进程。与古罗马帝国一样,修建长城的真实目的是对中华帝国的"天下"扩张加以限制。[1]

西方人的东方主义话语反过来成为《中国长城修建时》的叙述者的自我和国家认知。通过这位"比较民族史"学者的眼睛,我们的目光又转向了另一个国度。1867年始建的多

---

[1] Owen Lattimore, "Origins of the Great Wall of China: A Frontier Concept in Theory and Practice" (1937), in Owen Lattimore, *Studies in Frontier History, Collected Papers 1928-1958*, London: Oxford University Press, p.97.

瑙河帝国，由于皇帝的去世、战争局势的恶化以及饥饿人口的增加，在1916年末至1917年初再次陷入了统治危机。大战爆发以后，约瑟夫皇帝身体欠佳，很少在公众面前露面，但他还是能够通过频繁地召见内阁大臣、阅读前线送来的报告、召集御前会议的方式，牢牢地掌握着帝国内政和外交的最高权力。对于事先选定的继承人，他一个都不满意，无论是他的弟弟费迪南·马克斯（Ferdinand Max，1832-1867），还是他和伊丽莎白（茜茜）的儿子鲁道夫（Rudolf Franz Joseph，1858-1889），以及他的侄子弗朗茨·费迪南（*Erste*: 640）。鲁道夫大公生性聪慧，俨然一副皇位继承者的气象，但成年后的他就与父亲产生了深刻的矛盾。与信仰天主教的父亲不同，鲁道夫是一位自由思想者，他亲近法国，崇尚法国式的民主制度。老皇帝对匈牙利的妥协态度令他感到不满，鲁道夫认为多瑙河帝国必将通过与沙皇俄国的一场战争来捍卫帝国的未来所在——巴尔干半岛。因此，他拒绝源自约瑟夫一世时代的那种带有保守色彩的联邦制构想，计划建立一个以德语为官话的统一和强大的奥地利帝国，同时采取措施将帝国治下那些落后的少数族群提升至西欧文化的高度。为了赢得捷克人的支持，他准备认可他们所主张的波希米亚国家法权；对南部的斯拉夫民族，他预料到他们必然会投向奥匈帝国的怀抱；而波兰人则让人无法信任，因此他准备为生活在波兰境内的鲁提尼人（乌克兰人）提供保护；他拒绝承认意大利族群拥有国家法权，打算在那里推行"日耳曼化"，准备通过与意大利交战来保护帝国内的意大利族群。至于帝国的深远目标，这位王子认为，在于建立起一个将大塞尔维亚国家和大罗马尼亚国家纳入帝国版图的"大奥地利",反对任何试图使匈牙利脱离奥匈帝国的行为。由于不被允许参与任何政治决策,鲁道夫的帝国计划无法付诸实施,他只能坐视老皇帝的"错政"使国家一步步走向衰亡(*Grundzüge*: 255)。

鲁道夫死后,其继任者费迪南大公的命运更具悲剧色彩。他虽然资质平平,缺乏必要的政治和法律知识经验,却非常急于接掌大权。既然不能直接参与国政,他就建立起由自己掌控的"军部"。1905年,亚历山大·冯·布罗什-阿莱瑙(Alexander von Brosch-Aarenau,1870-1914)成为费迪南大公的侍从副官。这位靠自学成才的年轻军官,在很短的时间里便成功招纳了一批知名的法学教授、新闻记者和各族群的著名人士,他们在维也纳费迪南的寓所贝尔维德(Belvedere)组成了一个为未来皇帝的政策提供全面支持的团队。这些人不断地就国内政策、族群政策,甚至宪法问题发表备忘录、计划书等宣传品,以至于在维也纳皇宫之外形成了一个"影子政府"。朝臣们必须在皇帝叔侄之间做出选择:或跟随现任的统治者,这样不久就会获得一个重要的官职;或跟随未来的皇帝,这样马上就会换来个人美好的政治前景,当然也同时会开罪于台上的皇帝。出于天主教的信仰,费迪南主张在奥匈帝国建立"一个介于信奉新教的普鲁士和分裂天主教的俄国之间的天主教大国",其"大奥地利"的构想受到了罗马尼亚人奥莱尔·波波维奇(Aurel Popovic,1863-1917)的深刻影响,后者提出严格按照地理和语言界限将包括匈牙利在内的帝国划分为15个联邦国家。在外交方面,费迪南反对与沙皇俄国交恶，力主恢复与德国和俄国在1815年对抗拿破仑法国时形成的"神圣同盟"（*Grundzüge*: 259）。

约瑟夫和费迪南之间的矛盾，据说缘于费迪南在老皇帝患病期间表现出的冷漠态度，以及他和波希米亚贵族出身的苏菲·肖特克的一桩不符合身份的婚姻，但更多是出于两人性格上的不合：年轻的侄子性情暴躁、容易发怒；年老的叔父则处事灵活、善于妥协。另一方面，正如费迪南的一位传记作者所说，类似现象普遍存在于王朝新旧权力交接之时：一个是保守的统治者，一个是自由的继任者。[1]约瑟夫对侄子心生厌恶和不信任，侄子则对自己身边的人说："然而，他（指约瑟夫皇帝——笔者按）难道是世上唯一能逃脱生老病死规律的人吗？"[2]晚年的老皇帝有意在家族成员面前表现出某种等级感，在身体上更是疏远他们，这个习惯甚至影响到了他对新立的皇储卡尔·弗朗茨·约瑟夫的态度：虽然新选定的继任者在皇宫拥有自己的位置，但约瑟夫总是支使他外出巡视，尽可能地设法不让这位皇储留在自己身边。然而意想不到的是，新的继任者却一改前两任的做派，对老皇帝的态度变得非常谦恭（*Erste*: 641）。我们很难说，《守陵人》中的弗里德里希和雷欧身上就没有这叔侄三人的影子。透过卡夫卡的政治想象，我们似乎看到了隐藏在哈布斯堡王朝光鲜外表下的阴暗一面。

面对新的合法性危机，鲁道夫和费迪南都曾经发愿要

---

[1] Alma Hannig, *Franz Ferdinand. Die Biografie*, S.96.
[2] Alma Hannig, *Franz Ferdinand. Die Biografie*, S.96.

修改 1867 年宪法（史称"十二月宪法"）奠定的民族妥协体制。战争造成的国内困局，迫使奥匈帝国军政部门也开始考虑进行必要的帝制改革，实行具有地域差别的、更有效的军事专政形式。唯一的反对力量来自皇帝本人，约瑟夫不惜付出向匈牙利低头的代价维护这个持续了数十年的二元体制，"他以自己的存在造就了一个障碍"（*Erste*: 649）。眼下老皇帝已去，机会终于到来了。1917 年 3 月 12 日，新皇卡尔一世发布敕令，决定不久将重新召开帝国议会（*Erste*: 734）。然而，就在三天之后（3 月 15 日），俄国爆发革命，沙皇制度在顷刻之间被列宁领导的布尔什维克党人推翻。在奥匈帝国，包括社会民主党在内的各派政治力量都认识到帝国无法经受起这样一场暴力革命，于是，他们通过外交部长策尔宁（Ottokar Czernin，1872-1932）向卡尔一世皇帝施压，要求他认真考虑修改宪法的问题。5 月 30 日，中断三年多的帝国议会终于重新召开，困扰帝国数十年之久的二元体制遭到了正面的冲击。历时 50 年的奥地利－匈牙利二元体制，如今被视为压迫各族群的工具，人们纷纷要求将"哈布斯堡－洛林王国转变成一个建立在民族自决权之上，由多个自由平等的民族国家组成的联邦国家"（*Erste*: 736）。

在这次会议上，南部斯拉夫族群的代表要求将帝国境内的斯洛文尼亚、克罗地亚、塞尔维亚人统一起来，按照民主原则重新建立一个居于王朝君主制之下的国家；鲁提尼人和乌克兰人要求从波兰治下的加里西亚独立出来；而波兰则要求重新恢复受到战争重创的加里西亚地区的民事管理、经济秩序，要求为本地区人民在战争期间遭到的甄别和审判给予道德上的补偿。人们把批评的矛头指向了"军队最高司令部"（AOK）：扩大战区、军队拥有民事司法权、军人接掌地方行政的制度均遭到了清算（*Erste*: 736）。战时实行的军管措施加剧了战前就已经趋于紧张的地区与中央，以及各个族群之间的关系。即便如此，包括以推翻帝制为目标的民族主义极端势力在新的国会中也没有市场。捷克民族主义者所主张的"历史法权"没有成为会议的议题。尽管受到来自日后分别成为捷克斯洛伐克共和国首任总统和总理的托马斯·马萨里克（Tomáš Masaryk，1850-1937）、爱德华·贝内齐（Edvard Beneš，1884-1948）领导的伦敦流亡组织的压力，捷克代表团的领导者在会上还是坚持宣誓效忠于哈布斯堡国家，同时要求按照联邦制的路线重组帝国。[1]由此看来，虽然皇帝已死，但在约瑟夫统治之下，奥匈帝国在经济繁荣时期所积蓄下的国家意识却没有迅速消散，至少在国会重开之际，以联邦主义和爱国主义为底色的"大奥地利"帝国观念依然占据了公共舆论的主流。弗里茨·兰普尔的爱国主义组织"艺术厅"就出现在这样的时代氛围当中。3月8日，卡夫卡发出了上文提到的一封致这位爱国艺术家的书信，4天之后，卡尔一世宣布不久将重开国会。在此期间，至少是在3月29日之前，卡夫卡写下了《中国长城修建时》，两个月之后，国会正式召开，他所关心的奥地利重建问题成了中心议题，我们可以发现，卡夫卡的虚构走到了现实的前面。

---

[1] Catherine Albrecht, "The Bohemian Question", in Mark Corwall, ed., *The Last Years of Austria-Hungary: A Muti-National Experiment in Early Twentieth-Century Europe*, Exeter: University of Exeter Press, 2002, p.92.

奥匈帝国的二元体制是历史的产物。1866年，两场战争的失利使约瑟夫认识到，面对普鲁士和意大利的威胁，要想建立一个中央集权制的帝国，必须依靠匈牙利的力量，尽管此时的马扎尔人还没有从因1849年匈牙利革命失败而对奥地利的仇视中完全走出来。1867年3月15日，约瑟夫皇帝与匈牙利代表费伦茨·德克（Ferenc Deák，1803-1876）达成了两个国家的妥协。自此之后，奥地利帝国变成了由两个主权国家构成的一个国家实体，约瑟夫皇帝随后在布达佩斯加冕成为匈牙利的国王。新的帝国以莱塔河（Leitha）为界，分为两个组成部分：东南部即被称为"外莱塔尼亚"的施蒂芬王国或者匈牙利；西北部被称为"内莱塔尼亚"，即由王国和领地组成的奥地利（1915年之后才有这个官方名称）。在二元体制下，双方共同拥有一个国家元首，共同处理防卫、外交和财政事务，国会代表由两个国家分别选出，轮流在维也纳和布达佩斯召开国会。但是，在1867年体制投入具体实践的过程当中，却出现了许多无法弥补的权力和义务漏洞，上述权力真空使这一体制本身最终变成了一个压抑和剥夺国内少数族群政治权力的工具。首先，在决定加入这个体制之前，匈牙利国会并没有征得境内少数族群代表的同意；其次，匈牙利自行制定的妥协法案规定，在帝国两个组成部分之间，"鉴于要处理共同的事务，一个不可或缺的前提就是完全的平等"。作为这一平等原则的体现和象征，国会中的奥地利和匈牙利议员在人数上必须相等，双方按照70/30或63.6/36.4（1907年的数据）的比例缴纳费用。"上述平等原则的政治含义在于，在现今更加平等的维也纳和布达佩斯议会中，那些占据多数的团体变成了妥协原则的受益者,"奥匈帝国史专家格哈德·施杜尔茨继续说道,"这一情形对多瑙河帝国其他少数族群——文策尔王国的捷克人——所造成的影响显而易见。"[1]它实际上导致了西部操德语的奥地利人和东部马扎尔人(匈牙利)士绅变成了奥匈帝国的"统治族群",而其他的族群则成了二等的族群(*Grundzüge*: 232)。

十二月宪法在规定两个属国地位的条款上存在着模糊性,这为匈牙利一方留下了有利于自身利益的解释空间,致使组成奥匈帝国的两部分之间并非是一种融合,而是一种并列的关系。首先,匈牙利有意否认宪法中的"奥地利"一词涵盖整个帝国的含义,借以逃避对帝国所承担的义务。其次,尽管约瑟夫皇帝规定新帝国的名称是"奥地利-匈牙利帝国"或"奥地利-匈牙利王国",但匈牙利的统治精英却执意去掉"帝国"字眼,坚持使用带有独立色彩的名称——"奥地利-匈牙利"。在国际条约签订中,在国家象征符号(旗帜和国徽)的使用方面,匈牙利刻意突出了它与"奥地利"之间的对等和竞争而非隶属关系。第三,最具有讽刺意味的是,两个属国之间签订的海关和商业条约有效期只有10年,到期将须续约,而续约与否常常受到匈牙利当权者对待奥地利之态度的影响,"续约的恶果体现在它使妥协法案的整个存在常常成为问题"("dualistische": 117)。归根结底,

---

[1] Gerald Stourzh, "Die dualistische Reichsstruktur, Österreichbegriff und Österreichbewusstsein 1867-1918", In: Gerald Stourzh, *Der Umfang der Österreichischen Geschichte, Ausgewählte Studien 1990-2010*, Vienna, Cologne, Graz: Böhlau, 2011, S.108. 后文出自同一著作的引文,将随文标出该著简称"dualistische"和引文出处页码,不再另注。

一位斯拉夫学者说，奥匈帝国的两个属国各自拥有非常不同的结构：匈牙利是一个拥有少数族群的民族国家，而奥地利则是一个多民族国家，它还拥有保持境内各民族和语言平等的权力诉求（"dualistische": 119）。

1867年宪法引入的"民族平等"原则在奥地利产生的另一个深远的后果就是"民族自治"（die nationale Autonomie），即族群（Volksstämme）自治的思想。奥地利的自治传统始于1849年革命之后制定的自由社区制度，作为没有国家行为干预的行政制度，它一直延续到1918年。[1]帝国政府与民间自治机构组成了奥地利复杂的双重行政体系：在维也纳设有中央政府和多家行政机构，在王国领地（Kronland）有地方长官（Statthalter），他们负责执行国会制定的法律以及政府各部门发出的政令。王国自治领地也有自己的一套组织机构，领地议会有权制定法律，行使管理职能。领地之下是拥有不同自治程度的社区，在领地议会，尤其是社区议会和市级议会当中还有分别操不同语言的族群代表组成的一个个小组，它们负责管理日常与语言相关的事务。[2]20世纪头十年，民族自治思想在奥地利国家成为主流的政治话语。大战之前，这个制度曾经激发了新的奥地利民族意识。1905年，在维也纳成立了"民族自治协会"，其成员包括自由派

---

[1] Gerald Stourzh, "Länderautonomie und Gesamtstaat in Österreich 1848-1918", in Gerald Stourzh, *Der Umfang der Österreichischen Geschichte, Ausgewählte Studien 1990-2010*, S.53f.
[2] Gerald Stourzh, "The Ethnicizing of Politics and 'National Indifference' in Late Imperial Austria", in Gerald Stourzh, *Der Umfang der Österreichischen Geschichte, Ausgewählte Studien 1990-2010*, S.119.

政治家卡尔·雷纳（Karl Renner，1870-1950）、捷克民族主义者托马斯·马萨里克、捷克诗人和政论家扬·马沙尔（Jan Machar，1864-1942）、犹太作家和政论家纳坦·伯恩鲍姆（Nathan Birnbaum，1864-1937）、历史学家和政论家理查德·沙拉马茨（Richard Charmatz，1879-1965）、经济学家弗里德里希·赫尔茨（Friedrich Hertz，1878-1964）等政界、学界和文学界名流（"dualistische": 120）。波希米亚王国的摩拉维亚（Mähren，1905）和布克维纳（Bukowina，1909）分别实施了富有成效的族群调和工作。德意志族群代表和捷克族群代表经过充分协商，制定了共同的族群和语言认定规则，这项工作的意义在于它把族群身份引入到了奥地利的国家事务当中，自此之后，帝国的臣民不再以家乡而是以集体身份——族群归属——来加以区分。基于这段历史，施杜尔茨认为，在1867年至1918年之间，奥匈帝国的政治经历了一个明显的"族群化"（Ethnicizing）时期。[1]

让我们把目光转向卡夫卡生活的波希米亚王国。1867年，自由派改革家、1848年革命的英雄、德裔犹太医学博士阿道夫·费什豪夫（Adolf Fischhof，1816-1893）提议，在一个少数族群人口不少于五分之一的行省，议会代表应当组成一个类似于罗马元老院的机构，并由它们投票决定涉及族群管理的种种事务；族群混杂省份的代表应当依据代表者本人的民族情感和意愿，选择自己要加入的由各族群分别组成的"元

---

[1] Gerald Stourzh, "The Ethnicizing of Politics and National Indifference in Late Imperial Austria", S.184.

老院"。这项提议于1871年在捷克成为法律草案，它赋予当地的德意志人和捷克人平等的选举权利，他们自愿选择加入不同族群的"元老院"。1873年，波希米亚王国正式通过一项法律，规定在同时设有德语学校和捷克语学校的社区，将分别成立各自的校委会。假如校委会某位成员自愿选择的族群归属遭到其他人怀疑时，维也纳官方规定将以本人的自认作为最终的依据。随着族群归属的认定制度进一步推行，波希米亚王国各地的行政机构纷纷开始分裂。1890年，波希米亚王国的学校委员会分裂为德语和捷克语分部。1892年，布拉格大学分裂为以德语作为授课语言和以捷克语作为授课语言的两所大学，接着波希米亚医学院也分裂了，医生们不得不在去哪个分部的问题上做出选择。在此后的数年里，帝国的西里西亚、摩拉维亚和波兰都出现了类似的分裂状况。[1]

在认定个人的族群归属问题上，传统的"主观"即以个人意愿作为最终标准的方式，在摩拉维亚的族群调和工作中，转变成"客观"的方式，即按照某个人可以触摸到的（fassbar）外部特征作为判断其族群身份的标准。一位具有捷克民族主义思想的官僚甚至主张，在遴选学校官员之时，应当考察他的"情感和思想是否能够代表其所从属的族群"，也就是说，是否忠诚于自己的族群（national gesinnt）成了遴选官员的依据。这种做法甚至导致了"特洛伊木马"现象

---

[1] Gerald Stourzh, "Ethnic Attribution in Late Imperial Austria: Good Intentions, Evil Consequences", in Gerald Stourzh, *Vienna to Chicago and Back: Essays on Intellectual History and Political Thought in Europe and America*, Chicago: The University of Chicago Press, 2007, p.157.

的出现：在选举过程中，一个声称是德裔的捷克人，故意潜入对方选民阵营，并向当局揭发其中有3000人"不是"真正的德裔，结果可想而知。[1]在战争年代，忠诚和爱国超越其他一切情感被视为能够促成战争取胜的重要因素。因此，甄别人们对帝国的忠诚度是奥匈帝国军管部门的任务之一，而一个人的族群归属成了判断其忠诚度的重要标准。例如，在波希米亚，操德语的捷克人被认为是帝国最忠诚的族群，而操捷克语的捷克人则与懒惰、不服从和叛国联系在一起，捷克民族主义者甚至遭到了逮捕或被迫流亡，但新近的研究却表明族群类型化的做法遮蔽了他们对帝国的真实情感。[2]总之，在战时的国家管理中，无论是在前线还是在后方，族群因素都发挥着重要的作用，边界的认定、空间的安排等均须考虑复杂的族群问题。出于对敌国阴谋和间谍的恐惧，人们往往对居住在国内的、拥有不同民族情感的"陌生人"，对隶属于敌对国国籍的人，对来自国外属于不同族群的国人都产生了怀疑和不信任。[3]

在奥匈帝国晚期，"民族自治"导致的民族隔离（Apartheid）日趋严重，各民族之间充满了怨恨和敌意。1897年4月5日，时任奥地利（内莱塔尼亚）总理的波兰贵

---

[1] Gerald Stourzh, "Ethnic Attribution in Late Imperial Austria: Good Intentions, Evil Consequences", p.166.
[2] Mark Cornwall, "The Wartime Bohemia of Franz Kafka: The Social and National Crisis", S.40.
[3] Dietmar Neutatz und Lena Radauer, "Besetzt, Interniert, Deportiert. Der Erste Weltkriege und die Zivilbevölkerung im Östlichen Europa", *Besetz, Interniert, Deportiert. Der Erste Weltkrieg und die Deutsche Jüdische, Polnische und Ukrainische Zivilbevölkerung im Östlichen Europa*, Essen: Klartext Verlag, 2013, S.1.

族巴德尼为了获得捷克人的政治支持,与内阁其他几位部长联合签署了一道命令,要求波希米亚王国的"司法和国家行政官员"在1901年7月1日之后须"具备两种语言(指德语和捷克语)的读写知识"。[1]这项语言法令自公布之日起就遭到大批德裔官员的激烈抗议,因为他们只掌握少量的捷克语,捷克官员的涌入会给他们造成很大的压力。暴动、骚乱、阻拦国会召开的现象迅速蔓延至维也纳和布拉格等地,国家遂陷入一场影响广泛的危机。虽然迫于压力,巴德尼的职务被约瑟夫皇帝解除,但这场危机却使政府内阁经历了不小的动荡,深刻地动摇了帝国统治的根基。在卡夫卡和他的妹妹们求学的时代,正值捷克人主导的布拉格市政当局推行"语言民族主义"的高峰时期。作为犹太人,他的父母和其他族群的父母一样,面临着究竟选择哪所语言学校让孩子就学的问题。这意味着他们要在民族归属上做出选择。[2]语言的政治已经将波希米亚首府分裂成两个阵营,"人们可以说,把捷克人和德意志人分离开来的东西是'一道玻璃墙'","帝国的其他地方也是如此"("dualistische": 124)。在奥匈帝国的晚期,从两个属国之间到普通的民众之间,正在用语言和族群的篱笆筑起一道道围墙,把自己封闭起来,穆齐尔的话很好地概括了这一状态:"在这个国家里,人们可以说,每个人面对其他任何一个人与我们今天全都一致的追求表现

---

[1] *Lands-Gesetzes-Blatte für Königreich Böhmen im Jahre 1897*, ausgegeben und versendet am 28 Jänner 1898, S.43.
[2] Ingrid Stöhr, "Franz Kafka deutsch-tschechische Zweisprachigkeit im Prager schulischen Kontext", in Ders., *Zweisprachigkeit in Böhmen Deutsche Volksschulen und Gymnasien im Prag der Kafka-Zeit*, Köln: Böhlau Verlag, 2010, S.207.

出的厌恶，早就形成了一种被升华了的仪式……"[1]"结实的篱笆造就友好的邻居"，一位研究摩拉维亚族群调和工作的学者这样说，但施杜尔茨却不以为然，在他看来，这恰恰是"良好的意图"带来了"邪恶的后果"。

如此冷漠、封闭、充满敌意的国民，这与摩尔女士眼中那些"躲在重重围墙之后"的晚清中国人又有何不同？东方主义话语在卡夫卡的笔下被翻转过来：隐藏在"分段修建"与"民族自治"背后的是试图平息族群和语言纷争的帝国治理技术，它所体现的正是"我们"——普通民众——的本性。"在对最高领导所做安排的解读当中，我们认识了自己，假如没有领导，我们从学校里得来的那点儿知识和理解力，连我们在一个巨大的整体之中承担的小小职责也无法完成"（NSF I: 344-345），卡夫卡借《中国长城修建时》中的叙述者之口说，维持帝国境内各个族群间的妥协或平衡（Ausgleich），勿使其中的任何一支像春天的潮水般泛滥成灾（NSF I: 346），这是帝国治理技术的秘密。生活在中国长城修建时的这位叙述者，不仅对王朝的过去不感兴趣，对遥远的北方民族、对帝国发动的边境战争也都置若罔闻，仅仅因为语言和族群的不同，他和他的族群甚至连对邻省爆发的叛乱也表现出厌恶的态度（NSF I, Apparatband: 344-345）。

卡夫卡并非和平主义者。[2] 1914 年 7 月 31 日，约瑟夫皇帝发布了战争总动员令，卡夫卡的两个妹夫都应征入伍，

---

[1] Robert Musil, *Der Mann ohne Eigenschaften*, S.34.
[2] 1914 年 8 月 2 日，卡夫卡在日记中这样写道，"德国向俄国宣战——下午去游泳学校"，很多人据此以为卡夫卡是位和平主义者，这是不准确的。

他顿时陷入了孤独当中。[1] 8月5日,《布拉格日报》登出了一则不起眼的小消息,"一支炮兵部队今天穿越城区,受到了公众的热烈欢呼",妇女们纷纷投掷鲜花,士兵们频频脱帽致意。[2] 目睹这一场面的卡夫卡,在第二天的日记中记下了"皇帝万岁"的欢呼声以及出征的军人们脸上那种肃杀、凝重的表情:"我被震撼了,久久不能平静。"(*Tagbücher*: 545)翌日,有人看到卡夫卡出现在布拉格街头的爱国集会和游行队伍当中。游行的队伍汇集在布拉格老城议会大厦的敞廊前,市长格罗茨站在一层露台上发表讲演,代表市政当局向市民们的爱国热情致谢。从一片山呼万岁的声浪中悄然离去的卡夫卡,在日记中流露出了他的不满:"'我们亲爱的君主万岁,万岁。'我带着恶意的目光站在那里。这种游行是战争附带的最让人反感的现象。"(*Tagbücher*: 547)

卡夫卡自己也肯定喊出了"皇帝万岁"的口号,因为他承认"虽然从犹太商人的角度出发,既是德裔,又是捷克人,但从来没有像现在这样大声呼喊出来"(*Tagbücher*: 547)。在战争动员期间,德国人表现出来的审慎、有力和果断的品质使卡夫卡一度坚信,与奥匈帝国结盟的德国最终一定能够取得胜利。[3] 1915年11月5日,在一番犹豫过后,卡夫卡劝说母亲购买了2000克朗的战争债券,"我感觉自己直接参与了战争,在心里尽我所知地盘算着经济前景,利息

---

[1] Franz Kafka, *Tagbücher*, Hrsg. v. Hans-Gerd Koch, Michael Müller und Malcolm Pasley, Frankfurt am Main: Fischer Taschenbuch Verlag, S.543. 后文出自同一著作的引文,将随文标出该著名称和引文出处页码,不再另注。
[2] "Ovationen für die Abrückende Artillerie", in *Prager Tagblatt*, 5, August, 1917, S.2.
[3] Hartmut Binder, Hrsg., *Kafka-Handbuch, Bd.1 Der Mensch und seine Zeit*, S.461.

的升降，供我支配的又有多少"（*Tagbücher*: 771）。1915年4月底，他还陪伴着妹妹埃丽乘火车去往位于匈牙利最北边的大米哈利（Nagy Mihály），看望军营中的妹夫海尔曼，并在这座被军队占据的小城里住了一晚。[1] 从前线探访归来，卡夫卡曾经三次打算放弃公职，申请"当一名战士"。1914年秋天，东线战局受挫，大量加里西亚难民涌入布拉格，对奥地利失败的担忧甚至使卡夫卡中断了写作（*Tagbücher*: 677）；两年之前，他对土耳其在巴尔干战争中的失败表达了同样的担忧，因为这个结局会使南面毗邻的塞尔维亚进一步强大，直接威胁奥匈帝国，尤其是1908年被吞并的波斯尼亚和黑塞哥维那地区的安全（*Briefe*: 54）。1914年冬，奥匈帝国军队在塞尔维亚的失利让他感叹道，"指挥者没有头脑"（*Tagbücher*: 710）。

与生活在波希米亚土地上大多数说德语的犹太人一样，卡夫卡至少在战争初期是完全拥护战争的。其中的原因无外乎是：（1）1867年宪法赋予了犹太人与帝国其他民族平等的权利，这使约瑟夫皇帝治下的犹太人获得空前的解放，战争给了他们表达爱国热情和对帝国忠诚的机会；（2）在犹太人看来，这是一场圣战，因为敌人就是全面迫害境内犹太人的沙皇俄国；（3）通过这场战争，犹太人希望获得国内和平，减轻他们向周边民族归化的压力，以保持自己的文化传统。刊登在《奥地利周报》（*Österreichische Wochenschrift*）上的一篇文章还言之凿凿地声称："俄国之所以迫害犹太人，源

---

[1] Peter-André Alt, *Franz Kafka. Der ewige Sohn. Eine Biographie*, S.432.

于他们对奥地利的同情；对皇帝的忠诚，源于他们对弗朗茨·约瑟夫皇帝陛下的热爱和敬重。"[1]当然，战争对卡夫卡和包括布罗德在内的布拉格文学圈子来说也意味着个人外部生存环境和写作环境的恶化。[2]由于保险局里有多名同事入伍，再加上他的部门还要承担从前线下来的伤残人员及其家属的抚恤工作，卡夫卡的工作负担陡然增加，使他无法从容地从事创作，以致他在日记中时有抱怨之声（*Kafka*: 58）。但与战争追求的宏大目标相比，个人遭受的影响退居其次，因此卡夫卡说，"这种［对奥地利失败的］恐惧从根本上来说就是可笑的，而且也是卑鄙的（lächerlich und zugleich infam）"（*Tagbücher*: 677）。与倡议和平主义的布罗德等人不同，有一件事情可以表明卡夫卡的政治态度。1917年12月初，维也纳的文学史家约瑟夫·科尔纳（Joseph Körner）邀请卡夫卡参与编辑《多瑙河家乡》（*Donauland*），一份由科尔纳本人、布罗德、霍夫曼施塔尔和里尔克等人合作编辑的杂志。面对这份杂志制造的"狂热的混杂"，卡夫卡说，"我并不是说反对奥地利，反对军事主义，反对战争"。[3]

第一次世界大战不同于以往的战争，是一场机械化和工业化战争[4]，它所造成的伤亡不局限于士兵的身体方面，神经系统的损伤更为严重。作为战时社会保险部门的职员，卡

---

[1] Marsha L. Rozenblit, *Reconstructing a National Identity: The Jews of Habsburg Austria during World War I*, Oxford: Oxford University Press, 2001, p.35.
[2] Bernd Neumann, *Franz Kafka*. S.478.
[3] Franz Kafka, *Briefe 1902-1924*, S.210.
[4] 从环境、军事技术和全球史角度描述"一战"的论著，参见 William Kelleher Storey, *The First World War: A Concise Global History,* Plymouth: Rowman & Littlefield Publishers, 2009。

夫卡每天都要面对大批各式各样的伤病员，因此，他比别人更多地看到了现代战争残酷的一面。1916年9月，在致菲莉丝的信中，卡夫卡说："通常人们试图把历史作为对下述命题之验证的做法是错误和危险的，即所谓世界历史就是世界法庭。人们应当放弃这个无法自我证明的历史验证，把目光集中于暴力在其施加者和受害者的心灵当中所造成的苦难的心理学表现。"(*Briefe*: 707) 不久之后，卡夫卡就开始承担了建立士兵和平民神经疾病治疗机构德裔人士协会的宣传工作。在一份倡议书中，作家带着罕见的热情，呼吁民众解囊救助深受病痛折磨的父老乡亲："倾尽全力去施以帮助，这是我们出自人类、祖国和民族的理所当然的义务。"[1] 卡夫卡甚至用"民族力量"(Volkskraft) 这个词语来描述这项事业所需要的巨大动力支持，这让我们想起了《中国长城修建时》中的那种民族团结 (Solidarität) 状况：离别家乡奔赴异地的"领导者"，受到了乡亲们的夹道相送，"他从来没有看到过家乡如此广阔、富庶、美丽和可爱，每一位乡亲都是兄弟，为他去修建一道保卫他的长城，他倾其所有，日日夜夜都在想，统一！统一！胸贴着胸，跳起民间的圆形舞，血液不再被堵塞在逼仄的血管里，而是甜蜜地流动着，一遍又一遍地穿越无边无际的中国" (*NSF I*: 342)。

《中国长城修建时》中的叙述者遍寻偌大的中华帝国，却无论如何都找不到"最高领导者"的足迹，他在想象中看到了垂死的帝王正在向一位身处偏僻乡间的卑微臣子传达一

---

[1] Franz Kafka, *Amtliche Schriften*, S.268.

道口谕，但信息的传达是如此地艰难，以至于"你"只能在日落之后的夜晚，枯坐在窗边梦想着它的到来。"我们的民族如此无望也如此满怀希望地看待皇帝"（*NSF I*: 352），"或许再也没有哪个民族比我们这个居住在南方的民族更加忠诚于皇帝了，但忠诚却对皇帝没有益处"（*NSF I*: 354）。伴随着弗朗茨·约瑟夫皇帝的故去，哈布斯堡王朝的统治也许会就此终结。然而我们看到，战争年代的卡夫卡却对祖国怀有特殊的感情，奥地利帝国的形象在他的心目中依然清晰可见。抬起头来看看现实吧，新登基的君主卡尔一世的年纪还未满三十，在老派帝国官员的眼里还完全是个小孩子（*Erste*: 665），他迫于形势的需要所提出的联邦制改革究竟能否挽救奥匈帝国于水火之中？摆在卡夫卡面前的问题是：一个没有皇帝的奥地利帝国将如何存在？

"奥地利首先是由通过征服、联姻和讨价还价得来的一块块土地联结在一起而形成的一个地域广阔的国家，它们被操控在一个人手中，相互之间没有任何共同之处"[1]，在卡夫卡的长城故事落笔两年之前，赫尔曼·巴尔（Hermann Bahr, 1863-1934）在《新评论》杂志上一篇讨论奥地利帝国前途的文章中这样说道。在这位同时代的文化评论家看来，奥地利"依赖它的社区而存活，它的生命隐藏在国家之中"。整个国家从外表上看来凌乱不堪，但其散落各处的社区却一个个秩序井然，因此，在一个陌生人看来，"所有这

---

[1] Hermann Bahr, "Österreich", *Die Neue Rundschau, 26 Jahrgang der Freien Bühne*, Bd.2, Frankfurt am Main: S. Fischer Verlag, 1915, S. 917. 后文出自同一著作的引文，将随文标出该文名称与引文出处页码，不再另注。

些秩序井然的社区合在一起便产生了一种无序状态"。扎根于奥地利土地上的社区数十年来处于一种自治状态：它们完全为自己生活，按照自己的意志来决定自己的事务，它们是自主的（souverän），仿佛一个自由国家立足于另一个国家的领土之上，没有任何力量来约束这个国家，也不存在任何必须予以认可的法律，它在自己的土地上生活，无须把自己或自己的任何一个部分交付出去（"Österreich": 917）。奥地利的社区最初是自然形成的社会组织。1848年革命之后，时任内政与文化部长的斯达东（Franz Seraph von Stadion, 1806-1853）伯爵在"没有国家行为介入"（Staatfreiheit）的社区中发现了"奥地利国家的生命力"，并努力使之成为一项国家制度。1849年3月20日，刚刚登基的弗朗茨·约瑟夫皇帝授权斯达东领导的部长会议在全国实施《社区临时法》。这一具有宪法性质的文件背后的基本信念就是，从法律上认可基于"共同利益、共同生活和共同效用"而形成的社区共同体，认为其表现了个体生存的基本权利；社区作为一个道德人格，合法地促进了对个人发展的承认和保障。[1] 出于自然主义信念，巴尔认为假如1849年的社区法能够贯彻至"国王领地"，最终上行到达国家层面，那么一个现实的奥地利国家终究会出现在人们面前。"斯达东把一个现实的奥地利奠定在他的社区里，然而，在这个基础上什么也没有能够建成，"巴尔继续说，"奥地利的根基在这里，而它的上面却什

---

[1] "Allerunterthänigster Vortrag des treugehorsamsten Ministerrathes betreffend die Erlassung des provisorischen Gemeinde-Gesetzes", in *Wiener Zeitung*, 20, 3, 1849, S.2.

么也没有。奥地利建立在它的旁边，而不是建立在这个基础之上，它建立在空无之上。"("Österreich": 921)

巴尔的矛头直指斯达东的继任者——亚历山大·封·巴赫（Alexander von Bach，1813-1873），说他所奉行的新权威主义把一个仅仅体现为政令的、不现实的奥地利强加给了领地和社区，"巴赫的思想是让奥地利的统一出现，然而他却混淆了形式（Form）和变形（Umform）"两个词的含义，巴尔继续评论道，"任何思想，即使是最真实的思想，是急匆匆走在现实前面的思想，也不能指挥现实。奥地利是一个，但不是一致"("Österreich": 932)。卡夫卡显然读到过巴尔的这篇文章，看看《中国长城修建时》中的那位叙述者都说了些什么吧。"这一看法当然算不上是一种美德。愈发明显的是，这种虚弱恰恰是促成我们民族统一的最重要的手段……是我们生存的根基。把这当作谴责我们的理由，那不是在动摇我们的良心，而是在撼动我们的双腿。"(*NSF I*: 356)这个"生存的根基"便是古老中华帝国的乡土和村落，便是奥匈帝国现实中的社区和领地。帝国必须建立在乡村和地方的根基之上，才会获得新的生命和活力："奥地利的现实将随着广阔的社区跃升至领地而焕发青春，当她再度恢复活力之时，我们便拥有了一个自然的国家。如果缺失了这一点，那么奥地利的现实将会在瞬间崩溃，非现实的东西就会占据顶峰。"("Österreich": 932)"先建墙，后建塔"的主张之所以是"混乱的"，原因在于它试图让整个民族"尽可能地在一个目标下聚集起来"(*NSF I*: 344)，这无论是对于普通的人性，还是对于想象力虚弱的"我们民族"来说都是不可能的:"奥地利是一个,但不是一致。"皇帝的口谕永远不可能送达,来自异乡、异地的一定是陌生的人和陌生的语言。

卡夫卡毕竟是卡夫卡。在巴尔对奥地利帝国历史所做的自然主义诠释中,卡夫卡并没有找到让自己感到满意的答案,于是,叙述者在百般的困惑当中停止了对这个问题的思索。肉体的皇帝虽然离去了,但对于这个布拉格的犹太作家而言,精神上的帝国和帝王却依然没有消失。《守陵人》中的内廷少府说:"我自始至终都会永远同情那种不顾自身安危,誓死效忠于公爵的行为。"(*NSF I*, Apparatband: 256)一个来自异乡的、陌生的水手突然出现在长城故事的结尾,他对"我的父亲"说:"一道长城将被筑起,用来保卫皇帝,一伙异教民族聚集在皇宫之前,他们中间有一些魔鬼正在把他们的暗箭射向皇帝。"(*NSF I*, Apparatband: 302–303)一番撕心裂肺的表白显然没有收到说服乡民的效果,于是这个水手"扑腾跳上帆船"走向了"圣战"的战场,这不是别人,正是"想当一名战士"的卡夫卡,1915年6月,在写给菲莉丝的信中,他曾经这样说:"当兵对我而言是件幸事儿,假如身体吃得消的话,而那是我希望的事情。"(*Briefe*: 638)

二 政治地理学与大同世界

康有为《大同书》的文明论谱系

文明话语实践与人种学的诞生

18世纪欧洲启蒙运动催生了"文明"(civilization)话语,作为一种理性化的知识/实践方式,"文明"一方面把西方历史视为持续提升或"进步"的过程;另一方面,亚洲、非洲和美洲大陆被排除在西方的"文明"进程之外,并且成了其对立面——"野蛮",它还以自身为典范制定了严格的标准,在所谓的"文明"与"野蛮"之间,设定了一系列等级和差别。[1]

19世纪以降,经过全球范围内的商业贸易、殖民战争和政治对抗的复杂历史过程,这一西方"文明的标准"(the standard of civilization)被强制性地作为国家之间交往所依

---

[1] 对"文明"这一概念在西方近代的起源、产生的历史语境及其所造成的政治、法律后果的全面描述,参看 Brett Bowden, *The Empire of Civilization: The Evolution of an Imperial Idea*, Chicago and London: The University of Chicago Press, 2009。

二 政治地理学与大同世界

据的重要法律尺度固定下来。[1]在知识生产领域,"文明"曾经一度成为编纂世界历史的流行原则和方式,即"文明史"。[2]在史学家眼里,文明是人类社会进步的"可识性"(intelligibilité)标志,"文明"或"文明化"成为了超越中西各民族传统和现实之上的一个道德律令,无论是在国际战争,还是在民族–国家的实践当中,它都是排他性和压迫性的知识体系,为数众多的"非文明"国家和民族因此处在非常弱势和尴尬的地位。要去除"文明"和"进步"观念二者相结合而产生的殖民性,我们就必须重新审视和考察文明话语实践的系谱学,以期打破其所涵盖的历史必然性。

"文明"不是简单的"哲学概念",而是与"启蒙"一起出现的、福柯意义上的话语"事件"(les événements)。根据这位法国"思想体系史"作者的理解,所谓"事件"并非是处在因果链中、受历史的必然性和连续性支配的一环;相反,"事件"的独特性所指示的是历史的"偶然"和"断裂"。[3]实际上,与政治事件一样,"文明"话语只是围绕"文明"所

---

[1] 有关19世纪和20世纪初"文明的标准"成为国际法理据的详细历史过程,参看 Gerrit W. Gong(江文汉),*The Standard of "Civilization" in International Society*, London: Clarendon Press, 1984;有关冷战年代中"文明的标准"在国际法上的回归,参考 David P. Fidler, "The Return of the Standard of Civilization", *Chicago Journal of International Law*, Spring 2001, 2.1;有关20世纪中叶中国人对国际法理论中的"文明的标准"的认识和修正,详见刘禾《国际法的思想谱系:从文野之分到全球统治》,收入刘禾主编《世界秩序与文明等级——全球史研究的新路径》,生活·读书·新知三联书店,2016,第45—102页。
[2] 19世纪以来,诸如此类的文明史著作比比皆是,其中最有影响的莫过于巴克尔的《英格兰文明史》(Henry Thomas Buckle, *History of Civilization in England*, 2 vols., London: J. W. Parker & Son, 1821-1861)、基佐的《法兰西文明史》(François Guizot, *Histoire de la Civilisation en France*, 5T. Paris: Dider, 1829-1832)。
[3] Michel Foucault, "Sur l'archéologie des Sciences. Reponse au Cercle d'épistémologie", *Dits et Ecrits*, ed.par Daniel Defert et François Ewald, vol. 1, Paris: Gallimard, 2001, pp.724 -759.

发生的一系列话语事件当中的一个,我们的任务在于"建立和描述被称之为这一系列话语事件之间,即在该话语事件与其所对应的经济体系、政治场域和制度层面所发生的诸多事件之间的种种关系"。简而言之,眼下的问题在于厘清"文明"话语"在被人们言说的那个时刻它所发挥的功用"。[1]

1929年,"年鉴派"史学大家吕西安·费弗尔(Lucien Febvre,1878-1956)详细考察了"文明"这一词语及其理念的历史。我们感兴趣的并非"文明"这个词语的源头[2],因为无论是语言史,还是概念史的探索均无助于我们揭示"文明"话语实践与其他"事件"之间存在的种种关联。实际上,"文明"的话语实践从属于多重的、复杂的网络和层面:政治、宗教、经济、制度等等。费弗尔这样来描绘"文明"理念产生的时代:

> "文明"可谓是生逢其时。它诞生于《百科全书》为此付出了巨大的思想努力之后,这部书从1752年开始编纂,1752年和1757年两度遭到官方禁止,1765年因狄德罗的大胆坚持而重新开始,直到1772年才取得

---

[1] Michel Foucault, "Dialogue sur le Pouvoir", *Dits et Ecrits*, ed.par Daniel Defert et François Ewald, vol.2, Paris: Gallimard, 2001, pp.724-759.
[2] 一般认为,"Civilis(z)ation"最早出现在法语文献当中,费弗尔推测其时间不应早于1766年,即布朗热(feu M. Boulanger)撰写《古代社会风俗》(*Antiquité devoilée pas ses usages*, Amsterdam: Rey, 1766, Tome 3)之时;语言学家邦维尼斯特(Emile Benveniste, 1902-1976)和"日内瓦学派"文学批评家让·斯塔罗宾斯基(Jean Starobinski, 1920-)主张"文明"一词最早出现在经济学家和哲学家米拉波侯爵(Victor Riqueti de Mirabeau, 1715-1789)的著作《男人之友,或论人口》(*L'Ami des hommes, ou Traité de la Population*, Hambourg: Chretien Hérold, 1756-1762, 6 vols)中。查阅 *The Empire of Civilization: The Evolution of an Imperial Idea*, pp. 27-28。

最后的成功。"文明"诞生于《论风俗》出版之后，它在1757年甫经面世便在欧洲知识界销售出7000余册，它借助于人类主要的行为模式之一——综合方法——的最初努力，将政治、宗教、社会、文学和艺术的内容纳入并整合到了历史当中。"文明"诞生于建立在培根、笛卡儿、牛顿和洛克四驾马车基础之上的哲学开始结果之后。在为《百科全书》撰写的前言当中，达朗贝视他们四人为现时代的最终征服者和真正的王者。"文明"尤其是诞生在"百科全书派"的全部成员开始发展出一种在方法和进路上讲求理性和实验的科学之时，后者以漠视《圣经》的布封为榜样，致力于对自然的征服；或者跟随孟德斯鸠的步伐，将人类社会及其无限的真理化约为一个个范畴。人们有理由这样说，"文明的灵感来源于一种新的自然哲学和人的哲学"。尽管有些超前，但人们还是有理由这样补充道："其自然哲学就是进化；其人的哲学就是完善。"[1]

在费弗尔看来，18世纪中叶新科学原则崛起之际，也正是"文明"的理念产生之时。针对启蒙运动前期人们所热衷的抽象理念，崇尚"理性"和"经验"的新科学，开始吸收来自天文、化学、地理、农业、制造业，以及政治、宗教、社

---

[1] Lucien Febvre, "Civilisation: Evolution d'un mot et d'un groupe d'idées", *Civilisation: le mot et l'idée, Première semaine international de synthèse, Deuxième fascicule*, Paris: la Renaissance du livre, 1930 (http://classiques.uqac.ca/classiques/febvre_lucien/civilisation/civilisation_idee.pdf), p.28.

会、文学和艺术等知识领域中的大量"事实",并从中归纳出所有门类的理性知识。因此,《百科全书》可以称得上是1750年以前人类所能认识到的一切事实的总汇,甚至尚未为当时的欧洲人所了解的欧洲以外的广袤大陆也被包含其中。"大量文献的纂集,吸纳了百年以来伟大博学之士们的著作,探索了无数的旅行记,后者记述的地理范围远至彼岸的远东、美洲和欧洲人不久就要光临的大西洋,它开阔了已经文明化了的白人的知识视野。"当"文明"的理念出现之时,新的科学原则已经改变了18世纪的种种陈旧观念,既然上帝的形象已经趋于模糊,人们就只能相信眼见的事实。关心事实,费弗尔说,在接近18世纪末之时,渐渐成为自然史和人类史学家的共同取向。于是,一种关于"事实"的科学,代替了曾经沉迷形而上学而不知返的"哲学"。"在政治和结构层面,18世纪是著述的世纪;在经济学和社会科学方面,18世纪又是统计学得以滥觞和数字得到崇尚的世纪;在技术层面,18世纪又是一个热衷于调查的世纪,"费弗尔接着说,"无论是在理论还是在实践层面,没有哪个问题不会动辄激发大量书籍、论文和小型调查报告的撰写,这些文字作品要么出自独立的个人和学术团体,要么出自宫廷的官僚之手,它们处理的问题包括:人口、工资、生产资料、价格和安全。"[1]

如何理解理性和经验科学在18世纪末期的兴起?如何理解与此同时或者在此之后产生的文明话语及其实践方式?

---

[1] Lucien Febvre, "Civilisation: Evolution d'un mot et d'un groupe d'idées", p.31.

史学家们似乎只满足于对事实进行细致入微的描述，哲学家和社会学家也只是从一个讲求"同一性"的理性观念出发，将科学视为理性发展的一个高级阶段而已，反过来说，自然科学和人文科学在他们看来，只不过是同一个理性产生分化的结果。[1]因此，近代理性和实验科学通常被人们视为同一理性在欧洲地域上的逻辑的与线性的发展结果。科学于是被尊为理性的最新发展阶段，它标志人类精神和社会的进步达到了相当高的水平。然而，在20世纪50—80年代，这一追求数学明晰性的"古典理性主义"遭到了法国科学史研究者的挑战。巴什拉（Gaston Bachelard，1884-1962）曾经指斥笛卡儿的理性主义为"粗浅的哲学"[2]，认为在人类的各个知识领域中均存在着不同性质的"理性"，如"机械理性""电子理性"等等。[3]康吉扬（Georges Canguilhem，1904-1995）则提出一种"新理性主义"，认为理性并非先天地存在于事物和思想当中，而是存在于将人类具体的生活经验加以规范的制度化力量中，也就是说，理性取决于应用它的诸多知识领域，它是我们在实际运用理性的过程中所创造出来的东西，我们才是理性的创造者。[4]福柯的多元理性主义和有关历史断裂的思想，显然接受了上述"局部理性主义"的观念。但是，作为一位历史学家，福柯并不满足于此，因为"碎片化的理性主义"不能充分解释16世纪至18世纪以

---

[1] 比如康德、黑格尔、孔德和韦伯。
[2] Pierre Wagner (dir.), *Les Philosophes et la Science*, Paris: Gallimard, 2002, p.950.
[3] Gaston Bachlard, *Le Rationalisme Appliqué*, 3ième ed., Paris: Presse Universitaires de Paris, 1966, pp.119-169.
[4] Pierre Wagner (dir.), *Les Philosophes et la Science*, p.950.

降科学、政治学、法学、经济学诸多实践之间的"同源性"（homogénéilité）问题。

"发现"并关注于人口、工资、生产资料和产品价格等诸如此类的新经验和社会事实，试图以理性形式将其制度化和规范化，这一理性并非来自中世纪的"神示"和启蒙哲学所揭橥的"超验事实"，而是一种以国家本身为出发点和目的的新的理性形式——"国家理性"（raison d'Etat）。1978年以降，福柯在法兰西学院发表的一系列讲演当中，注意到16世纪末至17世纪初在国家治理技术方面出现的一种新的理性形式：它不同于中世纪强调君主的统治智慧、正义精神以及崇敬神灵等个人的私德，及其行事谨慎和能够自我反省的执政作风，新颖的治国理性及其原则和应用领域乃在于国家的功能即"国家的理性化治理"。主权不再主要体现为君主对臣民身体的规训，而逐渐突出其所拥有的"治理"权力，"治理即对诸事的支配权力，以期使它们符合有利于事物本身的目标"，这里的"诸事"不再是马基雅维利意义上的"臣民"和"领土"，而是与治理活动相关的一切人和事物所构成的复杂整体，它不仅包括人际关系和纽带，民众的财富、资源、生产资料，国土本身及其特性、气候、干燥与湿润的程度及其肥沃与贫瘠状况，等等，还包括与民众相关的风俗习惯、生活样式和思维方式，以及人们时刻会面临的意外事件和不幸的境遇，如饥馑、瘟疫和死亡等。[1]因此，

---

[1] Michel Foucault, "La Gouvermentalité", *Dits et Ecrits*, vol.2, pp.643-644. 后文出自同一著作的引文，将随文标出该著作简称"Gouvermentalité"和引文出处页码，不再另注。

治理性是由一系列制度、程序、分析、反思、计算和策略这些权力（pouvoir）的特殊和复杂的形式所构成的整体，其主要目标在于人口，其主要知识形式是政治经济学，其基本的技术工具是安全措施（"Gouvermentalité"：655）。在福柯看来，国家理性基于两大政治知识和政治技术整体：（1）外交-军事技术。它凭借国家间的联盟和自身的军事力量来维持欧洲各个国家之间的平衡，借此增强国家的力量；（2）使社会趋于开化或走向文明（la police）的技术。居于两种知识-技术之间的是商业和国家间的金融流通，其最终目标在于增加国家的人口、劳动力、生产和出口以及营建一支实力强大和数量可观的军队。法文的"police"并非今天人们所理解的狭义的警察制度，而是指"由为增强国家内部力量所采取的一系列必要手段所组成的整体"。[1]根据福柯的考察，从15世纪以来，"police"先后有三层意思：（1）由政治权威进行治理的共同体形式；（2）直接驱使共同体服从于公共权威的一系列行为；（3）一种善治所带来的积极后果，即所谓开化或文明。到了17世纪，"police"增添了一种完全不同的含义，它指"一系列能够增强国家的实力，同时又能保持良好国内秩序的措施"，换言之，此时的"police"指能够在国内秩序的维持与国家实力的增强之间建立一种灵活、稳定和可控关系的计算和技术。[2]在此意义上，"开化"几乎等

---

[1] Michel Foucault, "Sécurité, Territoire et population", *Dits et Ecrits*, vol.2, p.721.
[2] Michel Foucault, *Sécurité, territoire, population, Cours au Collège de France (1977-1978)*, Édition établie sous la directionde François Ewald et Alessandro Fontana, par Michel Senellart, Paris: Galimard/Seuil, 2004, p.321. 后文出自同一著作的引文，将随文标出该著作名称首词和引文出处页码，不再另注。

同于良好的政治治理本身，其目标在于"对人们的行为进行控制及其为此所担负的职责，而人们的行为本身又构成了促进国家实力增强的一个不同因素"(*Sécurité*: 330)。"开化"的具体任务在于对人们进行普遍的教育和培训，使人们的日常行为和职业活动被纳入国家及其力量增长的目标之中，因此，它所面对的不再是作为个体的臣民，不再是对个人的身体实施规训，而是对作为群体的人们即人口的管理。人口数量的增加，民众的生命、健康及其交往行为才是"开化举措"所应当给予持续关注的问题。总之，"开化"治理的对象是一切与他人共存的形式，人们共同生活、生产，每一个人都需要一定的食物和空气来维持自己的生命。人们各自从事不同的职业，他们之间存在着形形色色的交往，尽管"开化"服务于民族-国家的实践，但其关注的目标最终在于人的社会性(*Sécurité*: 333)。

人口问题诞生于18世纪中期，在为应对人群当中发生的种种疾病、风险和危机而采取的"安全举措"当中，人口问题应运而生。例如，为了消灭瘟疫和救济饥荒，人们需要借助于统计学的手段广泛地了解居民的数量、出生率、死亡率、生命周期、死亡原因等知识，便于对人口数量的变化实施干预和调节。人们普遍认识到，人口的数量和质量是标志国家力量强弱的一个重要因素，也是主权力量的重要特征，于是，人口便开始呈现出其正面的价值。然而，福柯提醒我们，到了17世纪，人口不再是一个主权力量的标志特征，而是国家或主权发展的动力源泉，是促使国家力量得以增长的一切其他因素的前提条件。众多的人口不仅能够为农业生产提供足够的劳动力，为制造业提供充足的工人，而且还能为军队提供充足的兵源，按照重商主义的观点，它最终能够降低产品的价格，增强国家的商业竞争力。"人口是财富的源泉和生产力，对人口实施规训式的监管是重商主义思想、方案和政治实践的组成部分。"（*Sécurité*: 71）在重商主义者眼中，人口依然被视为屈从于主权的臣民，主权者可以通过规则、法律和政令——简单地说，可以凭借一己的意志——对人口进行干预；而重农主义则把人口问题视为一个更为复杂的自然过程，它不能直接诉诸法律-政治方式予以干预。相反，人口需要一种复杂的政治技术加以经营和治理，人口变化过程的"自然性"在于：（1）人口并非初级资料，它是随气候、物质环境的变化而变化的自然因素，是随商业、贸易等经济因素以及诸如长子继承权、生育权之类的风俗习惯和宗教信仰因素的变化而变化的一个变量；（2）人口是由不同的个体构成，其行为方式不可能被准确地预测，对人口的控制必须考虑人类的自然欲望和利益；（3）人口的变化还会受制于灾难、机遇、个人行为以及种种复合因素的影响（*Sécurité*: 73–76）。18世纪农业产量和货币数量的增加以及人口的迅速膨胀，使"治理"突破了旧有的政治和法律框架成为新的政治实践方式（"Gouvermentalité": 650）；反过来，人口成了"治理"活动的最终目标，"治理"实践致力于"改善人口的命运，增加其财富、寿命，改善其健康状况"，采取种种技术措施刺激人口的增长，促进人口的流动（"Gouvermentalité": 652）。随着人口问题的出现，人们不再按照身份、地域、财产、责任和官职的级别来划分人类（le genre humaine），而是把人视为大自然生命序列中的一环，即一个物种或人种（l'espèce humaine）。由此，"人"成了林奈生物分类学的一个种类和布封自然史研究的对象；同时，人口又是"公共事物"，它是舆论、行为方式、风俗习惯、迷信偏见和种种要求等诸方面的集合，因此福柯说："从作为物种的人出发直至公共事物领域，我们得到了一个新现实的完整领域，它是适合于权力机制运作的因素，人们必须在这个领域之内，针对这一领域展开行动。"由此，"人口催生了与之相关的一系列法律、政治和技术问题"，"人口问题出现在这一系列的知识领域当中"（"Gouvermentalité"：105–106）。简言之，人口问题使经济理论开始关注于生产者和消费者、有产者和无产者、创造利润者和享受利润者，于是，经济学由对财富的分析转变为政治经济学；自然史研究开始关注地环境与物种之间的关系，从而转变为生物学；语言学则由以言语的主体为中心的普遍语法研究，转变为考察不同国家的人口与其语言之间关系的语文学。总之，人口问题作为一个操控者或算子（operateur）颠覆了所有的知识体系，并将知识生产活动引向有关生命、劳动和语言的科学（"Gouvermentalité"：109）。

知识体系经历的上述转变肇因于空间因素，即人地关系的引入，这就是18世纪末期诞生的人种学（ethnologie）研究的对象。15世纪末期，在西方的"地理大发现"中，许许多多在大陆和海洋间穿梭往来的航海探险家、商人、旅行家、传教士留下了有关美洲和东方的见闻录、旅行笔记，但是直到18世纪中期，以描述各个不同民族的道德、风俗为任务的人种志或民族志(ethnographie)才诞生,最先提出其学科理念的俄裔德国人葛哈德·弗里德里希·缪勒(Gerhard Friedrich Müller, 1703-1783)就是一位历史学家兼探险家。1733年至1743年,缪勒参加了由时任俄罗斯帝国海军舰长、丹麦人白令(Vitus Jonassen Bering, 1681-1741)领导的第二次堪察加探险,它又被称为"大北方探险"。受命于沙皇彼得一世的这次探险活动,其主要的目的在于打通俄罗斯通向太平洋和日本的海道。在探险活动中,缪勒通过对大量历史档案的阅读,发现白令并非首先(1730)发现白令海峡之人。在西伯利亚地区进行的这次科学旅行使缪勒产生了"对世界上所有民族进行全面描述",并在"对一个民族着意搜集的材料基础上建立一门新科学"的计划。在他看来,民族志应当成为历史学的一个新成员,它的成果将惠及后世。由缪勒开创的人种志不但要求在现存的各个民族之间展开比较,而且还要将这些现存的人种同历史上存在的人种做比较。缪勒的人种志构想受到了在美洲法属殖民地进行传教的耶稣会士拉斐陶(Joseph François Lafitau, 1681-1746)所著《美洲野人风俗与原始风俗的比较》一书[1]的影响,不过与这位传教士相比,缪勒更倾向于在现存民族之间进行比较。[2]真正把人种志放置在一种线性的历史时间当中,并试

---

[1] Joseph François Lafitau, *Mœurs des sauvages américains comparées aux mœurs des premiers temps*, vols. 1-4, Paris, 1724.
[2] Gudrun Bucher, *"Von Beschreibung der Sitten und Gebräuche der Völker": die Instruktionen Gerhard Friedrich Müllers und ihre Bedeutung für die Geschichte der Ethnologie und der Geschichtswissenschaft*, Frankfurt a. Main: Franz Steiner Verlag, 2002, S.201.

图对世界上各个人种的历史进行规范化的学科[1]——人种学或民族志(ethnologie)的诞生则要等到18世纪80年代以后了。

1783年,匈牙利人科勒尔(Adam František Kollár,1718-1783)在其拉丁文著作当中,率先提出了人种学(ethnologia)的理念。按照科勒尔的设想,人种学应当成为有关"人种和人民的科学,或者是博学之士的研究,他们借此探索诸多民族的起源、语言、风俗和制度,最终深入到这些民族的发源地和祖先,以便能够更好地在它们自身的历史当中对一个民族和人民进行评判"[2]。科勒尔是一位政治家和历史学家,他精通土耳其语、波斯语及其他多种古典东方语言,这使他能够深入到某一个民族的内部去理解其民族特征。在他看来,民族学的目标是在自身的历史中"评判"(judicium)一个民族和人民,这一表述说明:(1)人种学为种族志的知识形式增添了价值评判的功能;(2)人种学不再满足于种族志的共时比较方式,而更注重历时的比较;同时也应当指出,(3)在科勒尔这里,人种学借以实施价值评判的标准来自一个民族和人民自身的历史,而非来自外部或异族。四年之后(1787),瑞士人沙旺(Alexandre César Chavannes,1731-1800)将人种学视为一门历史知识,准确地说,所谓人种学

---

[1] 关于知识的学科化亦即规训(disciplinarisation),查阅 Michel Foucault, *Il faut défendre la société, Courseau Collège de France 1976*, Paris: Gallimard, 1997, pp.161-165。
[2] Adami Franc Kollarii, *Historiae Iurisque Publici Regni Ungariae Aemonitates*, Vindobonae: typis a Baumeisterianis, 1783, p.80.

就是"各民族走向文明的历史"。[1]他主张人种学作为思想教育的一部分，其任务在于使人们了解：（1）人类物种在不同的社会集团，如社群、民族和国家当中的分布状况，各民族的特征如精神、风俗、趣味、制度等及其各自所处的"文明等级"；（2）人类起源于东方这片原本就是"文明"的地域，并向人们解释东方由古代的文明状态堕落到当下野蛮状态的原因；（3）人类的原始社会形态，如捕鱼、狩猎方式的形成过程；（4）基于生存需要，人类结成家庭这一原始的共同体；（5）不完美的社会最初是借助于农业生产的方式一步步走向文明的各个阶段的；（6）生产活动给人们创造了最初的财富，后者成为国家财富的来源，以及商业、航海、海军和战争这些因素加速了国家迈向文明的步伐；（7）由此形成的法律（民法、刑法和国际法）、政治制度，有利于国家力量的增强；最后是（8）艺术和科学的繁荣。[2]这显然就是沙旺所理解的文明等级序列，它是基于欧洲特殊社会历史语境的文明进步阶梯。如果说科勒尔的"人种志"所持的价值评判标准来自各个民族自身的历史，那么沙旺则将单一的或西方的文明标准加以普遍化，并用以衡量异民族的历史。沙旺认为人类社会存在着"多重的文明等级"，后者赋予不同的民族以明显的差异，一些民族自始至终都处于野蛮状态，而另一些民族则脱离了野蛮状态，臻于文明的境地，还有一

---

[1] Alexandre-André-César Chavannes, *Essai sur l'éducation intellectuelle: avec le projet d'une science nouvelle*, Lausanne, 1787, p.253.
[2] Alexandre-André-César Chavannes, *Essai sur l'éducation intellectuelle: avec le projet d'une science nouvelle*, pp.98-103.

些民族将会发展到更高的文明等级。但是,沙旺说,"其中的大多数又会重新堕落到一种近乎野蛮的,甚至是更为恶劣的状态当中,个中的原因有待于人们进行探索"。[1]沙旺把人种学的知识形式纳入文明的话语实践当中,其结果使后者所具有的价值评判功能被传递给了人种学,因此18世纪以来在西方世界形成的"文明标准"实质上是一套人种学标准。"对我们而言,文明意味着在观察者的眼中特定人群的集体生活所拥有的一系列特征构成的总体:物质生活、精神生活、道德生活。为什么我们不以社会生活来代替这些恶意的表述方式呢?因此,我们可以称之为文明的'种族志'。"[2]

1836年,穆勒(John Stuart Mill, 1806–1873)在《文明》一文中,提出"现时代是一个严格意义上的、突出的文明时代",所谓严格意义上的"文明",是指"粗鲁和野蛮的反面","无论被我们称之为野蛮生活的特征如何,其反面或者说当社会抛弃这些东西的同时它所具备的品质就构成了文明"。与野蛮的生活状态相反,(1)拥有众多的人口和固定的居住地;(2)拥有农业、商业和制造业;(3)能够为共同的利益联合起来,拥有能够保护个人安全的法制和正义,这些"文明的成分""存在于现代的欧洲,尤其是在大英帝国,

---

[1] Alexandre-André-César Chavannes, *Anthropologie ou science générale de l'homme: pour servir d'introduction à l'étude de la philosophie et des langues, et de guide dans le plan d'éducation intellectuelle*, pp.98-99.
[2] 意大利犯罪学和统计学家阿尔弗雷多·尼斯弗洛(Alfredo Niceforo)语,转引自Lucien Febvre, "Civilisation: Evolution d'un mot et d'un groupe d'idées", *Civilisation: le mot et l'idée, Première semaine international de synthèse*, Deuxième fascicule, p.12。

其突出的程度、其迅速进步的状态远远超出了任何其他的地方和时代"。[1] 在穆勒看来，合作的能力，或者说社会政治组织能力被视为一个民族文明的标志。[2] 简而言之，民族和国家的治理能力是文明的核心。在 19 世纪末期至 20 世纪的国际法实践当中，这一文明标准转而变成了对一个主权国家提出的基本政治要求，对此，江文汉（Gerrit W. Gong）概括道："'文明'国家作为一套有组织的政治官僚体系而存在，它能够有效地维持国家机器的运转，并拥有一定的组织防卫能力。"[3] 文明的话语与实践生成了人种志或民族学的知识形式；人种学或民族学反过来承担起了所谓"西方的文明使命"。

政治地理学与体质人类学

随着 18 世纪"国家理性"的崛起，一种旨在描述国家现实的知识形式——统计学诞生了，德语或英语中的"国家"（Staat/state）是统计学（Statisitik/statistics）这一名称的语源。一个国家的现实状况是这个国家的实力或治理水平的集中体现，其中首要的因素是人口及其数量、出生率、死亡率以及个人财富的多寡；其次是这个国家潜在的财源，诸

---

[1] John Stuart Mill, *Essays on Politics and Society, Collected Works of John Stuart Mill*, ed. by J. M. Robson, Toronto and Buffalo: University of Toronto Press, 1977, pp.120-121.
[2] John Stuart Mill, *Essays on Politics and Society, Collected Works of John Stuart Mill*, p.123.
[3] Gerrit W. Gong, *The Standard of "Civilization" in International Society*, London: Clarendon Press, 1984, pp.14-15.

如森林、矿产以及流通财富的数量,贸易平衡的状况以及税收和关税等等(Sécurité: 280)。以人口调查为任务的统计学最初被称为"政治算术"(arithmétique politique)[1],它致力于计算人口的空间或地理分布状况,因此又被法国地理学家布戎(Conrad Malte-Brun, 1755-1826)称为"政治地理学"(la géographie politique),后者以完善的形态和独立学科的面目出现是在1780—1783年,尽管布戎把这门新兴科学的渊源向上追溯到了16世纪早期。[2] 政治地理学、数学地理学以及自然地理学构成了地理学科的三大分支领域,这是18世纪通行的地理学分类方式。布戎这位在督政府时期(1799)由于政治原因逃亡到巴黎的丹麦人,拥有帝国官方地理学家的头衔,还曾获得过北方爱国者的雅号。[3] 在他看来,政治地理学的任务在于依照政治划分的方式来考察地球,并探索这些政治划分与地球上所建立的其他市民社会之间的种种关系。换言之,地理学的政治领域是从空间角度

---

[1] 作为重要的统治技术,户籍管理制度自古有之,但建立在大规模的人口调查和计算工作基础上的科学统计学则诞生在近代西方社会。17世纪中期,为了应对不时肆虐的鼠疫,受命于查理二世和英国政府官员的委托,约翰·格朗特(John Graunt)和威廉·配第(William Pretty)统计了伦敦居民的年度出生率、死亡率和疾病状况,参见 Collection of Yearly Bills of Mortality, from 1657 to 1758 Inclusive, London, 1759; 1741年,德国人苏斯密尔希(Johann Peter Süßmilch, 1707-1767)也进行了类似的工作,参见 Die Göttliche Ordnung in den Veränderungen des menschlichen Geschlechts, aus der Geburt, dem Tode und der Fortpflanzung desselben erwiesen, Berlin, 1741; 与此同时,法国人也开始了计算人口平均寿命的工作,参见 Antoine Depardieu, Essai sur les probabilités de la durée de la vie humaine, Paris, 1746。
[2] Conrad Malte-Brun, "Précis chronologique des progrès de la géographie chez les nations européennes", Edme Mentelle et al. Géographiemathématique, physique et politique de toutes les parties du monde, Paris, 1803, p.73.
[3] BrocNuma, "Un bicentenaire: Malte-Brun(1775-1975)", Annale de Géographie, 1975, vol.84, No.466, p.715.

入手对人类的道德和政治存在的研究。[1]因此，研究地理学对于布戎来说并非出自好奇心和满足其"哲学"沉思的欲望，其地理学的三个领域是围绕着国家及其财富和力量的增长而展开的。循此，一个国家的力量主要体现为如下诸因素：(1)土地及其产出，这是首要的因素；(2)商业和制造业；(3)人口数量；(4)军事力量；(5)对外关系。上述诸多政治与社会关系综合作用的结果是，一个民族形成了自己特有的语言、宗教、风俗、政治和法律制度、生活方式、家庭和社会组织以及艺术、科学和文学，用一个词来表示，就是"文明"，"所有这一切都会经历变化的过程从而达到某一个等级，随着诸多因素之间的相互组合，它们必然会永无止境地改变人们所赋予某个民族的特征"(*Précis*: 601–606)。

布戎主张给予"文明"这个词语一个"非常准确和非常严格"的定义，他说，"根据最有学识的地理学家的看法，我们将世界上所有为人所知的国家划分为'野性民族'(les peuples sauvages)、'蛮族或半开化民族'(les peuples barbares ou demi-civilisés)和'文明民族'(les peuples civilisés)"，[2]上述三个文明等级所对应的民族特征分别如下：

---

[1] Conrad Malte-Brun, *Précis de la géographie universelle*, Paris: chez Fr. Buison, Libraire-Editeur, 1812, T.2., p.575. 后文出自同一著作的引文，将随文标出该著名称首词和引文出处页码，不再另注。
[2] Conrad Malte-Brun, *Traité élémentaire de la géographie*, 1 partie, ed. par Larenaudière et al., Bruxelles: J. P. Melinn, 1832, p.182.

文明等级与民族特征对照表[1]

野性民族	无文字，装扮怪异，生性好动，从事耕种、捕鱼和狩猎活动
蛮族或半开化民族	拥有文字和语法，以及外在的和仪式性的宗教、稳定的军事体系，拥有知识，但仅限于观察所得，因而较为零散，艺术平庸。其政治行为仅限于临时的和无计划的防卫，没有以进步于文明为最终目标
文明民族	知识上升为科学，文学艺术臻于美妙，拥有稳固和长久的立法、政治和战争体系，信仰宗教，摆脱了迷信，注重道德修养，服从自然法和国际法，和平时愿以各国为友，战时尊重平民财产

与启蒙时代以及同时代的其他法国思想家孟德斯鸠（1689—1755）、伏尔尼（comte de Volney，1757-1820）和卡巴尼斯（Pierre Cabanis，1757-1808）不同，布戎是一位几乎足不出户的"书斋地理学家"（Géographe de cabine），

---

[1] Conrad Malte-Brun, *Précis de la géographie universelle*, T.2., pp.609-610. 布戎有关民族分类的文字几乎完全抄录自英国地理学家 Th. Adams（？-？）的《普通地理学的历史政治导论》（*Introduction historico-politique à la géographie universelle*）一文，它承袭了德国哲学家和地理学家比兴（Anton Friedrich Büsching，1724-1793）和英国思想家亚当·斯密的旧说。该文最早刊布于由布戎和他的导师埃德姆·芒特勒（Edme Mentelle）主编、由多国地理学家、历史学家、博物学家、旅行家集体撰写的多卷本《数学、自然和政治地理学》一书（*Géographie mathématique, physique, politique*, vols.1-15, publ. par Edma Mentelle et Conrad Malte-Brun, Paris :chez H. Tardieu, Impr.-Libraire et laporte, Libr., 1803-1807）。二者不同之处在于，布戎把 Adams 的第二等级修改为"蛮族或半开化民族"，而非"蛮族或半野性民族"（les barbares ou demi-sauvages），参见 *Géographie mathématique, physique, politique*, vol.1, p.150. 布戎文中的"最有学识的地理学家"显然是指这位 Adams，由于布戎在其随后出版的大量通俗地理学著作当中不断地重复提出这一分类方法，而且它为当时或之后的许多地理学词典、百科全书和教科书（例如，S.Griswold Goodsmith, *A System of School Geography: Chiefly Derived from Malte-Brun*, 11th ed., Hartford: F. J. Huntington, 1836）广为采纳，因此人们通常误以为这一分类方法是由布戎本人首先提出的。尽管"野人、蛮人、开化人"的说法在古代文献中比较多见，但直到18世纪，西方学者才逐步将其作为划分人种或民族的标准加以广泛应用，如伏尔泰和亚当·斯密等人，Adams 和布戎应当是最先从科学角度赋予这一分类方法以严格意义的一批西方学者。本文之所以在这里揭示这一民族分类方法的谱系，旨在强调布戎将其纳入到"政治地理学"中所具有的认识论意义。

他并不注重对人类与自然的关系进行实地观察,以及环境对人类造成的直接影响。在这位记者、政论家和地理学家看来,政治行为是居于人类与自然之间的中介,它能够组织人类的社会生活,进而改变人类生存的自然环境:"一个民族的基本特征是其所处的自然环境与能够改变这些环境的政治制度二者之间相互作用所产生的结果。"(*Précis*: 610)"自然"归根结底只是人类可以操控的装饰,其潜在的美丽和丰饶有待于人类的努力予以实现。[1]政治制度——对布戎来说就是国家——不仅能够提升一个民族的文明等级,而且能够改变人的生理特征。在对人类本身的研究方面,布戎接受了同时代的博物学、解剖学和生理学的基本原则,即把人类视为自然世界的一个组成部分,视为大自然所孕育的生命链中的一个环节,人类的生长和死亡遵循了牛顿所奠定的自然法则,但他同时也认为,这些自然科学知识忽视了人类所特有的尊严、意志、力量和韧性,因而人类应当保留基督教神学所赋予他们的神圣性和由之延伸开来的培根原则:"野兽只是生存在大地上,而人生来就是支配它们的。"与其他的生物类别相比,大地上所有的人类构成了一个也是唯一的一个崇高的种属或物种(genre ou espèse)。根据生物学的种属定义,人类之所以能够组成一个特殊的物种,原因在于:

---

[1] Godlewska Anne, "L'influence d'un homme sur la géographie français: Conrad Malte-Brun(1775-1826)", *Annales de Géographie*, 1991, T.100, No.558, p.200. Anne 认为布戎的地理学描述对象仅限于自然环境,放弃了对人类、社会和自然三者之间的关系进行比较、分析和批判的工作,从而阻碍了地理学从自然科学中独立出来成为一门"纯粹的"社会科学的"现代化"进程。然而,笔者以为布戎的这一理论姿态恰恰凸显了地理学意识形态由"环境决定论"向"文明论"转变的迹象,见下文的论述。

（1）其不同个体的结合能够使自身得以繁衍，如白人与黑人结合产生的混血儿"moulàtre"，以及白人与印第安人结合产生的混血儿"métis"，这些不同种族的结合产生了人类种属的同一性；（2）人类种属内部的变化，如体形、面相、肤色、发质和头颅形状的变化都是相对而言的。"我们不能忽视的事实是，朴素的生活、丰富的饮食、清洁的空气能够赋予一切有机物种以更加美观和庞大的形体。"虽然气候是造成人种差异的重要因素，但一个民族所能达到的文明等级才是更为重要的决定性因素。例如，拉普兰人（les Lapons）和匈牙利人操同一种语言，但其形体和面相却迥然不同，其原因固然可以归于气候和各自国家的自然环境，但塔西佗笔下的日耳曼人——这些被视为欧洲的巴塔哥尼亚人（les Patagons）在已经文明化了的德意志荡然无存，而生活在开普敦殖民地的荷兰人则变成了巨人，同一种族或相距不远的人们在体质方面也会产生巨大的差异。"激烈的性情、虚伪和矫饰的习性，工作的艰苦或愉悦，勤劳或懒惰的习惯都会在一个民族的面相上留下永恒的特征。"（*Précis*: 547）黑人的皮肤在出生时应当是白的，而肤色的变化源于低等文明环境所导致的内分泌紊乱。即使面对皮肤由白变黑所耗费的时间要远远超过人类历史本身的长度之类的质疑，布戎也不愿放弃上述观点，他宁愿把需要对移民于美洲的黑人进行长期观察以期解决上述"难题"的任务交给后人。头发的质地更是与文明的程度相关：在欧洲的文明国家，由南向北，头发的色泽会愈发明亮；在被视为野蛮民族的非洲、亚洲和美洲，可以看到，虽然人们生活在不同的气候条件之下，但其发色同样缺乏光泽。这表明影响发质的因素除了气候之外，还有另外的原因。"头发的颜色随文明水平的高低变化而变化，或者人们更乐于说它随着国家或民族的堕落而堕落。"（*Précis*: 548）至于头颅的形状或者面相，布戎认为它们更与"个人的道德特征"相关。一个人越是具有天才和激情，其大脑就越是具备比常人更为突出的丘脑和隆凸。许多国家和民族甚至还有刻意使用外力制造符合本民族特征的头形的风俗，在这种情况下，头颅形状更多地取决于人工的手段而非自然环境。在古希腊医生希波克拉底笔下，"大头人部落"（les microcéphales）把头部硕大看作勇气的象征，他们往往会设法矫正婴儿的头颅形状。同样，人体的各个器官都会因为文化的原因而发生人为的改变，如耳朵、乳房、下肢，甚至生殖器官（*Précis*: 592ff）。基于对人种诸多差异特征的深入了解，布戎采用了布鲁门巴赫（Johann Friedrich Blumenbach, 1752-1840）的五人种分类法，但对其制定的人种名称做了修正：（1）"高加索人"（Caucasienne），布戎改称之为旧大陆（西亚、东北非洲、印度和欧洲）主要人种（variété centrale de l'anciennecontinent），原因在于没有证据表明高加索人的起源比生活在旧大陆上的任何其他民族更早，亦无证据表明两个人种拥有共同的起源地；（2）"鞑靼人"（tartare）[1]，布戎给它的新名称是"旧大陆的东方人"（variété orientale de

---

[1] 原名为"蒙古人"（variétés de Mongol）。布戎所抄录的布鲁门巴赫人种分类学著作的法译本也作如是译，但他不知何故将布鲁门巴赫的"蒙古人"改成了"鞑靼人"，参见 Blumenbach, *De l'unité du genre human et de ses variétés*, traduit du Latin, par Fédr. Chardel, Paris :Allut, 1806, p.283。

l'ancienne continent），鞑靼人本身不属于这一人种，而是生活在恒河和厄尔布鲁士（Elbrus）山脉以东的亚洲人、欧洲的拉普兰人和芬兰人以及分布在白令海峡至格陵兰海峡一带的美洲因纽特人；（3）"美洲人"（variété américaine），这一名称没有变化，指除了因纽特人之外的美洲土著；（4）"马来人"（malaie），布戎认为这个名称过于武断，将其改成"海岛人种"（variété des terres océaniques），它不仅包括马来人，而且涵盖新西兰和马达加斯加等地区的人；（5）"黑人"（négre），这一名称亦没有变化（*Précis*: 554）。

1803年，刚刚迈入地理学殿堂的布戎将遍布全世界的人类一共划分为16个不同的人种：（1）北方极地人种；（2）芬兰人种或东北人种；（3）斯拉夫人种；（4）哥特-日耳曼人种；（5）西欧人种；（6）希腊或彼拉斯人种；（7）阿拉伯人种；（8）鞑靼和蒙古人种；（9）印度人种；（10）马来人种；（11）太平洋黑色人种；（12）大洋岛棕色人种；（13）摩尔人种；（14）黑色人种；（15）东非人种；（16）美洲人种。[1] 1832年，这位已经名满欧洲的地理学家综合了布鲁门巴赫、杜梅里（André Marie Constant Duméri，1774–1860）、威莱（Julien-Joseph Virey，1775–1846）、文森特（Jean-Baptiste Bory de Saint-Vincent，1778–1846）等人的分类方法，将世界上所有的人种简化为三类，即（1）白色即高加索人种；（2）蒙古或黄褐色人种；（3）黑色或埃塞俄比

---

[1] Edme Mentelle et al., *Géographiemathématique, physique et politique de toutes les parties du monde*, pp.540-554.

亚人种。[1]布戎声称地理学的任务仅限于对所有地域及其居民进行详尽的描述和综合，[2]但我们依然能够从他对同时代地理知识的再编码中看到其明显的理论取向：（1）布戎的人种分类方法将解剖学和生理学家布鲁门巴赫的经典分类法进一步空间化了，即把各个人种与其生活的自然环境更为密切地结合起来，这当然是以其本人所拥有的广博的地理学知识为前提的。（2）与其他的人类分类学家们不同，布戎以文明等级的次序来排列世界上各个不同的人种。布鲁门巴赫的五大人种是依照其各自生理结构的优劣排列的，它呈现为一种突出的对称结构：高加索人种居于正中，位于其两侧外端的分别是蒙古人种和埃塞俄比亚（黑）人种，两侧内端的分别是美洲人种和马来人种。布鲁门巴赫的排列方法表明高加索人种退化为两个极端形态的人种——蒙古人和黑人，美洲人种是高加索人种向蒙古人种过渡的类型，马来人种则是高加索人种向黑人过渡的类型。[3]鞑靼人或蒙古人被布戎提升到了美洲人种之前，这意味着中亚地区所处的文明等级应当高于美洲的印第安文明。（3）1810年之后，布戎开始采用布鲁门巴赫的"varietas"（品种）而非此前使用的"race"（种族）一词来表示"人种"，试图使五大人种之间的差别进一步相对化，以期强化人类物种的"同一性"。布鲁门巴赫曾

---

[1] Conrad Malte-Brun, *Traité élémentaire de la géographie*, 1 partie, ed. par Lanaudière et al., Bruxelles: J. P. Melinn, 1832, p.157. 实际上，这个三分法并非布戎首创，它来自德国博物学家林克（Heinrich Friedrich Link, 1767-1851）。
[2] 查阅 Godlewska Anne, "L'influence d'un homme sur la géographie français: Conrad Malte-Brun (1775-1826)", *Annales de Géographie*, pp.193-196。
[3] Johann Friedrich Blumenbach, *De generis humanivaritate native*, 3rd ed., Göttingen: Vandenhoek et Ruprecht, 1795, p.286.

说:"尽管存在着肤色、面相、体格的变化,但没有哪种变化不是潜移默化地与其他人种相互融合在一起的,由此可知,这些体质特征只是相对而言的,其差异只不过是程度上的不同而已。"[1]人类的诸多品种为什么属于一个也是同一个物种?布鲁门巴赫从生理学角度给出了上述答案。布戎接受了布鲁门巴赫的人类"单一起源论"(monogénisme),并通过设立"文明"这一人类社会最终发展目标的做法维护了这一理论的合理性,"单一起源论"因之获得了用以对抗"多地(中心)起源论"(polygénism)的社会和政治论据[2],而所谓"多地(中心)起源论"正是19、20世纪兴起的科学种族主义话语的重要知识来源。

在布戎这里,布鲁门巴赫的人种分类知识首先被纳入19世纪的自然地理学知识和实践当中,当前者进一步将人种分类知识纳入文明的话语实践中去时,有关体质人类学的知识便溢出了自然地理学的范围,向着服务于国家治理或者说"国家理性"的政治地理学挪移:既然一个民族或国家的政治制度、文明状况能够在某种程度上重塑人的身体,那么人类便不再简单地是大自然的一部分,他们是国家有待治理的对象——人口。当研究对象由自然界的动植物转向人类

---

[1] Johann Friedrich Blumenbach, *Über die natürlichen Verschiedenheiten im Menschengeschlechte*, Leipzig: Breitkopf u. Härtel, 1798, S. 203.
[2] 在谈及白人与黑人的共同起源时,布戎以嘲讽的口吻提到了"某位哲学家",后者曾经说过"我相信,白人和黑人最初是由不同肤色的夫妇结合所生",参见 *Précis de la géographie universelle*, T.2., p.548. 这位"哲学家"就是首先提出"多地起源论"的海军医生阿特金斯(John Atkins, 1685-1757),此语出自其 *A Voyage to Guinea, Brasil and West-Indies, in H.M. Ships, the Swallow and Weymouth*, London, 1723, p.39.

之时,"自然地理学便一点点让位给了政治地理学"(*Précis*: 575)。1826年,朗格鲁瓦(Hyacinthe Langlois)按照新的编排方式出版了一部大型地理学词典,包括布戎在内的众多地理学家、历史学家和博物学家都参与了这部词典的撰写工作。这部《现代地理学词典》[1]将"天文学"和"数学地理学"这两个最初相互独立的知识门类划归了自然地理学,后者与"政治-历史地理学"一起构成了地理学的两大领域。布戎的文明三阶段划分方式也被这部词典所接纳,而且更重要的是其"自然地理学"中的人种分类知识被移植到了"政治地理学"的框架当中(*Dictionnaire*: cxxxvij)。布戎的学生巴尔比(Adrien Balbi,1782–1848)也在《地理学大纲》(1833)中写入了其老师提出的文明三阶段划分法,尽管在界定文明的意义方面,巴尔比要比布戎更为复杂一些。[2] 由此,体质人类学知识由解剖学和生理学跨越到了地理学,继而由地理学再度跨越到了刚刚诞生的社会科学领域。以布戎为例,我们看到,诞生于18世纪后期的人体解剖学和生理学知识借助文明论的话语实践不仅完成了"空间转向",成为体质人类学和人种学,而且也将经历一场"时间转向",成为以进

---

[1] Hyacinthe Langlois (réd.), *Dictionnaire classique et universel de géographie moderne*, Paris: Hyacinthe Langlois, 1826, p.ii. 后文出自同一著作的引文,将随文标出该著名称首词和引文出处页码,不再另注。这个地理学的专业出版机构自18世纪末就开始翻译和出版英国人威廉·古瑟理(William Guthrie)的 *A Geographical, Historical and Commercial Grammar*, London, 1771。这部融汇了当时所有地理学知识的资料总集,无论是其英文原著还是其法文译本都先后经过了数次修订和再版,在欧洲知识界产生了广泛的影响。自1826年起,朗格鲁瓦开始亲自编纂地理学词典,而不再依赖翻译英国人和德国人的地理学著作,这表明法国地理学经过布戎一代地理学家们的努力已经不再落后于德、英两国。

[2] Adrien Balbi, *Abrégé de la géographie*, Paris, 1833, pp.52-53.

步为目标的西方文明史知识/实践的一个重要组成部分。

要了解19世纪解剖学和生理学知识所经历的时空转向，我们只需看看德国生理学家布鲁门巴赫的人种分类法和另一位生理学家、英裔法国人爱德华斯（William Frédéric Edwards，1777-1842）的人种学（ethnologie）实践便可。1775年面世的《论人类的自然差别》[1]一书标志着西方体质人类学的诞生。这部经典著作分别从肤色、发质、面相、头颅、耳朵、下肢等方面，详细描述了各个民族的人体生理特征，并分别按照这些特征对世界上所有的人种进行了"科学"的分类，最后逐一分析了造成不同人种之间生理差异的自然（气候）和人为（文化）原因。其中，对头颅形状的研究遵循的是典型的布鲁门巴赫方法：撷取欧洲人撰写的旅行记和历史著作中描述异族风情的文字[2]，从同时代的解剖学和生理学角度对其展开分析并建立各个人种的"理想类型"，最后再验以本人的实地观察。在布鲁门巴赫所收藏的众多人类头颅标本中，冯·阿施男爵（Baron von Asch）赠送的一副格鲁吉亚女性的颅骨印证了法国旅行家和珠宝商人夏尔丹（Jean Chardin，1643-1713）在其《波斯游记》（*Voyage*

---

[1] 此著作最初以博士论文的形式面世，1776年重印发表，接着于1781年印行了第二版，我们看到的通行版本是该书的第三版。与第一版相比，该书的第三版"几乎是一部新著"，参见 *The anthropological treaties of Johanne Friedrich Blumenbach*, trans. & ed. by Thomas Bendyshe, London: Longman, 1865, pp.vii-viii.
[2] 在撰写博士论文之前，布鲁门巴赫曾与在哥廷根大学执教的一位非常博学的教授过从甚密，他在后者那里阅读过大量的历史、地理、哲学和游记作品；布鲁门巴赫还曾游说哥廷根大学当局出资购买了其导师收藏的生物标本，并以这些标本为基础建立了一个博物馆，参见 M. Flourens, *Éloge historique de Jean-Frédéric Blumenbach*, Paris, 1847, p.5.

du perse）中对格鲁吉亚女性之美的描述。[1]于是，外型"最优美"、皮肤"最白皙"的格鲁吉亚人就获得了"高加索人"的美名，它被布鲁门巴赫确定为人类的"模范"种族，其他四类人种皆为其"变种"。虽然布鲁门巴赫采用"变种"而非"种族"一词旨在强调人类所有种族的同一性，但它也赋予了"高加索人"对其他四类人种的规范性力量，其实这个规范并不是生理学的，而是一个美学的标准。在这位"体质人类学之父"的博物馆中还另有五幅人物头部肖像，它们分别被视为蒙古人、美洲人、高加索人、马来人和非洲人的"典型头颅"（Müsterkopft）。然而，这些被挑选出来当作模特的人均为脱离了本民族土壤、长期旅居欧洲的艺术家、外交家、学者和作家[2]，他们身上缺乏其所属人种的代表性。[3]布鲁门巴赫将高加索人与其他四类人种之间的关系解释为后者是在前者基础上的退化（Verartung），造成人种退化的原因在于气候和人为因素，后者还有待于人们进行解剖学和病理学的研究。地理学家布戎颠倒了上述人种退化的次序，于是，由黑到白成了世界上所有人种必将经历的进化历程。布戎可以称得上19世纪最为博学的地理学家之一，足不出户的他尽管创见不多，但却撰写和编纂了卷帙浩繁的地理学书籍，如8卷本的《普通地理大纲》（1810—1829）等即便是在英语世界也颇有影响。在布戎对18世纪初的地理学知识

---

[1] Johann Friedrich Blumenbach, *Abbildungen natürlichen Gegenstände*, Göttingen, 1810, No.51.
[2] Johann Friedrich Blumenbach, *Abbildungen natürlichen Gegenstände*, Nos.1, 2, 3, 4, 5.
[3] Sara Eigen, "Self, Race, and Species: J. F. Blumenbach's Atlas Experiment", *The German Quarterly*, 78.3 (Summer 2005), pp.277-298.

进行重新编排的过程中，体质人类学与文明论的知识/话语实践被融合在了一起。他是在1821年成立的巴黎地理学会的创始会员和首任秘书长，其以描述、综合和系统化著称的地理学研究方法主导着该学会的研究工作，[1]包括巴尔比、文森特等一批杰出的地理学家均出自其门下，以撰写《法兰西文明史》（1829—1832）而闻名于世的弗朗索瓦·基佐也曾担任过这个学会的主席（1837）。[2]

1839年，部分巴黎地理学会会员又加入了新成立的巴黎人种学会（Société Ethnologique de Paris）。该学会的首任主席为爱德华斯，他最初从事自然环境对人体生理组织的影响研究，在梯也尔（Amédée Thierry，1797-1873）对高卢人历史的研究[3]启发下，爱德华斯开始深入研究各个民族（人种）经过漫长的历史而被保留下来的、可以加以识别的特征，这是因为影响一个民族或人种发展的因素除了气候之外，还有不同民族或人种的相互融合，以及"文明的进步与堕落"状况。在他看来，关键的问题并不在于对民族（人种）进行分类本身，而在于了解"构成人类的不同群体是否拥有各自可以予以识别的特征，以及各个民族在漫长的历史当中形成的特征在何种程度上与其在自然发展中的特征相互吻合"。换言之，问题的复杂性在于，不仅要像博物学那样研究现存的各个民族特征，而且还要在"历史的时间"中来

---

[1] *Bulletin de la Société de géographie*, T.1, Paris, 1822, pp.47-49.
[2] "Séances du 21 April 1837", *Bulletin de la Société de géographie*, T.7, Paris, 1838, p.276.
[3] Amédée Thierry, *Histoire des Gaulois*, vols.1-4, Paris, 1828-1845.

确定它们。[1]这就是爱德华斯主导的巴黎人种学会所倡导的人种学研究方法：它不仅包括对某一人种的"生理组织"和"智力与道德"的研究，而且包括对其语言和历史传统的研究。[2]爱德华斯是出生在英国殖民地牙买加的英国人，其最初接受教育的地方是伦敦郊区哈克恩的新学院（New College at Hackney），因此他熟悉当时已经成名的普里查德（James Cowles Prichard，1848-1886）的著作。正是与这位出身于生理学的英国人种学家的学术交往促成了爱德华斯在法国建立人种学会的想法。但是，爱德华斯随后的研究越来越倾向于认定民族特征的恒定性，成了一个与伏尔泰、阿克多斯和阿卡西斯（Louis Agassiz，1801-1873）站在一条战线上的"多地（中心）起源论"者，而普里查德则是与地理学家布戎并肩维护布鲁门巴赫"单一起源论"的人种学家。"与酷热难耐的气候相比，温度适宜的气候看似更容易引发人类产生变种，但气候并不足以解释人种的显著变化，而文明拥有更为广泛的力量"，一个民族的文明状态及其等级不仅仅能够改变气候，而且能够进一步改变人的血液和肤色。[3]直到去世之前，普里查德依然坚信"在低等的部落中，相比于驯化，文明是更能促使人种发生改变的力量"[4]。

---

[1] William Frédéric Edwards, *Des caractères physiologiques des races humaines considérés dans leurs rapports avec l'histoire,* Paris, 1829, pp.4-5.
[2] "Statuts de la Société", *Mémoire de la Société Ethnologique,* T.1, Paris, 1842, p. iii.
[3] James Cowles Prichard, *Researches into the physical history of man,* vol.1, London, 1813, p.232.
[4] James Cowles Prichard, *The Natural History of Man: Comprising Inquiries into the Modifying Influence of Physical and Moral Agencies on the Different Tribes of the Human Family,* vol.1, London, 1843, p.75.

晚清外交危机与人种分类的知识与实践

尽管承袭了布鲁门巴赫五类人种的划分方法,布戎和普里查德却延续了法国人居维叶(Georges Cuvier,1769-1832)和德国人林克的分类实践将世界上的所有人种简化为三类,即欧洲(白)人、蒙古(黄)人和埃塞俄比亚(黑)人。按照上述三类人种各自不同的风俗、社会和政治状况,他们分别被认定为处在不同的文明等级秩序之上。英国人慕瑞(Hugh Murray,1779-1846)接受了三分法,却采用了基督教的历史观来解释种族之间的差别。在慕瑞眼中,欧洲人、蒙古人和非洲人分别为《圣经》中挪亚三个儿子的后裔。他认为博物学家迈克雷(Alexander Macleay,1767-1848)的"循环理论"能够很好地解释世界上的人种数量为什么是五而非别的数字:高加索人种和蒙古人种分别代表文明的最高等级,若仅就两者相较,则其各自所处的文明等级也相当不同;他们的居住地如此接近而不能用海洋隔离开来。同样,这两个种族的体质特征也非常明显,人们一眼就能认出而不致混淆两者。第三类人种即美洲人、非洲人和马来人的才能明显低于前两类人种。其低劣之处首先显现在美洲人那里,即便如此,美洲人的外形和道德能力仍然要高于非洲人。正如在动物世界中,自然往往容易退步,甚至退回到原初物种那里一样,布鲁门巴赫观察到,非洲的某些部落在显示出最丑陋的外形和最低劣的道德能力之后,一些马来人种开始呈现出一种进步的,然而却是明显地向高加索类型复归的倾向。无论是在外形上还是在持续的智力提升方面,南海诸岛上发生的这种向高加索人种"复归"的情形都非常显著，乃至于来到其海岸的旅行者都会把他们跟欧洲人相提并论。[1] 慕瑞的"人种循环论"一方面从基督教的神创论出发，解释了人种之间在事实上存在的相似性，论证了布鲁门巴赫的"单一起源论"的合理性；另一方面也解释了为什么像中国这样的民族曾经在远古时期创造了高度的文明，却在近代停滞不前，这是18世纪以来西方人面对东方古老文明的一个巨大的困惑。人种的循环也就意味着循环的历史，而历史是由被慕瑞称之为"进步原则"和"退步原则"的因素所决定的，一个民族的历史就是两种力量交替更迭的历史。前者表现在人口数量、交通、财富和巨大的公共事件（政治）方面，后者则表现为与闲暇相对立的劳动负担，以及与自由相对立的强制。[2] "在欧洲还处于普遍的野蛮状态时，历史的确曾经赋予中国这样一个最为强大的民族一种高度的文明，尽管有许多因素让人们怀疑这一事实。即便如此，也没有充分的证据可以证明这个种族的智力有限，因为在欧洲的高加索人种已经从粗鲁的野人成为世界的主人之时，中国却在曾经达到过一定的文明状态之后的数百年间在各个方面都停滞不前。"（*Enquiries*: 257-258）慕瑞采取了布戎的将文明划分为三个不同阶段的做法，但野性民族、蛮族或半开化民

---

[1] Hugh Murray, *The Encyclopedia of Geography, a Description of the Earth, physical, statistical, civil, and political*, vol.1, Philadelphia: Carey, Lea and Blanchard, 1837, p.264. 后文出自同一著作的引文，将随文标出该著简称 *Encyclopedia* 和引文出处页码，不再另注。
[2] Hugh Murray, *Enquiries Historical and Moral Respecting the Character of Nations and Progress of Society*, Edinburgh, 1808, pp.16-95. 后文出自同一著作的引文，将随文标出该著名称首词和引文出处页码，不再另注。

族和文明民族之间的区别已经不再是永恒和静态的，而是以其"艺术、文学、科学和精巧度"是否会持续得到改善为标准，因此，虽然中国曾经达到了某种高度的文明，但其"文明民族"的地位显然已经不保（*Enquiries*: 281）。

1840年6月，鸦片战争爆发之后不久，定海被攻陷。9月14日，一艘英国船只在余姚近海搁浅，船上的20余名英国俘虏被押解至宁波。魏源接受了友人、时任镇江知府黄冕之邀，前往宁波对一名英国军官安突德（P. Athurther）进行审讯。根据这个"英夷"的口供，魏源写成了《英吉利小志》。[1]"英吉利人"如何？根据对安突德的切近观察，结合中国古书的相关记述，魏源概括道："其发卷而红，不剃、不髻、不辫，惟剪留寸余，不使长。其发长者，惟妇人耳。故中国人以'红毛'呼之。"[2]为了给人以直观的印象，他还以伦敦会传教士、英格兰人马礼逊（Robert Morrison，1782-1834）为证，谓其"白肌、猫睛、高鼻""净髭须"。[3]

1839年，美国长老会传教士布朗（Samuel R. Brown，1810-1880）将英国人慕瑞的《地理学百科全书》（即《地理大全》）赠予林则徐[4]，林氏遂组织梁进德等人翻译，于是这本书成了晚清两部最重要的地理学著作最初的知识来源，它

---

[1] 详见王家俭《魏源年谱》，收入中国台湾《"中央研究院"近代史研究所年刊》第21册，1980年第2版，第72页；王宏斌《晚清海防地理学发展史》，中国社会科学出版社，2012，第48—49页。
[2] 魏源《海国图志·英吉利小志》，《魏源全集》第四册，岳麓书社，第1442页。
[3] 魏源《海国图志·英吉利小志》，第1143页。
[4] 谷口知子"『海国图志·四洲志』に見られる新概念の翻訳"，『或問』，81，No.14(2008)，p.83。

二 政治地理学与大同世界

们分别是《四洲志》和《海国图志》。[1] 布朗神父之所以选择向亟须了解"夷情"的林则徐推荐慕瑞的地理学著作,一是出于这位苏格兰地理学家的著述带有浓厚的基督教道德立场;二是因为作者非常熟悉中国的语言、历史、地理、政治、宗教,尤其是西方在华传教史、中英交涉史,还另著有三卷本的《中国》一书。[2]《地理大全》原书共三卷,计1500页,而《四洲志》的节译加上林则徐撰写的按语和修改,其字数也不足9万。[3] 以"英吉利国"一节为例,《四洲志》的译者只选取原书的"职官""军伍""政事""王公岁用"等条目,舍去了其中描述英格兰自然地理条件的大量文字,以及英格兰的"政治地理学"条目下有关英国民众的出生率、死亡率和结婚率等人口资料,描述英格兰地区高度

---

[1] 1839年夏至1840年11月,林则徐出于与英商交涉和海防之需,广泛搜集有关外国地理情况的书报,结交了时在广州行医的美国公理会传教士伯驾(Peter Parker, 1804-1888)和裨治文(Elijah Coleman Bridgman, 1801-1861),并组织亚孟、林阿适、袁德辉、梁进德等人翻译慕瑞的《地理大全》即《地理学百科全书》,详见谷口知子"『海国图志·四洲志』に見られる新概念の翻訳"。《四洲志》一书于1841年在广州刊行,参见 Roswell Sessoms Britton, *The Chinese Periodical Press, 1800-1912*, Ch'eng-wen Publishing Company, 1933, p.32.《海国图志》50卷本刊行于1843年,60卷本刊行于1849年,100卷本刊行于1852年,除删去100字之外,《四洲志》全文被魏源辑入《海国图志》,详见陈华《有关〈海国图志〉的若干问题》,载《求索》,1988年第3期,第59页。

[2] Hugh Murray, *An Historical and Descriptive Account of China*, 3 vols. Edinburgh, 1836. 围绕林则徐主持翻译的《四洲志》所依据的英文原著的版本问题争议由来已久。陈华比较了《地理大全》的部分版本,指出1837年、1838年两个美国版本最有可能是《四洲志》所依据的英文底本,但他并没有读过这两个版本。笔者为此查阅和比照了1834年的伦敦版以及1837年、1839年、1840年、1855年数个版本,从书中所列的人口和军队数字看,前两个版本没有出入,考虑到赠此书给林则徐者布朗是在1839年来到澳门与林则徐接触的事实,我比较赞同陈华的看法,本文涉及《地理大全》的内容均出自1837年版,详见陈华《有关〈海国图志〉的若干问题》,载《求索》,1988年第3期,第65—66页。

[3]《地理大全》中涉及中印边界划分的"错误",林则徐在《四洲志》译文中做了非常明显的修改,详见陈华《有关〈四洲志〉的若干问题》,载《暨南学报》(哲学社会科学版),第15卷第3期,1993年7月,第73—82页。陈华据此认为《四洲志》并非只是单纯的翻译作品。

发达的技艺、工业、商业和交通这些经济技术的段落也被略去，却对书中记录的有关1835年前后英格兰的海军、战舰以及军队所耗费的军饷数目给予了特别的关注。[1]在政治治理方面，原著描述中国政治的内容与英格兰的情况形成了鲜明的对比。慕瑞说，"在这个地球上，从来也没有哪个国家比中国更是一个纯粹和彻底的专制国家了。不存在所谓权力、荣誉和身份的区分，一切事情都围绕着主权者展开"，这个主权者自称"天子"，他的权力完全来自世袭。凡有外国使臣来觐见，中国人均以为是为了向他们朝贡和称颂他们。[2]《地理大全》的作者在此不过是重拾了孟德斯鸠等欧洲启蒙者炮制的"东方专制主义"滥调而已。在这位苏格兰人看来，英格兰的王权既非来自神灵，亦非来自颠扑不破的继承权，且英王如若要继位就必须宣誓保持清教的信仰，放弃其个人财产（*Encyclopedia*: 343）。《四洲志》译者梁进德等人均为受洗的基督徒，因此这些对基督教有利的内容被他们逐字逐句抄录下来。[3]在介绍东非埃塞俄比亚国家的前身阿比西尼国（Abyssinisa）时，《地理大全》的作者刻意描绘了当地土著——嘎拉（Galla）的野蛮风俗及其被基督教"文明化"的过程（*Encyclopedia*: 588-589），这些内容也被粗通英语的新教翻译者抄录进了《四洲志》。[4]

---

[1] 在"军伍"一节，林则徐添加了如下按语："惟无军饷数，是为疏漏之大者。"《四洲志》，载《林则徐全集》第十册，海峡文艺出版社，2002，第99页。
[2] Hugh Murray, *An Historical and Descriptive Account of China*, vol.2, pp.409-410.
[3] 林则徐《四洲志》，第99—100页。
[4] 林则徐《四洲志》，第27—28页。《四洲志》的译者不懂"pension"和"pensioner"的区别，甚至也搞不清楚基督教的纪年方式，书中的误译之处比比皆是，详见陈华《有关〈四洲志〉的若干问题》，第73—82页。

二 政治地理学与大同世界

《地理大全》贬低中国政治的言论自然不能被写进《四洲志》里，大清国的自然地理状况也因为涉及天朝国是而不能被忠实地传抄，这也成了《新释地理备考》《海国图志》和《瀛寰志略》的撰述惯例。[1]《海国图志》的另一个重要资料来源便是《新释地理备考》（以下简称《地理备考》）[2]，其作者是出生在澳门的葡萄牙人玛吉士（José Martinho Marques，1810–1867）。[3] 在第一次鸦片战争结束和通商口岸被迫开放之后，随着清朝政府与西方官员、传教士和商人之间的交涉日益频繁，人们亟须进一步了解西方国家和西方人，这不但包括其军事、政治制度，而且包括西方列强的历

---

[1] "此书专详域外。葱岭之东，外兴安岭之南，五印度之北，一切蒙回各部，皆我国家侯尉所治，朝鲜虽斗入东海，亦无异亲藩，胥神州之扶翼，不应阑入此书。仅绘一图于卷首，明拱极朝宗之义，而不敢赘一词。"宋大川《瀛寰志略校注》，文物出版社，2007，第9页。

[2] 魏源将《地理备考》即《新释地理备考》全书十卷全部辑入《海国图志》，注明了"大西洋玛吉士""辑译""著"或"辑著"字样。

[3] 玛吉士及其《新释地理备考》曾经是晚清地理学史研究中的一个谜。伦敦会传教士慕维廉（William Muirhead, 1822-1900）误以为《地理备考》是"西洋士玛吉所辑"，详见其《地理全志》（全五册），日本安政己未（1859）柳夏新刊爽快楼藏本，第4页。梁启超误以为《地理备考》是通商之前的译著，译者乃传教士。《续修四库提要》（1971）的编者仍然以为"译人原名无考"。熊月之的《西学东渐与晚清社会》（修订版）（中国人民大学出版社，2011）只是顺带提及《地理备考》一书；邹振环的《晚清西方地理学在中国》（上海古籍出版社，2000）将《地理备考》的著者写作"Machis"；郭廷以的《近代中国史纲》（香港中文大学出版社，1980）也将作者写作"马吉士"（Machis）。其实早在1971年时，德国学者魏汉茂（Walravens Hartmut）已经考证出了《地理备考》一书的作者乃出生于澳门本地的葡萄牙人玛吉士。玛吉士青年时期在汉学家江沙维神父门下学习汉学，后来在澳门议事会担任译员，之后曾任法国外交使团翻译，著有《葡汉词典》（未刊）。魏汉茂认为《地理备考》的写作年代应在1845—1849年前和1842年之后，参见 The Ti-li Pei-K'ao, "Ch'Ing-Shih Wen-T'I"（《清史问题》）2.6 (Jun.1, 1971), pp.55-58。1988年，陈华北独立考证出了玛吉士的葡文名字，详见《有关〈四洲志〉的若干问题》，第66页。2006年，赵利峰、吴震又根据葡文材料详细考证了玛吉士的生平和著述情况，并认为《地理备考》在道光二十五年（1845）就已刊行，详见《澳门土生葡人汉学家玛吉士与〈新释地理备考〉》，载《暨南学报》（哲学社会科学版），2006年第2期，第131—136页。

史、地理、宗教、人口、财政、商业及其在亚洲、非洲和美洲的殖民事务。特别是任职于各个口岸的清朝各级官员,在办理通商、传教、经商等"夷务"时应当对列强及其所主宰的世界有所了解,才能减少与在华外国人之间的民事冲突,杜绝教案的发生。《四洲志》显然已经不能满足当时的政治和外交需求,于是一些颇有学识的封疆大员开始亲自编纂西方地理著作,如梁廷枏(《海国四说》)和徐继畬(《瀛寰志略》)等。《四洲志》给读者的印象不佳,如郭实腊(Karl Gützlaff,1801-1851)就曾经抱怨说:"读此书时,我们只能将它看成是一部百科全书先是被拆成散页,然后再把它们随意装订起来的样子。宗教、战争、诗歌、真理、谎言和零星的体验统统被搅和在一起。这是一本风格非常奇特的书,什么内容都不缺,却是一个大杂烩。"这位撰写过大量西方史地著述的西方评论者继续道,"把野蛮人(指西方人——引者)看作是散住在小岛上的居民,过着悲惨的生活,但乐于与中国人通商,这样的想法再也站不住脚了。于是,人们找到了一位葡萄牙人,想让他撰写一部地理学著作"。[1] 除去这位普鲁士传教士对中国人的仇视之外,他对《四洲志》的评论也并非言过其实。例如,"英吉利"这个中文国名的来历,古方志没有记述,《四洲志》也没有解决这个问题。编纂《海国图志》的魏源也只能通过前人的著作知道"英吉林,一名谙厄利,一名英机黎,一名英圭黎,粤东贸易曰英

---

[1] Karl Gützlaff, *Ing hoan tschi lio*(《瀛寰志略》), "Kurze Beschreibung der Ungegenden des Weltmeeres", *Zeitschriften der Deutschen Morgenländischen Gesellschaft*, Bd.6, 1852, S.566.

吉利，盖对音翻译无定字也"。[1]其实，《地理大全》一书在英国"历史地理"条目之下已经说明，"英吉利人"（Angles）是源自日耳曼萨克森部落的一支，公元5世纪，他们随萨克森人一起征服了英伦（*Encyclopedia*: 341）。《四洲志》的译者并没有把这一事关英国起源的内容翻译出来。英吉利即塔西佗《日耳曼尼亚志》中的"Angili"，葡萄牙人把它转写成了"Ingali"，在《澳门纪略》（1754）中这个葡文词才第一次被翻译作"英吉利"。[2]中葡交涉始于16世纪，中国人最初知道所谓"英夷"的事情，正是通过葡萄牙人的中介。

郭实腊提到的葡萄牙人，正是因从事东方殖民贸易活动来到澳门的葡萄牙人的后裔，一个土生葡人——玛吉士。他曾经作为澳门葡萄牙人的自治机构——澳葡议事会的译员，与粤东官商士绅交往频繁。授意玛吉士编纂西方地理学的人应当就是"海山仙馆主人"潘仕成、时任两江总督的耆英等与澳葡政府频繁交涉的一系广东官绅。作为广州十三行的盐商，潘仕成最早就与出入黄埔港的西方商人非常熟悉，历任粤督往往借助于熟悉"夷情"的潘氏与外人交涉，其"海山仙馆"不但是清朝大员和岭南文人墨客雅集的场所，也是外国使节和政府官员们频频光临的地方，《地理备考》一书刚刚完成就被潘仕成的"海山仙馆丛书"收录其中。[3]第一次鸦

---

[1] 魏源《海国图志》，《魏源全集》第四册，第1449页。
[2] 详见张汝霖《澳门纪略》（嘉庆五年重刊本），台北：成文出版社，1967，第44页。
[3] 关于潘仕成的生平和交游，详见陈泽成《潘仕成略考》，载《广东史志》，1995年第1期，第68—76页；王元林、林杏容《近代大变局中的红顶行商潘仕成》，载《中国与周边国家关系学术研讨会论文集》，云南蒙自，2009，第291—304页。

片战争之后,潘仕成曾多次以官、商的双重身份协助耆英与西人交涉通商事务,玛吉士接受委托撰写《地理备考》的时间应当是在1843年左右。[1]《南京条约》正式签订之前,英国驻华商务总监督义律(Charles Elliot)提前宣布了将割让香港的消息,这使澳葡政府为澳门今后的贸易地位深为担忧。应澳葡当局的要求,1841年11月10日,中葡双方在澳门的莲峰庙就澳门自由贸易问题举行了一次会谈,玛吉士以首席译员的身份参与了这次会谈。[2]1843年7月,玛吉士还代表澳葡当局赴广州向耆英面呈了包含免除澳门地租、开放口岸等九条请求在内的函件(详见《中葡关系史》:541)。同一年11月4日,玛吉士随同澳门政府代表边度、议事会理事官Vereadores(即中文文献中的唛嚟哆),与耆英差遣的黄恩彤和咸龄等人在广州城外公所就上述九条请求展开谈判(详见《中葡关系史》:549—550)。玛吉士在1846年辞去澳门议事会译员工作,1849年8月在澳葡总督亚马勒遇刺身亡后,他曾在法国驻澳门公使馆充任翻译,并被选为临时政府委员会委员;贾多素(Antonio Conçalves Cardoso)、基玛良士(Isidoro Francisco Guimarães)继任澳葡总督期间,玛吉士

---

[1] 1843年7月17日,耆英刚刚办理完毕《南京条约》的换文仪式,就接到澳葡总督边度(Pinto)要求清政府变澳门为自由港的照会,并派遣时任澳葡议事会译员的玛吉士以葡方使节身份来到广州面见了耆英。详见黄鸿钊《澳门史》,福建人民出版社,1999,第237—238页;赵利峰、吴震《澳门土生葡人汉学家玛吉士与〈新释地备考〉》,第132页。笔者根据"乾坤始奠以来,迄今大清道光二十五年共计五千八百五十二载"(《新释地理备考·一》,海山仙馆丛书本,中华书局,1991,第185页)一语,认为《地理备考》起稿应在1845年前后。
[2] 黄庆华《中葡关系史·中册》,黄山书社,2006,第529页。后文出自同一著作的引文,将随文标出该著名称和引文出处页码,不再另注。

也曾在澳葡政府华政衙门供职。1861年9月，澳葡政府在普鲁士全权代表迁爱伦布（F. A. Eulenburg）与清廷签约之际，特意选派资深官员玛吉士充任翻译，他借此时机探听了清廷的对外政策以及总理衙门外交能力等情报，为葡萄牙最终与清廷缔约做了许多工作（详见《中葡关系史》：671）。1862年8月，在法国公使馆一等秘书哥士耆（Michel Alexandre Kleczkowski）和澳葡政府另一位译员公陆霜（João Rodrigues Gonçalves）的共同欺骗下，清廷与葡萄牙签订了包含分治和驻使（第二、九）条款在内的《大清国大西洋国和好贸易章程》，这也是中国与葡萄牙历史上第一个条约。1864年5月，正当条约正式换文之际，总理衙门才发现该条约上述条款中、葡文的表述并不一致，鉴于此，玛吉士又奉澳葡政府之命，参与了条约的再翻译工作。[1]至此，玛吉士可以说参与了葡萄牙政府运用欺骗和恐吓手段谋求对澳门进行殖民统治的全部过程。在《地理备考》一书中，他虽然仿效已经刊行的《海国图志》（50卷本）的旧例，"专详域外"，对"神州""不敢赘一词"[2]，但这并不能避免其将澳门置于葡萄牙殖民统治之下的愿望不在这部自撰的地理书中有所表露。

《地理备考》的编排方式与当时欧洲地理学的分类体系一致，即把地理学划分为天文地理学、自然地理学、政治地理学，即"文、质、政"三个领域。在"地球总论"一节，

---

[1] 黄庆华《中葡关系史·中册》，第713页。
[2]《四洲志》《海国图志》以及后来的《瀛寰志略》均以亚洲邻国开篇；《地理备考》在总论之后首先推出的是欧洲和"大西洋国"（葡萄牙）。尽管《地理备考》列有"西藏""朝鲜"和"琉球"三节，但对大清国内陆却不置一词。

玛吉士开篇先述世界五大洲的划分，再列五大洲现有的人口总数，之后，玛吉士写道：

> 千亿之众，分为五种。或白或紫或黄或青或黑，有五色之分，其白者乃欧啰吧一洲、哑咖哑东西二方、哑啡哩咖东北二方、哑嘆哩咖北方之人。颜色纯白而貌卵形而俊秀，头发直舒而且柔，乃其态度也。其紫者乃哑啡唎咖北方、哑咖哑南方除天竺及哑咖哑所属数海岛不同外，其余之人颜色黑紫、鼻扁口大、发黑而且卷，乃其态度也。其黄者乃印度一国、哑咖哑南方、哑嘆哩咖南方之人，颜色淡黄、鼻扁口突，发黑而且硬，乃其人之态度也。其青者乃哑嘆哩咖大半之人，颜色青绿，面貌、毛发与黄者颇为相等也。其黑者乃哑啡唎咖本地诸人，颜色乌黔、容凸颧高、口大唇厚，发黑而且卷，犹如羊毫，鼻扁而且大，类似狮准，乃其人之态度也。但其地亦有白色之人，居住东北二方，其人俱系欧啰吧、哑咖哑二处曩时迁移栖迟于彼地者也。又哑咖哑南方及其各海岛亦有黑人，而形容体态与哑啡唎咖之黑人迥殊焉。[1]

这段文字几乎一字不落地抄录自上文提到的朗格鲁瓦编辑出版的《现代地理学词典》，朗格鲁瓦是一家专门出版地理学书籍的机构。这部辞书是当时法国最流行的地理学词典

---

[1] 玛吉士《新释地理备考·二》，第280页。

之一，它不仅汇集了布戎、巴尔比和地图学家拉比（Pierre M. Lapie，1779-1850）等专业地理学家的著作，还吸收了当时在欧洲坊间流传的多种地理学词典、统计学、旅行记等等书籍的内容。[1]如果将这些内容与《地理备考》的相应段落仔细比照，我们就会发现玛吉士对原文的一些处理方式非常耐人寻味。在《现代地理学词典》中，白种人的地理分布是"欧洲、亚洲西部、非洲东部和北部及美洲北部"（*Dictionnaire*: cxxvii），而玛吉士在中译文中则把"亚洲西部"改为"哑咽哑东西二方"。在原著中黄种人在亚洲的分布地区仅限于南方，不包括东亚。这样，《现代地理学词典》在人种分类工作上明显遗漏了"东亚"这个地理区域，此一缺失显然被《地理备考》的作者玛吉士所发现，他于是自作主张把东亚人种补写进"白人"的行列中了。问题是玛吉士为何不把东亚人列为黄色人种？亚洲人除马来人之外全数都是"黄种人"，布鲁门巴赫在1778年就已提出这个看法，随后又在其自然史著作中不断予以确认。[2]在东亚人的归属问题上，朗格鲁瓦的分类方法既不同于布鲁门巴赫，也不同于布戎、巴尔比等欧洲主要体质人类学家和地理学家。将中国在内的东亚人种纳入白人之列，玛吉士的做法不仅与19世纪初期的西方人种分类学情况不符，而且也与鸦片战争前

---

[1] 魏汉茂根据鲍狄埃（G. Pauthier）的说法，《地理备考》是巴尔比著《地理学大纲》的缩写版，详见 *The Ti-li Pei-K'ao*, "Ch'ing-shih wen-t'i"（《清史问题》），2.6 (Jun.1, 1971), p.57。笔者两相比对的结果显示，《地理备考》的大部分内容并非来自巴尔比的上述专业地理学著作，而更多地抄录自朗格鲁瓦的《现代地理学词典》这样一部通俗地理学辞书。
[2] "蒙古人种大多呈麦黄色"，Johann Friedrich Blumenbach, *Handbuch der Naturgeschichte*, 12 Aufl., Göttingen, 1830, S.56。

后一般清朝官员和普通民众对"夷人"的态度[1]相反。如若《地理备考》一书乃是"备"大清国"查办夷务"的官员们之"考"的工具书,这难道不是在向它的中文读者们,向他们心目当中长久以来固守的"夷夏秩序"挑战吗?

让我们回过头来再看看《地理备考》中对欧洲特别是葡萄牙王国的描述吧。在对天文学和自然地理学进行了一番概括之后,玛吉士首先从欧洲开始逐一描述了世界各国的自然、政治、人种、风俗等。"瞰啰吧全志"一节开篇便说,"瞰啰吧虽为地球中五洲之至小者,然而其处文学修雅、技艺精巧,较之他处大相悬殊,故自古迄今,常推之为首也","天下五洲之内所有文学、技艺,其至备至精者,惟瞰啰吧一洲也。其余各洲,亦皆有之,但未能如其造于至极焉……"。[2]一种欧洲文明优越感从笔端流露出来。玛吉士首先予以悉心描绘的欧洲人便是来自其母国——大西洋国(即葡萄牙)同胞:"大西洋国人之形容也,不甚高、不过矮,四体相称;不甚胖、不过瘦,骨骼适宜;容颜既丰而且彩,肌肤微紫而偏白,目多纯黑而巨慧,睛亦有微蓝而露光。至于性质美秀而文,和爱朴实,雄壮而勇。礼宾笃备,冒险营大,品性颇急,但系秉夷柔顺,偾然无矜,遭灾不退,遇艰不激,虽多勤劳惯苦,亦有怠惰,殊恋梓里,甚爱

---

[1] 详见郭双林《西潮激荡下的晚清地理学》,北京大学出版社,2000,第251—284页;参见 Lydia H. Liu, *The Clash of Empires: The Invention of China in Modern World Making*, Cambridge: Harvard University Press, 2004, Cht. pp.31-69。
[2] 玛吉士《新释地理备考·二》,第285、318—319页。这句话出现在朗格鲁瓦《现代地理学词典》"欧洲"词目之下,*Dictionnaire*: 886 et 890。

乡人，恒重异邦，决无藐亵。"[1]这段文字引自朗格鲁瓦的词典和地理学家巴尔比敬献给葡萄牙国王有关该国的统计地理学书中（*Dictionnaire*: 21）。然而《地理备考》的作者在此对译文做出了十分微妙的修补：原著所列的相关词条下并没有所谓"肌肤微紫而偏白""目多纯黑而巨慧""甚爱乡人，恒重异邦，决无藐亵"等数语，它们实乃玛吉士刻意添加的文字，其有意为母国葡萄牙进行自我辩解的色彩非常明显。

上述两处策略性的改动折射出一个澳门土生的葡萄牙人因屡屡遭受大清"歧视"，起而自辩的复杂心态。自1557年葡萄牙人居留澳门以来，明清历代政府对其严加防范，不但建立了（香山）县丞与海防同知的行政和军事制度，而且对澳门实施海禁，这使得当地的葡人表面上"恭顺守法"，但事实上，由于澳门地区"民夷杂居"，葡人时常"凌轹居民，玩视官法"，民事冲突不断。每有案件发生，澳葡当局便包庇本国商民，试图在澳门实现殖民国家的"治外法权"，但清政府始终没有放弃在澳门地界行使司法的权力。[2]另一方面，明清政府一直以来对在澳门居住长达三百多年的西人的来源国家不甚明了。人们最初只是以泛指欧洲人的"佛朗机"来称呼他们，直至道光年间，清朝的官民仍以"西夷"或"西洋夷人"的模糊称谓名之，澳葡官员则被称为"夷酋"或"夷目"。鸦片战争前夕，林则徐在给道光皇帝的奏折中还说："西夷挈眷而居，历今三百余年，几与华民无异。

---

[1] 玛吉士《新释地理备考·二》，第249页。
[2] 详见黄鸿钊《澳门史》，第153页。

虽素称恭顺，不敢妄为，而既与各岛夷人朝夕往来，即难保无牟利营私，售卖鸦片情事。"[1]即便是《南京条约》换文后，耆英在议定澳门通商章程的奏折中，还误以为所谓"大西洋国"乃明朝万历年间来华的耶稣会士利玛窦、汤若望的故国——"意大利亚"。[2]在朝野上下以熟悉"夷务"著称的耆英尚且如此，一般民众对澳门葡萄牙人的了解程度便可想而知。参与澳葡当局与广州府就通商事宜谈判的玛吉士必定受到了某种"伤害"，他便借《地理备考》一隅向人们宣称："大西洋古名卢西达尼亚，今称伯尔都牙哩。在欧罗巴极西，故于中华又俗称大西洋国。"[3]为了依据西方确立的自然法向大清国索取葡萄牙人应当享有的所谓"同等权力"，玛吉士不惜将中国人种与欧洲人种的等级抹平，并借此试图扭转大清国士大夫阶层心目当中的"华夷"秩序，以期澳门能够最终突破清王朝主权的管辖，成为像印度的恒河流域、非洲的刚果和美洲的巴西一样在葡萄牙国王旗下的属地。1826年出版的朗格鲁瓦《现代地理学词典》早已将位于"广州湾的一个叫做澳门的地方"划归为了从属于葡萄牙管辖的殖民地（*Dictionnaire*: 809），尽管这个曾经拥有达·伽马的航海和商业帝国在当时早已没落。20年后，《地理备考》的作者还是没有勇气把澳门这块隶属广州府香山县管辖的海岛划归"大西洋国"的海外属地。不过，玛吉士相信这终究会

---

[1] 林则徐《巡阅澳门抽查华夷户口等情形折》（1893年9月18日），载《林则徐全集》第三册，第195页。
[2] 《耆英等奏澳门葡萄牙人通商章程业经议定折》（1843年12月1日），《中葡交涉史料》第一辑，澳门：澳门基金会出版，1998，第28页。
[3] 玛吉士《新释地理备考·二》，第327页。

成为现实,因为18世纪的人种分类学知识告诉他:"天下万国之人有上中下三等之分。夫下者则字莫识、书莫诵,笔墨学问全弗透达,所习所务止有渔猎而已矣,原此等人并无常居,惟游各地随畜牧也;夫中者,既习文字,复定法制,遂出于下等。始立国家,而其见闻仍为浅陋,更无次序也;夫上者,则攻其学问,培养其才,操练六艺,加利其用,修道立德以成经典,法度靡不以序,河清海晏之时则交接邦国,礼仪相待,军兴旁午之际则捍御仇敌,保护身家焉。"[1]由布戎提出的、与人种等级相应的文明三阶段划分方式——"野性民族—蛮族或半开化民族—文明民族",成为澳门土生葡萄牙人玛吉士建构自身种族身份和向清廷攫取殖民权益的知识依托。在以西方制定的"文明标准"为基础的世界秩序当中,大清国尚处在"蛮族或半开化"状态,布戎、巴尔比、慕瑞和朗格鲁瓦这些西方地理学家和机构尽管非常愿意承认中国曾经在历史上取得过一种高度的文明,但这个国家却在持续地停滞和倒退,甚至重新堕落到一种野蛮的状态。相反,在鸦片战争之后的中国,"人们发现,野蛮人(指西方人——引者)不再是一个受到鄙视的种族,而且他们也不像人们所想象的那样落后,虽然他们既不会诵读也不书写汉语"。[2]由于无力"捍御仇敌,保护身家",大清国无法达到"文明国家"的标准,《地理备考》一书给读者传达的"文

---

[1] 这段文字全文抄录自朗格鲁瓦《现代地理学词典》导论之"文明等级"(degrés de civilisation)一节,见 Dictionnarie classique et universel de géogrphie morderne, vol.1, p.cxxxiii。
[2] Karl Gützlaff, *Ing hoan tschi lio*(《瀛寰志略》), "Kurze Beschreibung der Ungegenden des Weltmeeres", S.566.

明"信息是,中国不仅要平等地看待包括"西夷""英夷"在内的欧洲人,而且要倒转自身的夷夏观念,虚心向"野蛮人"学习,尽管玛吉士还不能以"蛮族或半开化民族"来翻译"barbare"或"demi-civilisé",唯恐引发"谁是野蛮人"的问题。就在玛吉士埋头撰写《地理备考》期间,葡萄牙女王玛丽亚二世(Maria Ⅱ,1819-1853)于1845年11月20日公然宣布澳门为"自由港",并任命海军上校亚马勒(Ferreira do Amaral)为澳门总督,这个狂热的殖民主义者通过一系列野蛮、血腥的暴力手段驱逐了清朝官员,关闭了中国海关行台,终于在1849年3月实现了葡萄牙王国对澳门的殖民统治。[1]

"烟剪人"、鲜卑与康有为殖民巴西的计划

葡萄牙人"冒险营大"的精神体现为自15世纪末期以来持续不断的航海探险活动。继达·伽马在1498年发现了通往印度的新航路之后,1500年卡布拉尔(Pedro Álvares Cabral,1467-1520)的船队又绕道好望角,越过赤道进入南半球,在巴西建立了一座十字架,自此之后,位于亚马孙流域的这片广阔土地被纳入葡萄牙国王的名下成为其名副其实的殖民地。1820年,葡萄牙国内的自由派革命取得成功之后,试图将巴西再次变为葡国的殖民地。1822年12月,佩德罗一世(Pedro Ⅰ)不顾葡萄牙自由派政府的压力宣布独

---

[1] 详见万明《中葡早期关系史》,社会科学文献出版社,2001,第311—312页。

立,并效仿拿破仑一世建立了巴西帝国。新帝国的经济依然主要依赖甘蔗和咖啡种植,其劳动力主要来自从非洲贩运到美洲的黑人奴隶。法国率先于大革命之后的1794年废止了奴隶贸易[1],1807年,美国和英国也相继废止。迫于英国政府的压力和英国皇家海军的海上拦截,巴西先后于1831年和1850年两次通过宣布奴隶贸易为非法的法案,但奴隶贸易并没有因之而绝迹,同时,居留在国内的黑奴地位也依然没有发生丝毫的改变。直到1888年3月,摄政女王伊莎贝尔(Isabel)以其兄长佩德罗二世的名义签署了"废止令",持续400年的奴隶制度才在巴西正式宣告结束。为此,官方给出的原因是:(1)奴隶主发现追回逃跑的奴隶非常困难,而且花费巨大;(2)现有的奴隶人口已经趋于老化。[2]这些冠冕堂皇的理由所掩盖的真实原因是:(1)在智利、哥伦比亚、波多黎各、古巴等南美殖民地国家相继取缔奴隶制度之后,奴隶制的保留成了巴西社会"落后"和耻辱的标志;(2)随着奴隶贸易和奴隶制度的逐渐消失,非洲黑奴的来源遭到阻断,种植园主们发现与从非洲输入黑人奴隶相比,来自欧洲和亚洲的移民作为自由劳动力的成本相对较低。为了应对劳动力的极度匮乏,巴西政府和民间先后多次发起和实施了从欧洲和亚洲引入移民的计划。在亚洲,自葡萄牙人占领澳门之后,在数个世纪内,他们不断通过拐骗和绑架的方式,将沿海的百姓偷运至葡萄牙在印度和南美的殖民地。鸦

---

[1] 1802年拿破仑一世又恢复了殖民地的奴隶制度,1848年再度取缔了这一制度。
[2] Robert M. Levine, John J. Crocitti (ed.), *The Brazil Reader: History, Culture, Politics*, Durham: Duke University Press, 1999, p.145.

片战争之后,香港取代澳门成为远东最重要的贸易港口,澳门的经济地位陡然衰落,逐渐蜕变成国际"苦力贸易"的中心。早在19世纪初期还未获得独立之前,巴西的经济学家和葡萄牙的外交官员便建议从中国的沿海地区招募200万名华工,实际上最终到达巴西种植园的华工仅有四五百人。1873—1874年,巴西的移民公司再次计划从香港、澳门和其他广东沿海地区大批招募华工,但这项计划最终也大打折扣。究其原因,乃在于英国禁止从香港运送华工,并且也迫使澳葡政府禁止从澳门贩卖苦力出境,加上清政府鉴于此前在古巴和秘鲁的华工之恶劣劳动条件和非人待遇[1],不允许华工出洋——自愿出洋或者前往与中国订有通商条约的国家除外。1879年,在这家公司的要求下,巴西政府专门派出外交使团来到天津,在名义上的目的是与清朝商谈缔结友好通商条约,而实质上却是为了安排运送华工到巴西之事宜。以喀拉多(Eduardo Callado)为首的巴西使团虽然与李鸿章签订了条约(1881年3月),但招募华工的计划却落空了。尽管在清政府层面,招募华工的计划受到了挫折,但巴西仍然

---

[1] 1874年,总理衙门接受了美国公理会传教士、时任美国驻京公使代办的卫三畏(Samuel Wells Williams, 1812-1884)的建议,向古巴派遣了由时任美国留学委员和副委员的陈兰彬和容闳,以及任职于汉口和天津两地海关的西人马福臣(A. Macpherson)和吴秉文(A. Huber)组成的联合调查团,前往古巴调查华工待遇。在不到两个月时间内,调查团对2500名华工进行了问询,收集了1176份笔录、85份申诉和1165份签名。随着这份调查报告的英文版(*Chinese Emigration: Report of the Commission Sent by China to Ascertain the Condition of Chinese Coolies in Cuba*. Ch'eng Wen, 1874)发表,华人在古巴遭到的半奴隶的非人待遇震惊了全世界。这一形势一方面迫使西班牙在与清廷签订的有关条约中,规定在古巴的中国臣民为自由人身份(Eugenio Chang-Rodríguez, "Chinese Labor Migration into Latin America in the Nineteenth Century", *Revista de Historia de América*, No.46 [Dec., 1958], pp. 375-397);另一方面也促使葡萄牙国王于1893年12月颁布敕令,禁止澳门的苦力贸易。

试图通过商业途径去实现这个目标。1883年,里约热内卢的中国通商与移民公司与时任轮船招商局总办的唐廷枢取得联系,后者于同年10月来到巴西,参观了当地的咖啡种植园,还同园主们建立了友好的关系,并向他们透露出向巴西输出劳工的意向。当此之际,巴西政府宣布不向招商总局支付每年10万美元的补助金,唐廷枢因此决定离开巴西,随后在伦敦宣布中止这项输送华工的计划[1],其真实的原因是"彼国黑奴之例未删,疑待华人,不甚周妥,不敢承揽"。唐廷枢访问巴西是在废奴令颁布之前,其上述担心是有道理的。1889年3—4月,正值废奴令颁布一年之际,清政府委派的游历使傅云龙至巴西考察所看到的华工情形已经有所改善。[2]

废奴、反教和共和主义汇合成一股改革的潮流[3],通过不流血的军事政变在1889年11月15日推翻了由葡萄牙王室建立的巴西帝国。共和政府试图在交通、教育和通讯系统方面持续推行改革,努力改变自身的国际形象,这包括两方面的措施,其一,使城市"欧洲化";其二,"漂白"其人口。[4]其实,这两项工作在帝国晚期就已经启动。1878年7月举行的农业会议在围绕移民政策展开的讨论中,巴西的统治精英和种植园主大多数主张引进欧洲移民,这不仅因为他

---

[1] Robert Conrad, "The Planter Class and the Debate over Chinese Immigration to Brazil, 1850-1893", *International Migration Review*, Vol. 9, No. 1 (Spring, 1975), pp. 41-55.
[2] 茅海建《巴西招募华工与康有为移民巴西计划之初步考证》,载《史林》,2007年第5期,第5页。
[3] Thomas E. Skidmore, *Back into White, Race and Nationality in Brazilian Thought*, New York: Oxford University Press, 1979, pp.7-14.
[4] Thomas E. Skidmore, *Brazil: Five Centuries of Changes*, New York: Oxford University Press, 1999, p.76.

们相信欧洲人种要高于本地的美洲印第安人,而且也要高于其他任何非欧人种。换言之,即使经营种植园的目的是利润的最大化,但也不能因此放弃巴西应当关注其人口和种族构成的思想。但是由于购买欧洲人的"智力"和"进取心"所花费的成本过于昂贵,而且欧洲移民非常容易脱离种植园主而另行创业,这些精英和种植园主很不情愿地接受了从亚洲移民的举措。然而,他们始终也没有消除黄色人种"会对农业社会的秩序和良好态势造成威胁,从而削弱巴西的文明程度"的担忧。于是,1890年6月,巴西政府颁布了"调整"移民政策的第528号命令,它一方面决定给前来巴西的欧洲移民补贴交通费用,另一方面规定亚洲和非洲移民非经国会批准不得入境,巴国驻美公使应当及时向联邦政府通报从美洲进入巴西的亚非移民,而且巴国的警察应当采取措施将亚非移民阻挡在国门之外,这一移民法令的效力一直持续到20世纪20年代。此项充满种族主义色彩的移民政策反映出"巴西统治精英的目标并不在于为持续扩张的农业发展提供充足的劳动力,而在于创造一个不同以往的新型国家"。[1]在此背景之下,1892—1893年,经过巴西驻法公使毕萨(Gabriel de Toledo Piza e Almeida)与清廷驻法公使薛福成、参赞庆常之间的多次照会和面谈,1893年11月,专使辣达略(Barao de Ladrio)最终抵达上海,之后又寓居香港。若说此行是奉巴西政府之命商议通商驻使事宜尚为可信,

---

[1] Sales Augusto dos Santos and Laurence Hallewell, "Historical Roots of the 'Whitening' of Brazil", *Latin American Perspectives*, Vol. 29, No. 1 (Jan., 2002), pp. 61-82.

若说以招募华工为目的便可怀疑。毕萨在与庆常会谈时明言"我所言招工之事,系就议院所论而言,本国并无明文,应详询情形,再为细谈"[1],这说明,辣达略此行拟办的招募华工事宜并未经国会批准,即使华工通过相关的招募程序来到了巴西,按照1890年颁布的第528号令,他们也难免不会失去自由。正在辣达略一行于1893年7月从巴西启程前往中国途中,巴西京都公司就在澳门街头张贴布告,非法招募华工。随后这家公司雇用德国轮船搭载475名华工经好望角驶往巴西。[2]尽管辣达略在大西洋航行途中拍发电报辩称"招工事必有假冒",但无论是帝国时期还是共和时期的巴西政府,一贯对非法运送劳工的行为进行暗中支持。更重要的是,这艘搭载华工的德国轮船的确到达巴西,这些刚刚下船的华工立即被送往了各个种植园中。[3]

1895年冬,回乡为母亲祝寿的康有为从葡籍澳门赌商何穗田(廷光)与其新会谭姓门人处得知了巴西使节曾经来华招募华工,并滞留香港数月直至甲午战争爆发之后方才离开之事。在此期间,澳门街头招工以及三艘轮船搭载华工出洋的事件相继发生,两广总督李瀚章、北洋大臣李鸿章以及总税务司英人赫德均怀疑,此乃寓居香港的巴西使节辣达略在未经清廷允许之下私自招募华工。总理衙门在1894年1月照会各国公使查禁了此类活动。[4]这样一来,"巴西招工未

---

[1] 茅海建《巴西招募华工与康有为移民巴西计划之初步考证》,第6页。
[2] 详见茅海建《巴西招募华工与康有为移民巴西计划之初步考证》,第11页。
[3] Robert Conrad, "The Planter Class and the Debate over Chinese Immigration to Brazil, 1850-1893", *International Migration Review*, Vol. 9, No. 1 (Spring, 1975), p. 47.
[4] 茅海建《巴西招募华工与康有为移民巴西计划之初步考证》,第9—12页。

曾开议"就已"胎死腹中"。不久之后中日甲午战起,招募华工一事便彻底搁浅。可是,辣达略一行四人并不甘心就此罢手,于是反复游说何穗田和康有为的这位谭姓门人以图事态有所转圜,康有为在18年后回忆道:

> 巴西者,葡人种而操葡语者也,故巴西四使与何穗田、谭生习而日讲与中国通商之法,知吾之讲巴西也,谋之于我,乃结百万殖民公司,已得数十万,议租四船往巴西,每船运二千人,三月一期,每期可八千人,岁运三万六千人入巴西,而种蔗、架啡、烟蓝焉。若得利则岁增其船,移民日增,不可计数。巴西四使,许以特利,惟我之取地,加厚待焉。何穗田乃欲请于外部,为通商计,而苦无识外部者,力请吾行。是时巴西人民,已增至百余万矣。吾以新中国之大业,不能辞也,乃特诣北京,介吾友于晦若礼部式枚,而请于合肥李相鸿章,时主外部事也。合肥许我尽力成巴西通商事,且面语我曰:巴西通商事成也,必须君为领事而后可。[1]

康有为将巴西主动招募华工之事视为实现其早年移民巴西计

---

[1] 康有为《忘耻》,载《不忍杂志》第四册(1913年5月),沈云龙主编《近代中国史料丛刊》三编第三十八辑,文海出版社,1988,第1—7页。康氏门人蒋贵麟在1984年发表的《康南海先生轶事》中之"欲移民于巴西建立新中国"一节内容系抄录此文,茅海建误以为上文乃蒋氏原作,详见《巴西招募华工与康有为移民巴西计划之初步考证》,载《史林》,2007年第5期,第17页。按:康氏文中所指"新会谭姓者",既会讲葡萄牙语,又曾游历过巴西。考康氏门人中谭姓者,除浏阳谭嗣同外,还有新会谭镳(系梁启超表兄)、顺德谭良,而于康氏熟知的人中似仅有1883年与其共创"不缠足会"的南海区谔良曾因出使美国和秘鲁而游历过美洲。

划的良好契机。在《我史》(《康有为自编年谱》)光绪十五年(1889)条下，他曾经说："既审中国之亡，救之不得，坐视不忍，大发浮海居夷之叹，欲行教于美，又欲经营殖民地于巴西，以为新中国，既皆限于力，又有老母，未能远游，遂还粤，将教授著书以终焉。"[1]由此可知，从1889年起，康有为就有了殖民巴西、再造新中国的计划，适值甲午战争之后巴西招募华工之事搁浅而终未成功。1905年10月，在游毕墨西哥之后，康有为拟赴巴西，惜因墨国国小无船才最终作罢，直到1913年民国成立之后，他还借海外唯有"邈绝而违隔之巴西"承认北京袁世凯政府之事，发出了这样的感慨："吾国人若能早留意于巴西，则吾创一新中国于巴西久矣。"[2]

康有为移民巴西的筹划起因于其不满《中葡条约》对澳门的处置方式。1886年中法战争结束之后，清政府迫于财政压力，决定开办洋药（鸦片）厘税并征，这需要澳葡政府的合作。1887年12月，在海关总税务司赫德的诱导之下，总理衙门与葡萄牙政府在北京签订了《和好通商条约》，虽然该条约没有将此前赫德的代理人金登干（James Duncan Campell）与葡萄牙政府私自签订的《里斯本条约》第二款"中国确认葡萄牙对澳门及其属地的永久占据和管理，与葡萄牙所属的

---

[1] 康有为《我史》，姜义华、张荣华编校《康有为全集》第五集，中国人民大学出版社，2007，第74页。茅海建将现藏中国国家博物馆的"康有为自写年谱手稿本"（即《我史》手稿本）与通行的《戊戌变法》本比对，发现因康氏的书写方式导致手稿的各个抄本均将光绪十五年（1889）的内容整理到了光绪十四年（1888）条下，详见《"康有为自写年谱手稿本"阅读报告》，载《近代史研究》，2007年第4期，第120—142页。
[2] 康有为《忘耻》，载《不忍杂志》第四册（1913年5月），第3页。

其他地方无异"[1]全文写入《北京条约》，却保留了"永久占据和管理"（perpetua ocupação e governo/perpetual occupation and government）字样，而且该约的汉文本中上述条文被改写为"永居管理"[2]。就这样，赫德和葡方利用清廷官员对国际法的无知，让《北京条约》草草得以签订。时任两江总督的张之洞和广东巡抚吴大澂虽然极力反对，但直隶总督兼北洋大臣李鸿章却表示赞成，总理衙门大臣曾纪泽因反对失信于外人也主张按既定的《里斯本条约》与葡萄牙政府缔约。1888年11月13日，也就是中葡条约换文半年之后，康有为为此在京曾面责过到访的曾纪泽，后者的答复被记录在康氏本年的日记当中："与言澳门之事，云道光十九年，澳门葡萄牙督来问粤督，粤督答以澳门夷地，我中国不过问，葡人今据以为辞，无如之何。今不过以夷地与之而已，非祖宗之地也。我问葡人扰我乡人如何，曰此自粤督不画界耳。"[3]林则徐和曾纪泽一直将边陲海岛澳门视为"夷地"，而非国际法意义上的边界和领土，但在康有为看来，地不分夷夏，它是生民养民之所，"失地"意味着国族的衰败，是事关华夏人种之存亡的重大问题。作为粤人，康有为一向对澳门一地的得失非常在意，直到1907年在游历葡萄牙途中，还对当年中葡交涉之事耿耿于怀，"畴昔曾惠敏公以区区鸦片之税，

---

[1] William Frederick Mayers, *Treaties between the Empire of China and Foreign Powers*, 4th ed., Shanghai: The North-China Herald, 1906, p.156.
[2] 海关总署编《中外旧约章大全第一分卷（1689—1902年）·下册》，中国海关出版社，2004，第1156页。
[3] 康有为《我史·光绪十四年戊子日记》，载《康有为全集》第五集，第74页。按：曾纪泽记录两人会面的时间是1888年11月14日，即农历10月11日，刘志惠点校《曾纪泽日记》下册，岳麓书社，1998，第1739页。

以马交与之,实为失策",复对葡萄牙人的奢赌之风,葡萄牙军队的"横行肆淫"和"野蛮不治",以及澳葡当局"横侵香山"大加挞伐,指斥葡萄牙作为一个国家,内不能"富民教民",外"无兵无船"自卫:"蕞尔葡不能自治其国,安能远治吾澳门?"[1]

1888年是康有为步入政坛的关键一年。同年夏天,他入京参加顺天府乡试不售,便开始遍交京城权贵,筹划向刚刚亲政的光绪皇帝上书变法。在12月的《上清帝第一书》中,康氏忧心于中法战争后中国陷入的全面领土危机:"自琉球灭、安南失、缅甸亡,羽翼尽剪,将及腹心""英启藏卫,而窥川、滇于西;俄筑铁路于北,而迫盛京;法煽乱民于南,以取滇、粤"。另一方面,"美人逐我华工,英属澳大利亚随之,将来南洋诸岛纷纷效尤,我国出洋者千数百万……若不保护,还无所业,必为盗贼"。[2] 1895年4月签订的《马关条约》将辽东、台湾及澎湖列岛交付日本,《中葡条约》尚在形式上保留了清朝对澳门的主权,而此次却是台湾全部主权(full sovereignty)的交付。[3] 国土割裂,生齿既繁,民生日艰,加上即将要从美国和澳洲回国的无数华工,19世纪中后期西方列强发动的军事和经济侵略使中国陷入了"马尔萨斯陷阱"当中,如何破解这个人口难题?5月,在《上清帝第二书》("公车上书")中,针对失地、散民和亡国的危局,康有为提出"移民垦荒"之策,至于向何处移民,此

---

[1] 康有为《葡萄牙游记》,收入《康有为全集》第八集,第310页。
[2] 康有为《上清帝第一书》,收入《康有为全集》第一集,第180、181页。
[3] 海关总署编《中外旧约章大全第一分卷(1689—1902年)·下册》,第1216页。

时的康有为尚无清晰的答案:"今我民穷困,游散最多,为美人佣奴,然犹不许,且以见逐,澳洲南洋各岛效之。数百倍之民失业来归,何以安置?"[1]于是,10月在去往上海的旅途当中,康有为便产生了移民巴西的想法:

> 中国人满久矣,美及澳洲皆禁吾民往,又乱离迫至,遍考大地,可以殖吾民者,惟巴西经纬度与吾近,地域数千里,亚马孙河贯之,肥饶衍沃,人民仅八百万,吾若迁民往,可以为新中国。……时经割台后,一切不变,压制更甚。必虑必亡,故欲开巴西以存吾种。[2]

康有为眼中的移民之地,已不限于传统的西北边陲、东北、蒙古和新疆这些固有的国土,他还欲将大西洋彼岸的南美洲国家巴西也变为"新中国之国土"。按照康氏本人的说法,他于此时"乃购巴西之书而读之,求游巴西之人而问之"。[3]

种族改良与大同世界的构想

康有为的西方地理学知识最初来自1873年对《瀛寰志略》和《海国图志》的阅读。1879年,他开始阅读上海机器制造局刊行的《西国近事汇编》(1873年创刊),以及曾经作为清廷代表参加1876年美国费城博览会的李圭撰写的《环

---

[1] 康有为《上清帝第二书》,收入《康有为全集》第二集,第41页。
[2] 康有为《我史》,收入《康有为全集》第五集,第88页。
[3] 康有为《忘耻》,载《不忍杂志》第四册(1913年5月),第4页。

二 政治地理学与大同世界

游地球新录》(1877)。自光绪八年(1882)起,在研读佛典的同时,康有为始全面涉猎西学,浏览《万国公报》、江南制造局刊行的《格致汇编》以及由西方传教士翻译的科学与史地著作,至1895年8月在上海创建"强学会",创办《强学报》,并在张之洞、英美公使以及英国浸礼会传教士李提摩太(Timothy Richard, 1845-1919)及其领导下的"广学会"支持下广泛搜罗"西书及图器"。[1]无论《瀛寰志略》和《海国图志》(包括被辑入二书的《新释地理备考》),还是《环游地球新录》以及中西人士翻译和编纂的大量地理学、生理学、医学、生物学著述,其中包含的西方18世纪以来的人种分类学和体质人类学知识给儒者康有为留下了初步的印象。

西方人种学知识凝结在《大同书》中,特别是其丙部"去级界平民族"和丁部"去种界同人类"两个章节。[2]如今,我们基本上可以根据现有材料重建康有为的人种学知识谱系。在1894年秋避居桂林时撰写的《桂学答问》中,康氏将英国伦敦会传教士合信(Benjamin Hobson, 1816-

---

[1] 康有为《我史》,收入《康有为全集》第五集,第87页。关于康有为、梁启超与广学会在西学知识方面的渊源关系,详见何兆武《广学会的西学与维新派》,载《历史研究》,1961年第4期,第22—44页;陈启云《梁启超与清末西方传教士之互动研究——传教士对于维新派影响的个案分析》,载《史学集刊》,2006年第4期,第79—96页。

[2] 《大同书》手稿于20世纪80年代分别在上海和天津两地被陆续发现,其撰写时间也渐趋明晰:康有为自1884年开始酝酿"大同之制",在戊戌变法失败和流亡日本之前已写成"廿余篇",1901—1902年在避居印度大吉岭时成书。尽管《大同书》成书较早,但直到1913年其甲乙两部才在康有为主编的《不忍杂志》上刊布。1935年,康门弟子钱定安将《大同书》全稿交付中华书局出版,详见朱仲岳《〈大同书〉手稿南北合璧及著书年代》,载《复旦学报》(社会科学版),1985年第2期,第39—43页;房德邻《〈大同书〉起稿时间考》,载《历史研究》,1995年第3期,第94—103页。笔者认为《大同书》的丙部和丁部撰成在1905年以后,证据如下文。

1873）所著《全体新论》作为西学入门书籍推荐给他的门人。合信早年毕业于伦敦大学医学院，在广州惠爱医院从事医疗传教之余，他综合1851年之前出版的欧美解剖学和生理学著作编纂成《全体新论》一书，该书不仅在"骨学"部分编入了布鲁门巴赫的"五人种头颅图"，在"脑部"部分编入了由荷兰医生康伯（Peter Camper，1722-1789）首创而被后世的体质人类学家所普遍采用的"量脑法"，而且还在"造化论"一节对五大人种的体质人类学特征进行了详细的描述。[1]值得注意的是，合信修改了布鲁门巴赫"五人种头颅图"的排列方式。在布氏原图中，五大人种头颅呈平行排列，位于最中间的是高加索人种，其两侧外端分别为蒙古人种和非洲人种，两侧内端分别为美洲人种和马来人种，合信却将五大人种头颅竖排为两列，左侧一列自上而下分别是"原亚米利加人"和"亚非利加人"，右侧一列自上而下分别是"中国人类""西洋人类"和"马赖人类"。合信的排列方式既不同于布氏也不同于当时流行的欧美生理学和解剖学著作中的任何一种[2]，它强调了（1）由美洲人种至欧洲人种

---

[1] 合信《全体新论》，海山仙馆丛书辑本（上海墨海书馆咸丰元年刻本），收入《丛书集成续编》第47册，台北：新文丰出版公司，1988，第197、202、223页。令人感到奇怪的是，《全体新论》中的"造化论"一节在现存的各种日本刻本（如安政四年刻本）中均被删去。《全体新论》共有1852、1853和1853—1859年三个不同版本，各版本的插图多寡不一（详见陈万成《〈全体新论〉插图来源的再考察——兼说晚清医疗教育的一段中印因缘》，载《自然科学史研究》，2011年第3期，第257页），其中第三版流传最广，两广总督叶名琛之父叶遂翁"取《全体新论》图，分列八幅，刊布督署，广为传布，盖中土士大夫皆知为有用之书"。广东官商界名流潘仕成委托岭南学者谭莹校订，并将《全体新论》收入海山仙馆丛书，此书遂成为一部流行的医学教材，详见刘泽生《合信的〈全体新论〉与广东士林》，载《广东史志》，1999年第1期，第55页。
[2] 陈万成《〈全体新论〉插图来源的再考察——兼说晚清医疗教育的一段中印因缘》，第261页。

的进化次序和（2）美洲人种与中国人种的亲缘性，这为康有为在《大同书》中将"烟剪人"（美洲印第安人）视为同种的做法提供了最初的知识依据。[1]《全体新论》中对荷兰人康伯提出的"面角"测量法（头部下颌—前额隆凸一线与鼻翼—外耳轮一线之夹角度数）的解释，即"大抵度愈多则人愈智，度愈少而人愈愚，因度多者则头骨阔而脑必大，若度少者则脑亦小矣，故智者脑必大且重"[2]，以及"亚非利加人……头骨厚窄、唇大口阔，鼻准耸，下颏凸"[3]也成为了《大同书》中对黑人的描述："铁面银牙，目光睒睒，上额向后，下颏向前，至蠢极愚，望之可憎可畏。"[4]合信将"黑人头壳""白人头壳""猪公头壳"和"猿类头壳"的"面角"分别画出，并且按照"面角"大小从"猪公"到白人的顺序加以排列，此类做法在当时的（生物、人体）生理学著作中并不多见[5]，它刻意突出了从低等动物进化到白色人种的生物进化论色彩。《全体新论》中许多内容和图片均来自穆亚（Frederic John Mouat, 1816–1897）的《人体解剖图谱》，后者在英印殖民地孟加拉任职长达30年之久。穆亚虽然是一

---

[1] 康有为《大同书》，收入《康有为全集》第七集，第45—46页。
[2] 合信《全体新论》，第200页。
[3] 合信《全体新论》，第223页。
[4] 康有为《大同书》，收入《康有为全集》第七集，第43页。
[5] 陈万成考出《全体新论》中相关内容分别出自《钱氏解剖学概要》(J. Quain, *Element of Anatomy*, London: Taylor and Walton, 1843, pp.182-183) 和卡朋特 (William Carpenter: *Animal Physiology*, London: Wm. S Orr. and Co., 1847, p.349)，经笔者查对，《全体新论》中的"量脑法"示意图并未出现在后一书中。"面角"测量法的发明者康伯在其原著中也只是画出了猿、猩猩、黑人和白人的头骨，见 Pierre Camper, *Dissertation sur les vérité naturelle qui caractérisent la physique des hommes des divers climats et des différents des ages*, tr. Par H. J. Jansen, Paris, 1791. Fig. II。

位专业医生，却在英国殖民地医院、监狱的建设方面论述颇多，曾被合信奉为大英帝国殖民的楷模。[1]

除了体质人类学、人种分类学，人种学的另一个分支——移民史亦即人种迁徙的历史是康有为移民巴西计划的知识根源。自1874年起，康氏通过赴日经商的友人以及东京日日新闻社驻北京记者、汉学家古城贞吉（1866—1949）广泛搜购日文书籍，至1897年6月撰成《日本书目志》，次年由上海大同印书局刊行。[2]在该书"人类学"条目之下，作者道："造化怀衽之论本生生之始，《人种篇》考转变之由，盖异书也。"[3]虽然康有为本人不通日文，主要借助于其女儿康同薇的帮助[4]，但由上述按语可知康氏的确读过此书，而且印象颇深。《人种篇》作为一个条目出自日本文部省出版的《百科全书·人种篇》，这部《百科全书》实际上是英文本《钱伯斯百科全书》的日译本，《人种篇》所对应的条目是"人类的自然史——人种学"[5]，其撰写者应是两位出版者之一——罗伯特·钱伯斯（Robert Chambers, 1802-

---

[1] Frederic John Mouat, *An Atlas of Anatomical Plates of Human Body*, Calcutta: Bishop's College Press, 1846. 陈万成结合日本学者松本秀士和坂井建雄的研究考证出《全体新论》一书几乎所有插图的来源，厥功甚伟，详见前引论文。

[2] 详见村田雄二郎《康有为的日本研究及其特点——〈日本变政考〉〈日本书目志〉管见》，载《近代史研究》，1993年第1期，第27—40页；沈国威「康有爲とその日本書目志」，『或問』，No.5（2003），pp.51—68。

[3] 康有为《日本书目志》，收入《康有为全集》第三集，第288页。

[4] 沈国威「康有爲とその日本書目志」，p.67。

[5] 秋山恒太郎訳『百科全書・人種篇（上、下）』，文部省，1874。康氏《日本书目志》中所说"《百科全书·人种篇》文部省藏板"应该就是此版本；又见该书的翻印本『百科全書』，日本丸善商社，1885，第1页；《钱伯斯百科全书》自1833年首次出版，1849年版增加了"人种学"条目，此后的版本内容不断有所增加。根据其内容判断，日文本译自原著的1856年版，"Physical History of Man-Ethnology", William and Robert Chambers (ed.), *Chambers' Information for the People*, New Edition, vol. 2, London: W. & R. Chambers, 1856, pp.1-16.

1871），他是一位地理学家和进化论者。文章首先列出了人种的基本分类法——布鲁门巴赫的人种五分法[1]，然后又根据英国人拉瑟姆（Robert Gordon Latham，1812–1888）的著作将世界上的所有人种划分为三类：蒙古人种（Mogolidae）、非洲人种（Atlantidae）和欧洲人种（Iapetidae）。拉瑟姆精通多门殖民地语言，他从比较语文学的角度将布氏五分法修改为三分法，原来相对独立的美洲人种和马来人种均被划入中国人所属的蒙古人种。居住在格陵兰岛至俄属美洲北岸的因纽特人也同样分布在亚洲的白令海峡一侧，这表明美洲人自亚洲迁徙而来，拉瑟姆认为，"从面相上说因纽特人属于蒙古人种，鼻子扁平，颧骨突出，眼睛倾斜，皮肤呈黄棕而非红铜色。另一方面，典型的美洲印第安人就面相而言又不属于蒙古人种，头发黑直，鼻子尖锐，额头突出，皮肤红铜色而非黄棕色"。从语文学角度而言，因纽特语不同于任何一门亚欧语言，而属于美洲语言。这就出现了一个悖论：因纽特人在面相上属于蒙古人种，而语言上又属于美洲人种。[2] 如何破解这个明显的悖论？拉瑟姆提出了种族迁徙过渡的解释："当一个种群侵入另一种群时，过渡形态就会发生转换。"因此，因纽特人越过白令海峡由亚洲向美洲

---

[1] 1876年发表在《格致汇编》上的《格致略论·论人类性情与源流》译自钱伯斯出版社刊行的教科书 *Introduction to the Science*, 1861, p.105，参看张晓川《晚清西方人种分类说传入考辨》，载《史林》，2009年第1期，第20页。笔者查阅了该书的1871年版，发现在同一页（105页）并没有出现中译文刊载的五大人种插图，后者来自《钱伯斯百科全书》。因此，我认为该文的中译者也必定参考了《钱伯斯百科全书》的"人种学"词条，须知《格致汇编》是康有为时常浏览的西学刊物，他应该看到过《论人类性情与源流》一文。

[2] *Chambers' Information for the People*, vol. 2, p.5.

迁徙，逐渐过渡为典型的美洲印第安人。[1]在拉瑟姆之前，17世纪末期法国传教士勒克莱科（Chrétien Le Clercq，约1655-1698）就已经发现居住在加拿大魁北克加斯佩半岛（le Gaspésie）的米克茂（Micmac）人的象形文字与汉字十分相似，而且他们在很小的年龄便拥有了读写能力。[2]从19世纪50年代起，加拿大浸礼会传教士、人种学家和语言学家兰德（Silas Tertius Rand，1810-1889）系统搜集了"米克茂印第安人"的语言、风俗、宗教和传说[3]，他的工作使美洲印第安人由中国迁至美洲的假说广为人们所接受。21世纪初，出生在加拿大布雷顿角岛（Cape Breton）的米克茂后裔夏亚松（Paul Chiasson）结合古代文献的记述，从米克茂人的风俗、宗教、建筑、道路乃至墓葬方式进行了细致的考察，试图重建中国人远迁美洲的历史。[4]《大同书》记述的加拿大"烟剪人"应当就是勒克莱科和兰德笔下的美洲米克茂人的后裔：这些野人自称为中国人，识汉字，自谓"昔华人泛海漂泊而至美洲"。[5]自18世纪中期以降，有关美洲印第安人自中国迁徙而来的说法渐趋流行，同时围绕这一问题的争论也一直持续到今天。1761年，法国汉学家德经（Joseph de Guignes，

---

[1] Robert Gordon Latham, *Man and His Migrations*, London: John Van Voorst, 1851, pp.123-124.
[2] Chrétien Le Clercq, *Novelle relation Gaspésie*, Paris: Amable Auroy, 1691, pp.127-132.
[3] Silas Tertius Rand, *A Short Statement of Facts Relating the History, Manners, Customs, Language, Literature of the Micmac Tribe of Indians*, Halifax: James Bowes & Son, 1850.
[4] Paul Chiasson, *The Islands of Seven Cities, Where the Chinese Settled When They Discovered North America*, 2006, Random House Canada. 中译本为《最早发现北美洲的中国移民》，暴永宁译，生活·读书·新知三联书店，2009。
[5] 康有为《大同书》，收入《康有为全集》第七集，第45页。

1721-1780）认为《梁书·诸夷传》记载的那个位于"极东"、拥有"金银和皮革，但缺乏铁资源"的"扶桑国"就是今天的美洲，但他的说法随后遭到了德国东方学家克拉布鲁特（Martin Heinrich Klaprot，1743-1817）的反驳[1]；章太炎、陈汉章又附会出了类似的说法。[2] 1846年，英国公理会传教士麦都思（Walter Henry Medhurst，1796-1857）又根据《书经》的相关记载提出"殷人航海渡美洲"之说。[3]

1885年，文宁（E. P. Vining）提出"扶桑国"为墨西哥[4]，《大同书》以为"美洲土人皆鲜卑移种，自甘查甲至亚拉士加避寒，遵海而南，得墨西哥而居"[5]，实自1906年1月康氏游历墨西哥接触当地人开始。康有为在参观了墨西哥当地的宫室建筑之后，从屋主黄宽卓、黄日初延聘的一位墨西哥教师口中得知"其种出于吾族"，证据是其"壶瓜名曰瓜壶，粟名曰米粟，用法相同"[6]，结合亲身所见当地印第安人的宫室、器皿、田地、居室等等，康氏确知墨西哥人来自中国：

---

[1] M.de Paravey, *L'Américain sous le nom de Fu-sang*, Paris: Teuttell et wurtz, 1844, pp.6-7.
[2] 罗荣渠《论所谓中国人发现美洲的问题》，载《北京大学学报》，1962年第4期，第61页。
[3] Walter Henry Medhurst, *Acient China*（《書經》），Shanghae: Mission Press（上海墨海书馆），1846.
[4] 罗荣渠《论所谓中国人发现美洲的问题》，第61页。
[5] 康有为《大同书》，中华书局，2012，第119页。按：中华本《大同书》系由康门弟子钱定安在1935年整理并交付中华书局刊行的，前引文字为"手稿本"所无，显然系康氏游历美洲之后刻意添加的内容，加上书中有关加拿大"烟剪人"的文字，这足以证明《大同书》在1901—1902年大体完稿后又经过数次增删和修改，其成书时间至少应当晚于1905年11月康氏游历墨西哥之时。
[6] 康同璧（文佩）《南海康先生年谱续编》，收入蒋贵麟主编《康南海先生遗著汇刊》第廿二册，台北：宏业书局，1976，第65页。

墨西哥人种出自谁何？今欧美人皆无定据。吾游蔑驿睹古王宫庙，皆五百年前物，似吾北方庙式，红墙层门，如见故国。其石刻物与西伯利（亚）博物院中物皆同，乃确知自鲜卑传来也。[1]

同一时期，康氏有诗云："总之太平洋岸东米洲五万里，落机安底斯以西之草苔，皆吾华遗种之土地，证据确凿无疑猜。科伦布寻远在后，先者为主后者随，彼挟国力推智者，欧士又近来相偕，遂令光光新大陆，客作主人先安排，赫赫欧洲鼓与旗，树遍南北米洲照电雷。从来得失多反复，天道人事古今可相推。我华人类数万万，横绝地球吾为魁。他日中兴楼船破海浪，水滨应问吾故壤，北亚拉士驾南智利，故主重来龙旗飘。"中法战争之后，为了保存民种，康有为始酝酿移民巴西的计划，中经1895年前后欲图向巴西运送华工之事未成，直到1905—1906年游历美洲墨西哥之时，他仍旧未能忘怀昔日的壮志，所谓"巴西万里神皋沃，神游梦想巴马逊之河"[2]，康氏还试图亲自远赴巴西验证其"美洲人与华夏同种"的结论："我将南游亲考验，益见吾种滂远无不赅。"[3]

在康有为谋求向巴西移民未果之际，意大利人、葡萄牙人、西班牙人、德国人和俄罗斯人相继涌入巴西，大大改变了这个新兴国家的人口和肤色构成，这在巴西的历史上被称

---

[1] 康有为《康南海先生诗集》，收入《康南海先生遗著汇刊》第廿册，第676页。
[2] 康有为《康南海先生诗集》，第613页。
[3] 康有为《康南海先生诗集》，第667页。

二 政治地理学与大同世界

为人口"漂白"的进程。自帝国晚期的19世纪70年代直至20世纪50年代,巴西一直在实行有利于欧洲"文明人种"入迁的移民政策。1872年,白人仅占巴西总人口的38.1%,黑人、混血和印第安人则占61.9%;到了1950年时,两者的比例被倒转了过来:白人占总人口的62.5%,其他三个种群人数的总和仅占巴西总人口的37.5%,[1]但从1810年至1893年这83年间,来到巴西的华工总人数也不足3000人。[2]那么,康氏眼中的"吾种旧地"——墨西哥——的情形又如何呢?自1821年摆脱西班牙殖民统治赢得独立之后,1862—1867年间,墨西哥又陷入了由拿破仑三世挑起的,英国、西班牙和美国先后加入的多国干涉墨西哥的战争当中,用康氏的话来说,就是"黄红白种久相杂,美法班争亦有年"。[3]然而,伴随着西方殖民战争而来的是墨西哥社会被称为"归化白人"(naturalizing of White)的进程,在这一进程中,白人被塑造成拥有高尚的理性和管理技能,具备可敬可爱的德性和高度文明的、更适合作为国民的品质。[4]面对南北美洲两个国家以"漂白"为目标的社会文明进程,康有为的"美洲人与华夏同种"的历史人种学建构,一方面是对1882年排华法案激起的欧美种族主义意识形态的反抗;另一方面,它

---

[1] Sales Augusto dos Santos and Laurence Hallewell, "Historical Roots of the 'Whitening' of Brazil", *Latin American Perspectives*, Vol. 29, No. 1 (Jan., 2002), p.70. 在《巴西》(1913年11月)一文中,康有为列举了1820—1910年间来到巴西的欧洲各国移民统计表,详见《康有为全集》第十集,第163页。
[2] Robert Conrad, "The Planter Class and the Debate over Chinese Immigration to Brazil, 1850-1893", *International Migration Review*, Vol. 9, No. 1 (Spring, 1975), p.42.
[3] 康有为《康南海先生诗集》,收入《康南海先生遗著汇刊》第廿册,第670页。
[4] Pablo Mitchell, *Coyote Nation: Sexuality, Race, and Conquest in Modernizing New Mexico 1880-1920*, Chicago & London: The University of Chicago Press, p.122.

冲击了西方殖民侵略所利用的国际法利器，即所谓对"无主土地"（Terra nullius）的先占原则，为康氏本人殖民美洲的活动制造了合法性依据。由瑞士人华特尔（Emer de Vattel, 1714-1767）提出的这项国际法原则，声称"假如占领国需要更多的土地，它可以通过占据的方式得到被游牧部落视为多余的土地"。[1]由此出发，西方列强不仅占据了非洲、美洲和亚洲的"荒野"，并且使这些地区的人民沦为牺牲于其殖民经济和商业利益的奴隶或者"苦力"。在康有为看来，移民中国人于南美并不能被等同于西方在南美的殖民活动，而是永久地返回"旧地"，墨西哥和巴西已经不再是早年林则徐和曾纪泽所说的"夷地"，而是华夏"故地"。应当指出，康有为的移民巴西计划绝非只停留在运送华工到巴西从事种植园劳动这一步骤，它的最终目标是要让远来的中国移民在巴西扎下根来，成为亚马孙河畔永久的居民，进而在这里建立一个新中国。[2]然而，在巴西帝国末期以来围绕移民政策而展开的争论当中，无论是赞成废奴的种植园主，还是废奴主义者均认为引入华工只是权宜之计。纳布科（Joaquim Nabuco, 1849-1910）就清晰地区分了高等的白人种族与低等的黄人和黑人种族，他不但惧怕黑人会占据巴西的主流，

---

[1] Surya Prakash Sharma, *Territorial Acquisition, Disputes, and International Law*, Haye: Martinus Nijhoff Publishers, 1997, p.62. 按：鸦片战争前夕，林则徐曾委托美国传教士伯驾翻译了华特尔《国际法》一书涉及国际商法的章节，但对"无主土地"的国际法规定一节却被译者舍弃，详见《滑达尔各国律例》，收入《林则徐全集》第十册，第352—355页。
[2] 康氏移民巴西的本意在于救亡保种，"假其本国灭亡，而遗种光大，亦不可灭亡者矣"。《忘耻》，初刊于《不忍杂志》第四册（1913），收入《康有为全集》第十集，第109页。

而且惧怕巴西这个操葡萄牙语的国家会被亚洲的移民"蒙古化",甚至担心"具有破坏性的和非道德的亚洲人"会阻碍"欧洲人及其内含的文明向巴西迁移的勇气"。[1] 在梦想开辟新中国的康有为的想象与已经摆脱了殖民地地位、竭力渴望建设一个白人国家的现实巴西之间横亘着一道厚厚的种族主义屏障。

阻挡黄种人移民美洲的种族主义屏障是由美国首先建立起来的。1839年,美国最早的体质人类学家默顿(Samuel Gordon Morton,1799-1851)利用自己发明的"量脑法"和康伯的"面角"等人体测量技术,按照头骨及与之相对应的脑容量的大小,将三大种族由高向低依次排列为:高加索人、印第安人和黑人。[2] 1854年,默顿的学生诺特(Josiah Clark Nott,1804-1873)进一步将人种的脑量大小与智力水平对应起来,他概括道:

> 智力、行为、上进心、进步、较高的身体发展状况构成了某一种族的特征,愚蠢、懒惰、僵化、野蛮以及较低的身体发展状况构成了另一个种族的特征。无一例外,只有高加索人种才能取得高度的文明,除了少数中国族群,蒙古人种很少能超越半开化状态,而非洲和大洋洲的黑人种族,以及美洲的野蛮部落,千百年来一直

---

[1] Sales Augusto dos Santos and Laurence Hallewell, "Historical Roots of the 'Whitening' of Brazil", *Latin American Perspectives*, Vol. 29, No. 1 (Jan., 2002), p.66.
[2] Samuel Gordon Morton, *Crania Americana; Or a Comparative View of the Skulls of Various Aboriginal Nations of North and South America: To Which Is Prefixed an Essay on the Varieties of the Human Species*, Philadelphia: J. Dobson, 1839, pp.97ff.

处在黑暗状态之中。黑人当其被驯化时能够取得一定的进步,一旦束缚他们的绳索被解开,他们早晚会重新堕入野蛮状态当中。[1]

海地黑奴在1804年摆脱了法国的殖民统治,建立了世界上第一个黑人共和国,作为奴隶主的诺特对这个奴隶政权的痛恨可谓溢于言表。诺特的《人类的类型》一书在1854年出版之后取得的巨大成功使"科学种族主义"观念在美国乃至全世界范围内几乎成为一种常识。在1877年发表的美国参众两院联合就中国移民状况所撰写的调查报告中,默顿和诺特的人体测量数据被采纳进来。其中,中国人的头骨大小被排在了英美人、德国人、凯尔特(威尔士)人之后,仅比印第安人和黑人略高[2],这构成了5年后美国政府出台《排华法案》的重要科学依据。

与此同时,在大西洋彼岸的法国,布罗卡(Paul Broca, 1824–1880)及其领导的法国人类学会(1859年创立)也在从事以体质人类学为核心的欧洲民族(人种)史研究。19世纪初期,历史学家梯也尔的高卢人史研究触发了历史上是否存在一个纯粹的民族类型的讨论,法国第一代体质人类学家爱德华斯从生理特征角度倾向于给这个问题以肯定的回答,但布罗卡则认为无论再博学的人类学家也难以给出一个确定

---

[1] Josiah Clark Nottet et al., *Types of Mankind: Or Ethnological Researches*, 8th ed. London: Trüber & Co., 1857, p. 461.
[2] *Report of the Joint Special Committee to Investigate Chinese Immigration*, Washington: Government Printing Office, 1877, p.1052.

的答案，因为无论是凯尔特人，还是高卢人，经过历史上多次征服和被征服战争以及大规模的迁徙活动，他们的语言和文明不断地融合并发生着这样或那样的改变。因此，在欧洲，"并非是某个种族而是一种文明在不断地扩散"[1]，"大脑的生长与一个种族的文明进步水平、物质的舒适度和教育标准相对应"[2]。同为人类"多地（中心）起源论"者，默顿、诺特和阿卡西斯从神创论出发，认为人类种族之间的差别是永恒存在的；而布罗卡则认为种族之间的差异是流动不居的，不仅如此，在他看来，不同种族之间的混杂或通婚，尤其是"优生学"（eugénésique）意义上的异族通婚对人类自身的繁衍起着非常重要的作用。在与默顿和诺特两位以神创论为出发点的人类"多地（中心）起源论"者的对话当中，布罗卡认为，美国的人类学家把对《圣经》的遵从与对奴隶制度的情感投射到了科学之上，而事实表明，黑人与白人的通婚并不一定会造成白人种族的堕落，相反，异族之间的通婚也会产生优生的效果；面对主张"雅利安人种"纯粹性的格宾诺（Arthur de Gobineau，1816–1882），布罗卡指出其"种族"（race）概念出了问题：至少在欧洲，从来就没有一个纯粹的种族，凯尔特人和高卢人在迁徙过程当中，不断与当地的种族在语言和血脉上融合起来。在这个复杂的历史过程当中，有些种族被保留了下来，有些种族则消亡了。"智

---

[1] Francis Schiller, *Paul Broca, Founder of French Anthropology, Explorer of the Brain*, Berkeley: University of California Press, 1979, p.148.
[2] Francis Schiller, *Paul Broca, Founder of French Anthropology, Explorer of the Brain*, p.151.

力低下、缺乏活力和面容丑陋并不令人处于屈辱的地位",相反,"身体或道德的堕落、从存在阶梯上跌落下来,以及种族本身的消亡才是真正让人感到脸红的事情"。[1]

对于默顿和诺特的奴隶制思想,布罗卡并不赞同,但他也不否认人类种族之间在体质和智力上存在着差别,问题是如何能够通过不同种族间的通婚使低等的种族得到提升,达到"优生"的目标,这便是西方人自18世纪以来自愿承担起的"文明使命"的一个重要组成部分。无论是独立之后的墨西哥还是帝国晚期的巴西,代表着世界文明方向的美国是令这些拉美国家艳羡的楷模,而中国也绝不例外。20世纪30年代,出生在巴西本土的社会学家弗雷耶(Gilberto Freyre, 1900-1987)声称巴西社会不存在美国社会那样明显的种族界限,相反,不同种族之间的相互通婚构成了巴西社会的显著特征。[2]然而事实上,美国先进的机器文明、美国的生活风格,乃至美国的种族主义移民政策始终是巴西制定本国移民政策的重要参考,这个由殖民者建立的新兴国家在"漂白"自己人口的过程当中,处处以盎格鲁-撒克逊文明作为其模拟的典范。在帝国晚期,巴克尔《英格兰文明史》(1857—1861)中有关巴西恶劣地理环境的描述,以及如若不借助于外力巴西便无法取得文明进步的论断,激励着巴西的统治精英们不懈地按照西方文明的标准建立一个白人的国

---

[1] Paul Broca, «Mémoire sur l'hybridité», *Mémoires d'un Anthropologie*, T.3, Paris: C. Reinwald & Ce, 1877, p.567.
[2] Gilberto Freyre, *Order and Progress: Brazil from Monarchy to Republic*, Berkeley: University of California Press, 1986, pp.166-216.

家。[1]另一方面，出于多种族存在的社会现实，巴西采取了布罗卡意义上的异族通婚策略[2]来减少或者消灭黑人和混血儿的存在，然而，异族通婚绝非承认各个种族之间的平等权利，相反，它是对白人种族优势地位的强化。

没有亲临巴西的康有为无从深入了解巴西社会的"漂白"或者说"文明化"进程，但普里查德的自然环境决定人种变化的观念、布罗卡的异族通婚可以改善低等人种的肤色等生理特征的看法，以及两位人类学家共同持有的有关"文明化"进程能够改变人种的体质及智力水平的理念都被写进了《钱伯斯百科全书·人种篇》中，康氏据此在《大同书》中提出了改良人种的三大措施：移地、杂婚和改食[3]，他所勾画的由黑而黄、由黄而白的肤色改良或者说进化路线旨在减少黑人的数量，乃至用药物灭绝之的策略，与巴西的"漂白"和墨西哥的"归化白人"政策并无二致。在康有为看来，"大同太平之世，人类平等，人类大同"，"物之不齐，物之情也"，[4]要达到西方文明的等级，就必须在物的层面追求齐平，而"齐物"首在"漂白"黑、黄皮肤。《大同书》所列种种制度安排和设施，诸如医院、学校、政府等，以及消除家庭、国家、性别、阶级界限等政治纲领均围绕着这一

---

[1] Thomas E. Skimore, *Back to the White, Race and Nationality in Brazilian Society*, New York: Oxford University Press, pp.28-29.
[2] 1869—1870年，格宾诺曾经作为法国驻巴西公使在里约居住，这是他对巴西异族通婚现象的观察，参见 Sales Augusto dos Santos and Laurence Hallewell, "Historical Roots of the 'Whitening' of Brazil", *Latin American Perspectives*, Vol. 29, No. 1 (Jan., 2002), p.73。
[3] 康有为《大同书》，第121—122页。
[4] 康有为《大同书》，第118页。

"漂白"策略而展开。然而康有为不明白的是，18世纪以前，在大部分欧洲旅行者眼里，中国人的皮肤是白色的，那时他们能够将中国文明与欧洲文明等量齐观；但是到了18世纪之后，欧洲种族主义的偏见在中国人身上得到了强化：商业的扩张、中国颜色的象征以及中国的堕落形象使中国人的皮肤由"白"变成了黄色。[1]

《大同书》与其说是一部民族国家建设的纲领，不如说是一部以人种学和人种改良为出发点的、福泽谕吉意义上的"文明论"。然而，当我们回顾这段历史之时，一个明显的矛盾就此出现了：一方面，在救国保种的旗帜之下，康有为不惜以建构甚至是附会美洲印第安人与中国鲜卑族同种同源之说来强化华夏民族的自我认同；另一方面，在《大同书》所构想的文明世界里，这个曾经骄傲地拥有黄色皮肤的人种最终将由于"漂白化"的策略而归于灭绝。这是如康有为这样的殖民地思想家身上的一个明显的悖论和紧张，而《大同书》所上演的注定是半殖民地国家思想史上一曲令人悲苦的乐章。

---

[1] Walter Demel, "Wie die Chinesen gelb wurden: Ein Beitrag zur Frühgeschichte der Rassentheorien", *Historische Zeitschrift*, Bd. 255, H. 3 (Dec., 1992), S.666.

三 帝国与启蒙的前夜

《大莫卧儿帝国旅行记》中的土地、
财富与东方主义

1497年7月8日,华士古·达·伽马率领由4艘帆船、170名水手组成的船队由里斯本的莱斯戴罗港口起锚,踏上了寻找传说中的东方基督教王国与东印度的航程。按照胡果·德·伽巴拉、纪尧姆·德·卢布鲁克(即中文典籍中的"鲁不鲁乞")和马可·波罗等中世纪欧洲旅行家的记述,这个想象中由祭司王约翰统治的完美的基督教王国位于遥远的非洲或东方,而印度自古希腊、古罗马时代开始对西方人来说就是一个遍地黄金和香料的神秘国度。这个神秘的国度对西方人构成了强大的吸引力,在其诱惑和召唤之下,亚历山大大帝早在公元前326年至前323年间就跨越波斯,短暂地征服了南亚次大陆,这一历史事件给欧洲人留下了深刻的记忆。亚历山大大帝死后,往来欧亚大陆间的印度洋贸易在希腊化时代的托勒密王国时期就已经拉开了序幕,并在罗马帝国时期有了长足的发展。大致上产生于公元40年至70年的《厄尔特里亚航海记》便描述了从罗马帝国统治下的埃及港口、红海沿岸、非洲海角、波斯湾直至今天巴基斯坦和印度西南等地的贸易状况。4世纪以来,古希腊、中国、阿拉伯、波斯和欧洲人不断来到南亚次大陆,其中有许多人都留下了记录这片神秘大陆的最初文字,其中最著名的莫过于东晋高僧法显的《佛国记》(4世纪)、伊本·白图泰的《游记》(14世纪)、马可·波罗的《游记》(13世纪)以及茹尔丹·德·塞韦拉克的《奇迹》、尼科洛·达·康提的《印度旅行记》(15世纪早期)、路德维克·狄·瓦特玛的《游记》(16世纪)等。[1] 1498年5月20日,达·伽马率领的葡萄牙船队历经10月之久,绕道非洲南端的好望角,在一位印度穆斯林向导的带领下登陆印度南部马拉巴尔海岸的港口贸易城市卡里库特(中文典籍称之为"古里"),这是欧洲人成组的航船第一次到达南印度海岸。自此之后,来往于欧洲、阿拉伯、波斯和印度之间的航海家、商人、士兵、外交官、传教士、旅行家、学者的人次与日俱增,他们各自怀着浓厚的兴趣记录了南亚次大陆以及生活在这片神秘土地上的人们的风俗、宗教、政治与贸易状况。这些旅行记体裁多种多样,既有实用的航海日志、手册,也有沿途各地的历史、故事、传奇,甚至是寓言,数量如此繁多的旅行记或旅行文学编织出了大航海时代或前启蒙时代西方人眼中印度政治、宗教、文化、风俗、道德等方方面面破碎甚至是矛盾的形象。

爱德华·萨义德在其名著《东方学》(1978)中,指出18世纪的西方旅行家和学者将包括中东和埃及在内的内容复杂而丰富的东方塑造成了一个精神性或宗教性的单一名目,

---

[1] Jennifer Speake (ed.), *Literature of Travel and Exploration: An Encyclopedia*, 2nd ed., New York: Taylor & Francis Books, Inc., 2013, pp.603-605.

并将其与另一个单一名目——"西方"——对立起来。这位以中东文学研究为学术职业的作者进而将此类学术话语认定为"服务于支配和重构东方并对其保持权威的西方风格"，即其所谓的"东方主义"。[1] 简而言之，东方主义首先是西方殖民主义意识形态产生的学术话语，它掩盖或消除了东方社会在文化上表现出的多元性，将其塑造为一成不变的精神实体。套用福柯对"话语"的界定，东方主义话语应当是后启蒙时代为经济、哲学、社会、文学、政治等不同场域所共享的共同功能准则，后者对西方有关东方的知识生产发挥着规范和调节作用，并通过对东方的知识、策略和生产实践方式的构想对东方的现实加以组织。[2] 正如有学者指出的那样，萨义德的东方主义作为学者手中的工具与文学家和理论家的想象性东方主义并非一种没有时间限定的论断，相反，它是与后启蒙时代的欧洲殖民主义梦想密切结合在一处[3]的特定现象。另一位学者指出，萨义德用以论证其东方主义理论的历史材料仅仅来自西方同一时期的语言和文学作品，而他对哲学和社会科学缺乏基本的了解[4]，从而未能领会造成东方主义话语风格的近代西方思想根源。相反，同一位学者敏锐地发现，布兰·特纳在与《东方学》同年出版的一部著作中

---

[1] Edward W. Said, *Orientalism*, 2nd ed., London: Penguin, 1995, pp.2-3. 其中译本《东方学》由生活·读书·新知三联书店于 2007 年推出。
[2] Judith Revel, *Le vocabulaire de Foucault*, Paris: Ellipses Édition Marketing S. A., 2002, p.22.
[3] Lucy K. Pick, "Edward Said, Orientalism and the Middle Ages", *Medieval Encounters* 5 (1999): p.66.
[4] Gilbert Achar, *Marxisme, Orientalisme, Cosmopolitisme, essais traduits de l'anglais*, Paris: Actes Sud, 2015, p.101.

认为，东方主义话语即将东方视作单一精神实体所依赖的文化本质主义方法正是源于西方启蒙运动以来形成的观念论哲学及其包含的进步主义历史目的论思想，这种进步论观念在黑格尔的《世界历史讲演录》（1821）一书中发展到了顶峰。[1]由于对西方近代思想史上这一发展脉络的无知，萨义德在从反对帝国主义和殖民主义的立场出发来批判西方的东方主义话语的同时，不自觉地陷入了他着力加以批判的文化本质主义陷阱，即认为每个民族的命运均取决于这个民族自身的文化和宗教观念。[2]具体而言，与东方主义话语将地理、经济和政治意义上的东方看成是一个单一精神实体一样，萨义德在批判生成于西方的东方主义话语之时也将西方社会视为从古希腊时代向今日美国的方向连续发展的结果，从而鼓动一种立足于东方的种族中心论和本土社区的神秘表征，这种结果被阿沙尔称为"东方主义的翻转"。[3]

"莫卧儿–贝尔尼埃"

由欧洲通往南亚次大陆的新航线的发现是人类历史上具有里程碑意义的重大事件，它不仅揭开了印度洋贸易的序幕，而且将与西方不同且丰富而复杂的东方文明形态带给了西方。借助于武装保护的海上"自由贸易"活动，西方积累

---

[1] Bryan S. Turner, *Marx and the End of Orientalism*, 2nd ed., New York: Routledge, 2014, p.8.
[2] Gilbert Achar, *Marxisme, Orientalisme, Cosmopolitisme*, p.102.
[3] Gilbert Achar, *Marxisme, Orientalisme, Cosmopolitisme*, p.111.

了大量用于工业革命和发展资本主义经济的资本，它们随后促成了18世纪欧洲政治和社会革命的全面爆发，西方从此走在了东方的前面。从15世纪到17世纪，欧洲处在中世纪晚期和启蒙运动的前夜，面临着深刻的经济危机、政治危机和心灵危机。在西方社会发生激烈动荡的两个世纪里，印度的发现对于西方意味着什么？在前启蒙主义和前殖民主义时代，曾经亲身游历印度或东方的欧洲人、熟谙印度或者东方事物的书斋知识分子如何书写印度和东方？印度和东方书写在西方这段特殊的历史进程当中究竟扮演了什么样的角色？如果萨义德的东方学被限定在18世纪的后启蒙时代，那么我们应当如何分析17世纪欧洲人的印度书写？本文将以在这一时期游历印度北部莫卧儿帝国多年的法国医生、哲学家和旅行家弗朗索瓦·贝尔尼埃（François Bernier，1620-1688）及其撰写的四卷本《大莫卧儿帝国旅行记》为入口，进入其生活世界和思想世界，揭示他与巴黎知识分子圈子、莫卧儿帝国宫廷、路易十四王朝的官员、从事印度洋贸易的商人之间盘根错节的交往过程，从而尝试回答上述问题。

弗朗索瓦·贝尔尼埃1620年9月生于法国西北部的安茹省鲁威镇。[1]父亲是昂热区拥有一定社会地位的庄园主。然而，不幸的是他在贝尔尼埃四岁时就去世了。贝尔尼埃和他的两个姐姐在父亲死后不久就被过继给了在尚佐镇做神父的叔叔，并在这里受洗。稍长，贝尔尼埃受到普罗旺斯总督

---

[1] 有关贝尔尼埃早年的生活和学习状况，详见 M. Célestin Port, *Dictionnaire historique: géographique et biographique de Maine-et-Loire,* Tome 1, Paris: J.-B. Dumoulin, 1874, pp.325-374。

霍莎尔·德·尚皮尼及其友人、时任梅斯市议会顾问吕里尔的保护，后者出身于巴黎的显赫家族，父亲当过议员，自己也曾在巴黎担任过高等法院的诉讼官和总检察长等职。在两位庇护者的影响下，贝尔尼埃接触到了法国启蒙主义数学家、哲学家和天文学家皮埃尔·伽桑狄（Pierre Gassendi，1592-1655）的学说。伽桑狄先后在普罗旺斯和巴黎从事天主教、自然科学和哲学教学工作。在当时的法国思想界，他率先起来挑战亚里士多德的古典自然哲学和形而上学，修正了古希腊哲学家伊壁鸠鲁的原子论，从而为笛卡儿的理性主义哲学开辟了道路。但是在另一方面，他又不赞同笛卡儿的唯灵论思想，强调知识源于感性观察，在教条主义和怀疑主义之间选取了一条折中的道路。他终生致力于观测和搜集出现在各地的日食现象，成为一代著名的天文学家。他与当时活跃在欧洲思想舞台上的莱布尼茨、休谟、霍布斯及天文学家开普勒、里乔利熟识，还同伽利略有通信来往，其学术名声远播巴黎、但泽、莱顿和科隆等欧洲大城市。1642年，伽桑狄再次来到巴黎，在夏柏尔（Jean Chapelle，1651-1723）家开门授徒，讲授哲学。夏柏尔是17世纪法国著名的文人和作家，后以其与另一位作家合著的苏格兰游记著称于世，其原名为克劳德-伊曼努尔·吕里尔，是贝尔尼埃青年时代的庇护者弗朗索瓦·吕里尔的私生子。这个儿子出生之后，吕里尔便将他送到在普罗旺斯讲学的密友伽桑狄那里接受教育[1]，贝

---

[1] Gédéon Tallemant des Réaux, *Les historiettes de Tallemant Des Réaux : mémoires pour servir à l'histoire du XVIIe siècle*, Tome 3, Paris: Alphonse Levavasseur, 1834, pp.219-223.

尔尼埃同样在吕里尔的教导下接触到了伽桑狄学说。在夏柏尔家中，贝尔尼埃除了与日后成为大作家的莫里哀、让·海斯瑙（Jean Hesnault）、西哈诺·德·贝杰拉克（Savinien de Cyrano de Bergerac）一起聆听伽桑狄的哲学课之外，还跟随当时已经被任命为皇家学院教授的老师学习天文学，观测天象自此也变成了贝尔尼埃的终身爱好，这段美好的求学生涯让师生二人结下了父子般深厚的情谊。

伽桑狄对自然现象细心的观察在学生贝尔尼埃这里延伸为了周游世界的愿望。在1647年至1650年间，贝尔尼埃在自己教过的一名学生、身负外交使命的麦德韦伊的陪伴下，游历了但泽和波兰。在归途中，他还有意在罗马和威尼斯两地逗留多日。这次短暂的欧洲之行激发了贝尔尼埃走出欧洲、游历东方的想法，但是对老师伽桑狄健康状况的担忧推迟了他的行程。他跟随导师一起来到南方继续学习医学，直到1652年秋天在蒙彼利埃大学医学院取得了博士学位。至于他为什么要学习医学，我们有理由猜测这是其庇护者吕里尔的主意。吕里尔经常在居住和金钱方面接济伽桑狄，考虑到私生子夏柏尔跟随他学习哲学远远不足以糊口，在这位曾经担任巴黎财务官的父亲看来，医生"这个职业在哪儿都能谋生"[1]，于是，夏柏尔被送到了蒙彼利埃大学医学院，对于被他视如己出的贝尔尼埃[2]，相信吕里尔的做法并没有两样吧。数年之后，贝尔尼埃正是凭借其早年习得的医术在莫卧

---

[1] Gédéon Tallemant des Réaux, *Les historiettes de Tallemant Des Réaux : mémoires pour servir à l'histoire du XVIIe siècle*, Tome 3, p.222.
[2] Jean-Léonor de Grimarest, *La Vie de M. de Molière*, Paris: Le Febvre, 1705, p.11.

儿帝国宫廷里谋得了一个足以支撑其8年生活的职位。1641年至1645年,贝尔尼埃为了捍卫伽桑狄的学说,与皇家数学家和天文学家J.-B. 莫兰展开了一场激烈的笔战,但是由于后者得到了时任路易十四王朝枢密院首席大臣和枢机主教马扎然与意大利宫廷的支持,同时贝尔尼埃也考虑到为病中的伽桑狄赢得一份安宁,便不得不屈从于政治压力沉默了下来。1654年10月,伽桑狄在巴黎去世,贝尔尼埃忍住悲伤,亲手合上了他的双眼。第二年1月他便启程去往东方。

东方的旅程刚开始并不怎么顺利。贝尔尼埃途经巴勒斯坦和叙利亚来到了埃及,却在那里不幸染上了鼠疫,以至于在开罗滞留了一年之久。病愈之后,贝尔尼埃原本打算取道阿比西尼亚(Abyssinie)进入非洲腹地。然而就在他刚刚到达红海岸边时,非洲传来了白人在那里遇害的消息,他旋即改变了主意,登上了一艘印度商船,经过22天的颠簸终于在1658年底或者1659年初来到了位于印度西海岸的贸易港口城市、莫卧儿帝国治下的苏拉特(中国明代典籍称"舍剌齐")。

1526年,巴布尔(Babur,1483–1530)在第一次帕尼帕特战争中打败了统治北部印度长达三百多年的德里苏丹易卜拉欣·洛迪,建立了新的帝国。由于巴布尔是来自阿富汗的波斯化突厥人与蒙古人帖木儿的后裔,这个帝国因此被命名为莫卧儿帝国,"莫卧儿"是波斯语"蒙古"的转音。莫卧儿帝国经过巴布尔、胡马雍、贾汉吉尔、沙贾汗几代皇帝的励精图治,在奥朗则布(Aurangzeb,1618–1707)统治时期(1658—1707)达到了繁荣的顶峰,它控制的疆土几乎涵盖了整个印度次大陆,总面积达320万平方公里,人口1亿—

1.5亿，其强盛程度超过了波斯人建立的萨法维帝国和土耳其人的奥斯曼帝国，是与大明帝国比肩的欧亚大帝国。由于帖木儿依据伊斯兰法制定的分封体制没有明确规定诸王子继承皇位的先后顺序，因此莫卧儿帝国在历代皇权更迭时都会发生残酷的继承战争。1657年9月，沙贾汗（Shah Jahan, 1592–1666）由于长期染病不能视事，就由达拉、舒亚、奥朗则布和穆拉四位王子分别代替他行使主权。王子们各自拥有自己管辖的地域、武装和拥护他们的贵族、官僚和学者，其中皇长子达拉博学、温顺，最为受宠，人们普遍认为他就是皇位继承者的不二人选，但是三子奥朗则布却足智多谋而善于隐忍，在经过一系列兄弟相残的战争后取得了最后的胜利。他囚禁了自己的父亲沙贾汗，并于1658年7月加冕成为新的莫卧儿帝国皇帝，随后驱逐了达拉和其余两位兄弟，最终一一杀死了他们。

贝尔尼埃来到莫卧儿帝国之时正值这场内战进入尾声，他见证了达拉的落败和奥朗则布的胜利。在由苏拉特去往阿格拉途中的艾哈迈达巴德附近，贝尔尼埃遇到了被奥朗则布击败而四处逃亡的达拉。无望之际的皇长子希望借助于一位他曾经搭救过的阿富汗首领的帮助逃往波斯，不想遭到后者的背叛，一位心爱的妻子也染上了丹毒，达拉正急于为她寻找一位医生，贝尔尼埃因此被他收留在帐下做了私人医生。不久之后，达拉继续逃往信德地区，孤身一人的贝尔尼埃遭到了匪徒的袭击，险些丧命，然而早年习得的医术在关键时刻挽救了他的性命，一位贵族学者德奈什门德·汗将他带到了德里。贝尔尼埃在这位贵族的保护下以医生身份在奥朗则布的宫廷里一待就是8年,他给那里的达官贵人们看诊治病,并借此结交了当地的许多著名学者。1664—1665年,贝尔尼埃还跟随奥朗则布的军队踏上了此前一直不允许欧洲人涉足的南亚次大陆上最为富庶之地——克什米尔。1669年夏天,他离开莫卧儿首都,从苏拉特登船取道波斯和土耳其到达了马赛,回到了阔别14年的法国。此后,贝尔尼埃频繁出入于巴黎著名的玛格丽特·德·拉·萨布里耶(Marguerite de La Sablière)夫人的沙龙,与作家布瓦罗、拉辛和拉封丹、莫里哀、枫丹奈尔等人交往,继续从事文学创作和科学与哲学研究。1670—1671年,在国王路易十四恩准之后,他撰写和出版了四卷本《大莫卧儿帝国旅行记》(下文简称《旅行记》),这部作品在法国乃至整个欧洲迅速在文人、学者、官员和商人中赢得了大量的读者,先后被翻译成英文(1671)、荷兰文(1672)、德文(1672—1673)、意大利文(1675?),为作者赢得了极大的声誉,人们因此送给这位旅行家一个响亮的称号"莫卧儿-贝尔尼埃",直到60年后启蒙时代的思想巨人伏尔泰还以这个称号来赞誉他。《旅行记》完成之后,贝尔尼埃着手编纂《伽桑狄哲学大纲》,这部8卷本巨著结合作者常年在东方和印度游历的见闻和经验,全面阐释了伽桑狄的科学、伦理和政治思想。作为编者,贝尔尼埃还在随后撰写的一本书中针对其思想导师伽桑狄的某些哲学信条提出了质疑。与此同时,贝尔尼埃还就欧洲当时的许多科学和思想问题做出了深入的思考,它们大多数以书信形式被敬献给了沙龙女主人萨布里耶夫人,其中就包括有关孔子的伦理和政治学说的论述。此外,贝尔尼埃还提出了不以自然界线，而以肤色等生理特征或人种差别为标准来划分地理区域的原则，这为布鲁门巴赫等欧洲学者于18、19世纪创立人种学和体制人类学开辟了道路。[1] 晚年的贝尔尼埃除了曾于1685年短暂地游历英国和荷兰之外，一直独自居住在巴黎的太子广场，直至1688年死于因一桩不实指控引发的玩笑所招致的侮辱当中。

自由思想者眼中的焚祭礼和日食

《旅行记》在1670—1671年面世之时，贝尔尼埃将其第一卷定名为《大莫卧儿帝国新近革命的历史，敬献给国王，蒙彼利埃大学医学院弗朗索瓦·贝尔尼埃先生著》[2]，这个书名中"历史"（histoire）一词，本身包含文学意义上的"故事""传奇"或者"小说"之义。第二卷的书名则为《个别的事件，或战后五年或五年左右在大莫卧儿帝国所发生的大事，附一封描述印度斯坦广袤地域、金银流通和积聚，财富、权力和正义以及导致亚洲国家衰落主要原因的信》。[3]

---

[1] François Bernier, "Nouvelle division de la terre par les différentes espèces ou races d'hommes qui l'habitent, envoyée par un fameux voyageur à M. l'abbé de La ***", *Le Journal des Savants*, Paris, 24 avril 1684, pp.133-140.

[2] François Bernier, *Histoire de la dernière révolution des estats du Grand Mogol, dédiée au roy par le sieur F. Bernier, médecin de la Faculté de Montpellier*, Paris: Claude Barbin, 1670. 后文出自同一著作的引文，将随文标出该著简称 *HRM* 和引文出处页码，不再另注。

[3] François Bernier, *Evènements particuliers, ou ce qui se passé de plus considérable après la guerre pendant cinq ansdans les Etats du grand Mogol. avec une Lettre de étendue de l'Hindoustan, Circulation de l'or & de l'argent pour venir s'y abimer, Richesses, Forces, justice & cause principale de la décadence des Etats d'Asie*, Paris: Claude Barbin, 1670. 后文出自同一著作的引文，将随文标出该著简称 *EP* 和引文出处页码，不再另注。

1672年出版的第三、四卷,书名为《贝尔尼埃先生有关大莫卧儿帝国的回忆录续篇》[1],直到1699年在阿姆斯特丹出版的《旅行记》前两卷法文版才改为今天我们所看到的这个书名,即《蒙彼利埃大学医学院博士弗朗索瓦·贝尔尼埃的旅行记,包含对大莫卧儿帝国、印度斯坦和克什米尔王国等的描述》,即便是从中世纪著作家习惯采用的这些长长的书名当中,我们也可以大致了解它们想要描绘给读者的内容。

贝尔尼埃在旅居莫卧儿帝国期间并没有中断与巴黎知识圈的联系。诗人和文学批评家让·夏柏兰(Jean Chapelain)在1661—1669年曾经6次致信贝尔尼埃。身在德里的时候,贝尔尼埃还与聚集在巴黎的伽桑狄弟子及其昔日的学生和当时的资助者麦德韦伊保持着通信来往,撰写旅行笔记的做法来自夏柏兰,后者建议贝尔尼埃从事写作时要注意对语言和文字精细打磨。贝尔尼埃还不断接到来自巴黎的同门、学者、亲友们的建议和鼓励,以及有关欧洲的政治、科学和文学消息乃至书籍和金钱方面的资助。贝尔尼埃寄自印度的书信反过来也满足了远在巴黎的朋友们对印度的政治、科学、宗教、道德、风俗等方面百科全书式的求知欲。据说当贝尔尼埃于1699年回到法国时,提包里装着他寻求出版的笔记和书信。[2]但是其书信研究者朗兹声称:"贝尔尼埃旅居莫卧儿帝国期间很少写作。他的回忆录由一些为数不多的讲述

---

[1] François Bernier, *Suites des mémoires du Sr. Bernier sur l'empire du grand Mogol, dédiez au roy*, Paris: Claude Barbin, 1671. 后文出自第三卷的引文,将随文标出该著简称 *SMB* 和引文出处页码,不再另注。
[2] Frédéric Tinguely, "Introduction", *Un libertin dans l'Inde moghole: les voyages de François Bernier, 1656-1669*, Paris: Chandeigne, 2008, pp.18-20.

和论说组成,其中大多数带有逸事的性质,看上去像是挥手之间便可写就的东西。"[1] 毕思莱进一步指出,贝尔尼埃的写作所面对的并非狭隘的专业群体,而是着眼于经常出入萨布里耶夫人沙龙的人们,这个沙龙素以参与者的多元化和浓厚的思想氛围著称。其中"既有名流显贵和举止文雅的女士,也有位高权重的官员,他们成群结队地聚在一起",如与女主人常年合住在一起的寓言作家拉封丹、戏剧家拉辛、莫里哀,古今之争中的扛鼎人物、《鹅妈妈故事集》的作者夏尔·皮罗,作家和旅行家夏柏尔,法兰西学院院士拜里松,哲学家枫丹奈尔,数学家罗贝瓦尔,物理学家肖沃,马扎然政府的财务总管、文学艺术的保护人尼古拉斯·富凯以及其他宫廷贵族和宗教界的社会名流,这使得位于博迪尚地区新街的萨布里耶夫人的沙龙成了17世纪最活跃的思想和世俗聚会场所之一。贝尔尼埃常常给来这里聚会的沙龙公众讲述自己在印度的见闻和经历,《旅行记》前两卷就出现在这个沙龙的特殊氛围当中,成为人们普遍聆听、阅读和讨论的对象。为了引起公众的关注和兴趣,贝尔尼埃刻意选择了专门出版拉封丹、拉辛、布瓦罗和拉菲叶特等通俗作家作品的克劳德·巴尔班作为他的出版商。因此《旅行记》的撰写基于一个由朗诵、聆听、询问、讨论组成的复杂的交流和对话过程,其中体现了沙龙公众之间的合作,也是贝尔尼埃对读者

---

[1] Louis de Lens, *Les correspondants de François Bernier pendant son voyage dans l'Inde*, Angers: Tous les libraires, 1872, p.8. 后文出自同一著作的引文,将随文标出该著简称 *CB* 和引文出处页码,不再另注。

多种趣味的回应。[1]

萨布里耶夫人热爱诗歌和科学,尤其对天文学怀有极高的热情,贝尔尼埃除了教授女主人笛卡儿和伽桑狄的思想之外,还让她及时了解到了天文学的进展,两人还一起参观了天文学家卡西尼在巴黎新设立的观测台。通过萨布里耶夫人,贝尔尼埃结识了东方学家、《东方文库》的编纂者巴尔迪莱米·戴尔白劳(Barthélemy d'Herbelot,1625-1695),他精通东方语言,曾经赴意大利跟随去过东方口岸的商人和传教士练习语言,后来被富凯招募为路易十四的东方语言秘书和译员。戴尔白劳很早就结识了与贝尔尼埃同时游历印度的让·德·德威努(Jean de Thévenot,1633-1667)。1665年2月,德威努在去往东方的途中加入了让-巴比斯特·塔维尼埃(Jean-Baptiste Tavernier,1605-1689)的商队,他们试图从伊斯法罕出发经设拉子、拉尔和阿巴斯港寻找通往印度的路线,经过一番周折之后,终于在1666年1月到达了苏拉特。随后,德威努在莫卧儿帝国滞留达13个月之久,接着他穿越了格尔高达和默苏利珀德姆回到苏拉特,但不幸于归国途中在伊斯法罕意外中枪,死于米亚内。早在1664年德威努就在巴黎出版了他的第一部游记,即《黎凡特旅行记》[2],

---

[1] Faithe E. Beasley, *Versailles Meets the Taj Mahal*, Buffalo: University of Toronto Press, 2018, pp.32-71.

[2] Jean de Thévenot, *Relation d'un voyage fait au Levant dans laquelle il est curieusement traité des estats sujets au Grand Seigneur et des singularitez particulières de l'Archipel, Constantinople, Terre-Sainte, Égypte, pyramides, mumies [sic], déserts d'Arabie, la Meque, et de plusieurs autres lieux de l'Asie et de l'Affrique outre les choses mémorables arrivées au dernier siège de Bagdat, les cérémonies faites aux réceptions des ambassadeurs du Mogol et l'entretien de l'autheur avec celuy du Pretejan, où il est parlé des sources du Nil*, Paris: Louis Bilaine, 1664.

三　帝国与启蒙的前夜

另外两卷游记[1]在其死后不久也接连面世。贝尔尼埃把和自己同时从印度回国的塔维尼埃介绍给了萨布里耶夫人，前两人曾经结伴从阿格拉去往孟加拉和戈尔贡达（1665年11月—1666年1月），在他们相遇同行之前，这位法国钻石商人已经分别于1651—1655年、1657—1662年两次游历过印度。塔维尼埃对通往东方的商业道路非常熟悉，介绍了许许多多欧洲商人去往那里，晚年因其为法国商业赢得的崇高声誉而被路易十四授予男爵头衔。17世纪70年代初，接受国王的诏令，塔维尼埃在被视为贝尔尼埃兄弟的夏柏尔的帮助下开始整理和撰写游记。1676年通过同为贝尔尼埃出版商的克劳德·巴尔班出版了《国王侍从、欧伯纳男爵让－巴比斯特·塔维尼埃的六次旅行记》[2]，接着于1679年出版了它的补卷。[3] 1667年初夏，贝尔尼埃在苏拉特时还遇到了让·夏

---

[1] Jean de Thévenot, *Suite du voyage de Levant, dans laquelle, après plusieurs remarques très singulières sur des particularitez de l'Égypte, de la Syrie, de la Mésopotamie, de l'Euphrate et du Tygre, il est traité de la Perse et autres estats sujets au roy de Perse et aussi des antiquitez de Tchehelminar et autres lieux vers l'ancienne Persepolis, et particulièrement de la route exacte de ce grand voyage, tant par terre, en Turquie et en Perse, que par mer, dans la Méditerranée, golfe Persique et mer des Indes*, Paris: Charles Angot, 1674; *Troisième partie des voyages de M. de Thevenot, contenant la relation de l'Indostan, des nouveaux Mogols et des autres peuples et pays des Indes*, Paris : La veuve biestkins, 1684.

[2] Jean Baptiste Tavernier, *Les Six Voyages de Jean Baptiste Tavernier, écuyer baron d'Aubonne, qu'il a fait en Turquie, en Perse, et aux Indes, pendant l'espace de quarante ans, & par toutes les routes que l'on peut tenir : accompagnez d'observations particulières sur la qualité, la religion, le gouvernement, les coutumes & le commerce de chaque païs ; avec les figures, le poids, & la valeur des monnayes qui y ont cour*, Paris: Gervais Clouzier et Claude Barbin, 1676.

[3] Jean Baptiste Tavernier, *Recueil de plusieurs relations et traitez singuliers et curieux de J.B. Tavernier, chevalier, baron d'Aubonne. Qui n'ont point este mis dans ses six premiers voyages. Divisé en cinq parties. Avec la relation de l'intérieur du sérail du Grand Seigneur*, suivant à la copie, Paris : 1679.

尔丹（Jean Chardin）[1]，当时这位法国旅行家和商人受波斯国王阿巴斯二世之托，刚刚来到印度为其购买宝石。夏尔丹在这里一直待到了1669年才返回波斯，1673年他再次游历了印度河谷的许多城市。1686年，《骑士夏尔丹在波斯、东印度、黑海并途经科尔基斯：附波斯至伊斯法罕的游记》[2]面世，1711年10卷本《骑士夏尔丹先生在波斯和东方其他地区的游记》[3]在阿姆斯特丹出版。

在17世纪末的法国乃至欧洲，亲历东方土地的贝尔尼埃、塔维尼埃、德威努和夏尔丹们撰写的旅行记得到了人们最为广泛的阅读，后者在一定程度上满足了西方人对东方人和东方社会的好奇心，也为他们提供了有关东方地理、宗教、道德风俗的丰富知识，从而深刻地改变了西方人对东方尤其是印度的认识。四位旅行家怀着不同的目的来到东方，记录了各自所关心和感兴趣的东西。例如，德威努的兴趣在自然科学，在旅行过程中，他致力于对当地的自然状况、代表性植物和人们外在生活的细心观察。夏尔丹除了到处为帝王搜购宝石之外，还亲历了波斯帝国里发生的王权争夺，并就此撰写了一部渲染波斯宫廷斗争的小册子，即《波斯帝国第三任国王苏雷曼的加冕及其治下难忘的两年》[4]，对此，主

---

[1] François Bernier, *Suites des mémoires du Sr. Bernier sur l'empire du grand Mogol, dédiez au roy*, Paris : Claude Barbin, 1671, p.38.
[2] Jean Chardin, *Journal du voyage du chevalier Chardin en Perse et aux Indes orientales, la Mer Noire et par la Colchide: Qui contient le voyage de Paris à Ispahan*, Amsterdam: Wolter & Haring, 1686.
[3] Jean Chardin, *Voyages de Monsieur le chevalier Chardin en Perse et autres lieux de l'Orient…*, Tomes 1-10, Amsterdam: J. L. de Lorme, 1711.
[4] Jean Chardin, *Le couronnement de Soleiman troisième roy de Perse, et ce qui s'est passé de plus mémorable dans les deux premières années de son règne*, Paris: Claude Barbin, 1671.

张与所在国政治保持距离的塔维尼埃给予了严厉的批评。尽管塔维尼埃精于鉴别东方出产的宝石，但是他与贝尔尼埃一样都是伽桑狄的信徒，拥有精细观察事物和宽容看待他者的"科学"能力，不同的是贝尔尼埃对其所看到和听到的事情，例如印度教徒的迷信、寡妇的焚祭和莫卧儿的土地制度具有独特和深入的思考。

自新航路开辟以来，远涉重洋踏上南亚次大陆的耶稣会士们往往从基督教的立场对印度教和伊斯兰教的风俗大加鞭挞，例如，安东尼奥·孟塞拉特就一方面赞叹印度"耕地和牧场的富足和肥沃"[1]及其北部城市美丽的风景、众多的人口和繁华的商业，另一方面却认为印度教的仪式"野蛮而堕落"[2]，因此主张穆斯林捣毁印度教建立的神庙。另一位耶稣会神父弗莱·赛巴斯提安·曼力克谴责伊斯兰教对肉体的放纵，却赞赏印度教对欲望的节制。[3]然而到了17世纪下半叶，旅居莫卧儿帝国的西方人，无论他们来自葡萄牙、荷兰、英国还是法国，其传教冲动和宗教激情开始逐渐退减，因此他们更多地是从商业、科学和人文的角度来看待东方社会。与此同时，在法国，一种被称为"放荡"（libertinage）的社会运动正在形成并迅速波及了整个欧洲。我们在前面谈论的这四位旅行家均深受这场运动的影响，信奉讲求世俗享

---

[1] Antonio Monserrate, *The Commentary of Father Monserrate, S. J., on His Journey to the Court of Akbar*, translated from the Latin by J.S. Hoyland, annotated by S.N. Banerjee, London: Oxford University Press, 1922, p.98.
[2] Antonio Monserrate, *The Commentary of Father Monserrate*, p.57.
[3] *Literature of travel and exploration: an encyclopedia*, 2nd ed., ed.by Jennifer Speake, New York: Taylor & Francis Books, Inc., 2013, p.601.

乐的伊壁鸠鲁主义哲学，反对宗教和传统形而上学的思想权威，主张道德自主，崇尚实用、实验和批判的精神。这一崇尚身心全面解放的运动在16世纪刚刚诞生时就遭到了许多基督教护教者的贬斥。例如，法国的胡格诺派新教教徒莫尔奈的菲利普将"libertin"视为"嘲笑上帝的人"，后来这个词演变为对不信奉任何宗教、"以肉欲为权威"的人的指称，他们"鄙视和抛弃了对基督教生活的神圣享有"，自此"放荡"这个称谓每每与伊壁鸠鲁主义者相提并论。[1]放荡运动在17世纪上半叶的影响遍及法国宫廷、上层社会、军队和一般的市民阶层，以至于安托万·亚当视之为一场"真正意义上的道德价值革命"，[2]保罗·哈扎尔甚至将放荡运动看作是席卷17世纪整个欧洲的一场"良心危机"。随着时间的推移，放荡运动的主体分化为两个方面，其一是不信宗教者，其二是追求肉体享乐生活的人。人们习惯上把前者称为"自由思想者"（libertin d'esprit）或者"强大的思想者"（esprits forts），以区别于"感官放荡者"（libertin de sens）[3]或者"道德上的放荡者"（libertinage de mœurs）。1943年，勒内·班达尔提出了一个更具描述性和有效性的思想史/文化史概念："博学的自由思想"（libertinage érudit），这是"在17世纪巴黎形成的一个稳固的学术团体，其成员为数众多但难以接近，它赋予所有成员以人文主义的思想和道德传统，并将

---

[1] Salvon Mastollone, "Gallicani libertini", *Il Pensiero Politico*, Jan. 1, 1973: 6, 2, p.250.
[2] Antoine Adam, *Les libertins au XVIIe siècle*, Paris: Buchet/Chastel, 1964, p. 7.
[3] Paul Hazard, *La Crise de la conscience européenne (1680-1715)*, Paris: Boivin et Librairie générale française, 1935, p.131.

他们密切地结合起来。因此，居于其核心的几乎所有学者都被认可为独立于既定的权威，形成了一个通过家庭或者友情交流为纽带的团体"[1]，其成员有：加布里埃尔·诺迪、拉姆特·勒瓦耶、伽桑狄、居伊·德拉布罗斯、萨缪尔·苏布里埃尔、青年时期的弗朗索瓦·贝尔尼埃以及其他无法一一具名的作家和学者。

贝尔尼埃撰写《旅行记》的想法最初来自"博学的自由思想者"圈子的中坚人物——夏柏兰的建议和督促。作为伽桑狄亲密的朋友，夏柏兰在他去世之后承担起了从思想上指导其门下年轻人的任务。在与远在印度的贝尔尼埃的通信当中，夏柏兰坚信贝尔尼埃凭借自己的禀赋和知识一定能够成为描写这块闻名世界之地的不朽作家。鉴于既有的游记都是由那些"无知的商人和富有偏见的传教士所写"，因此，他建议贝尔尼埃向曾经游历莫斯科的德国旅行家亚当·奥勒瑞乌斯（Adam Olearius）和曾在清帝国传教的意大利耶稣会士卫匡国学习，写出一种"奇妙的记行""一种精确和真实的描述""一种精确的、能够使你的名字不朽的记行"[2]，"尽可能地丰富你所能够得到的一切线索，无论它们是莫卧儿帝国的政治状况，还是那些不同于我们的自然和艺术状况"，为此应当广泛搜集重要的和为当地人所看重的典籍，并从其所有的知识中寻求教益，如果将它们带回来，这对欧洲来说将

---

[1] René Pintard, *Le Libertinage érudit dans la première moitié du XVIIe siècle*, nouvelle éd., Genève : Slatkine, 2000, p. viii.
[2] Jean Chapelain, *Lettres de Jean Chapelain, de l'Académie française,* Tome 2, Paris: Imprimerie internationale, 1883, p.169.

是至宝。通过这些波斯的诗歌、历史和哲学,"你将会找到观察的途径,看看他们(指印度人——引者)传授多少门知识,其知识进展到了何种地步,他们如何推进自己的理性思考,遵循什么样的道德信条,何谓异教(指印度教——引者)或者伊斯兰教或者这二者,他们如何看待自然、生理或者医学,他们观测到了哪些星辰,他们是否遵循古希腊或者阿拉伯人的学说,或者遵循其他那些只是属于他们自己的学说"。[1] 在夏柏兰看来,游记写作本身还应体现出一种哲学,它既非学院式的亦非为一个美好的心灵所需的东西,"其设立的唯一目标是公共用途"(*LC*: 663)。然而,当夏柏兰接到贝尔尼埃从印度寄来的书信并打算将其编入麦尔西斯戴赫·德威努(旅行家德威努的叔父)的《奇妙游记丛编》[2] 中时,却发现贝尔尼埃的"语言芜杂且有过于庸俗的轻佻之风",这有损于其"权威和分量"(*LC*: 221)。因此,在收入《丛编》时,夏柏兰对贝尔尼埃的文字进行了净化处理。由此看来,无论是贝尔尼埃寄自印度的书信,还是在与萨布里耶夫人沙龙公众的对话中产生的《旅行记》,都不符合"博学的自由思想者"圈子的科学写作要求。反过来说,贝尔尼埃显然并没有完全听从夏柏兰的建议,《旅行记》虽然对莫卧儿帝国的宫廷政治、地理风貌和人情世故做出了不少细致

---

[1] *Lettres de Jean Chapelain, de l'Académie française*, Tome 2, p.221. 后文出自同一著作的引文,将随文标出该著简称 *LC* 和引文出处页码,不再另注。
[2] Melchisédech Thévenot, *Relations de divers voyages curieux qui n'ont point été publiés et qu'on a traduit ou tiré des Originaux des Voyageurs Français, Espagnols, Allemands, Portugais, Anglais, Hollandais, Perses, Arabes et autres Orientaux*, Paris: Sébastien Mabre-Cramoisy, 1663, pp.9-10.

而真实的描述，但其中也充满了趣闻、逸事、秘史、传说、笑话和寓言等种种片段式的叙事，这些写作还有意凸显出了人物的面貌、性格、感情，甚至不惜笔墨大肆渲染出某种悲剧的情调，比如落败的达拉在闹市中被当众行刑的场面：

> 真的，所有的露台和商铺都挤满了人，他们饱含热泪，人们听到的只是叫喊声和悲叹声，还有对这位吉万可汗（牵着达拉骑行大象的奥朗则布宫廷官员——引者）的辱骂和诅咒声；一句话，男人和女人们无论大小（印度人通常都有一颗柔软的心灵）都融化在眼泪当中，他们亲眼见证了巨大的激情，却没有一个人敢于窃窃私语，没有一个人敢于拔剑出鞘。(*HRM*: 238)

可以想象，当旅行家在高朋满座的萨布里耶夫人沙龙里高声朗读这段浸透着悲伤的文字之时，在场的人没人不会不为之动容甚至掩面而泣吧？相信他们的眼前会立即浮现出奥朗则布的残暴和普通百姓的悲悯柔弱来，即使今天的读者也不能不佩服贝尔尼埃的文学才能。

观察东方国家的不同风俗，尤其是了解那里的男人对待妇女的态度和妇女在东方国家的不同地位，借以知晓日常语言因为用于与女性的交流而趋于礼貌和文明化的过程，进而回视和批判当时西方男性对妇女的普遍奴役，对于此类话题，"博学的自由思想者"团体的学者一直保持着浓厚的兴趣。夏柏兰曾经鼓励贝尔尼埃特别留意这个问题，并对莫卧儿、波斯和土耳其的情况做一对比，从而得出自己的看法

（*LC*: 169）。数个世纪以来，来到莫卧儿帝国的西方人几乎无一例外地把印度教对妇女施行的焚祭礼（sati）看作野蛮和残酷的风俗，即使是曾于1601—1611年旅居南印度长达10年之久的法国航海家拉瓦尔（François Pyrard de Laval）以及与贝尔尼埃同一时期旅居莫卧儿帝国的德威努、塔维尼埃也不例外。然而，这一习俗却在贝尔尼埃的笔下呈现出了一种复杂性和暧昧性。在《旅行记》中，贝尔尼埃一共记叙了五则有关妇女焚祭的轶事，其中的一则是这样的：

> 我回想起曾经在拉合尔看到一个非常漂亮的小姑娘，她还年幼；我猜她也就不满12岁吧。可怜的小姑娘在走近丈夫遗体的一刹那，虽生犹死；她全身颤抖，大颗泪珠从眼里跌落下来，三个或者四个行刑者，其中有一个老妪从上面一把捉住了她的腋窝，用力推她直到将她按坐在丈夫的遗体上，他们捆住了她的手脚防止她逃走，并在其四周堆满柴火，将她活活烧死。（*SMB*: 42-43）

亲眼目睹了婆罗门"作恶"场景，贝尔尼埃在给夏柏兰的信中说自己当时恨不得"绞死他们"，他简直无法压抑对这种"野蛮和残酷"的宗教的愤怒，但是，当他一想到卢克莱修的诗句时就立刻平静了下来，这位诗人曾就古希腊神灵阿伽门农抽刀割断女儿伊菲革涅亚的脖子将其献祭给女神狄安娜的故事写道："然而，情况常常相反／每种宗教都会导致罪恶和鄙贱的行为……宗教招致过多少人间不幸！"（*SMB*: 43-44）在这里，我们看到作为一位不信宗教的"自由思想者"，贝尔尼埃对婆罗门教的批判不是出于基督教的立场，也没有心怀萨义德所说的东方主义偏见，而是出于人文主义的观点对包括基督教在内的普遍意义上的宗教批判。"上帝值得人们赞誉，并非由于他得到的荣耀，也不是因为人们希望从他那里得到荣耀，而是因为他是自然的主人，是我们仁慈的主人"[1]，贝尔尼埃在心中铭记着导师伽桑狄这一理性主义信条。在叙述另一则焚祭礼故事的过程中，贝尔尼埃于字里行间将深夜实施焚祭的婆罗门老妪暗暗比作中世纪欧洲盛行的巫术活动中的一个环节——巫婆夜会（le sabbat des vieilles/Le Sabbat des sorcières）：她们"蓬头散发"，有着"苍白的面庞、干涩而眨巴的双眼"（*SMB*: 23）。无论是穿梭于萨布里耶夫人沙龙里的上流人士，还是17世纪晚期欧洲的普通读者，每当读到这段文字时，谁能够不立刻浮想起曾经在自己身边发生过的同样恐怖的场面呢？受自己的保护人、莫卧儿贵族官员德奈什门德·汗之托，贝尔尼埃以官员、医生和好友的身份前去劝说一位因病去世的朋友（汗的秘书邦迪达斯）之妻打消举行焚祭礼的念头，结果这位对丈夫忠贞不渝的妇女不顾双亲的劝阻，执意要抛开自己的两个儿子为丈夫陪葬。贝尔尼埃借助抚慰甚至不惜予以威胁和大声恐吓的方式，才终于避免了一场地狱般的悲剧。其识见和作为就连100年后远远目睹了马拉塔地区一位女性被焚祭的法国第一位职业印度学家、曾对印度人和印度文化寄予深刻同情

---

[1] François Bernier, *Abrégé de la philosophie de M. Gassendi*, Tome 8, Lyon: Anisson & Posuel, 1678, p.453. 后文出自同一著作的引文，将随文标出该著简称 *APG* 和引文出处页码，不再另注。

的昂盖狄-杜柏龙（Abraham Hyacinthe Anquetil-Duperron，1731–1805）也无法企及。后面这位东方学家身后留下的游记中，焚祭场面一再被视为印度所独有的野蛮现象加以大肆渲染："燃烧的柴火，嘈杂的鼓声、笛子的凄鸣加剧了（焚祭）仪式的恐怖气氛。"[1]不过，那时波旁王朝统治的法国经过"太阳王"路易十四的东征西战已经成为欧洲一流国家，并且开始与英国大举争夺和经营南亚和美洲殖民地了。历经200年的殖民时代结束之后，印度学者不禁发出了这样的质疑：

> 当见证焚祭礼的欧洲人目睹一位妇女被焚烧时，为什么他们没有抓住自己国家里发生的类似的焚烧巫女现象，来更好地向本国的听众们解释他们所不熟悉的焚祭妇女现象呢？[2]

在动身前往巴勒斯坦和波斯前夕，贝尔尼埃和伽桑狄、皮埃尔·博迪、夏柏兰等"博学的自由思想者"与耶稣会士、新教教徒以及亲马扎然的星象学家莫兰曾经就如何解释1654年8月12日出现在巴黎的日食现象展开了一场激烈的争论。后一阵营认为这一现象预示着大灾难的来临，而前一阵营则从刚刚诞生的自然科学原则出发，认为它和之前曾

---

[1] Anquetil-Duperron, *Voyage en Inde, 1754-1762: relation de voyage en préliminaire à la traduction du Zend-Aves*, Paris : Maisonneuve et Larose, 1997, p.268.
[2] Pompa Banerjee, *Burning Women: widows, witches, and early modern European travelers in India*, New York: Houndmills, 2003, p.35.

经数次出现的日食并无区别,都是平淡无奇的自然现象。然而,巴黎街头的民众却宁愿迷信前者,目睹日食的他们陷入了焦急和恐慌当中,"有的人购买药物来对抗日食,有的人栖身于黑暗的地窖和密闭的室内,有些人则淹没在教堂的人群当中;他们害怕日食将会造成恶毒和危险的影响,另一些人则相信末日将要到来,相信它会烧毁并颠覆大自然的根基"(*SMB*: 2–3)。尽管贝尔尼埃迫于政治压力最终退出了这场横扫欧洲知识界的科学与迷信之争,甚至或许是为了逃避政府和教会的迫害离开了巴黎和法国,但是他与迷信的斗争却并没有停止。在归国途中经过波斯时给好友夏柏兰的信中,贝尔尼埃描述了1666年在德里发生的另一次日食现象。再次让他感到痛心的是,德里的百姓在面对日食时表现出了与巴黎市民同等程度的"天真"和迷信:当日食来临之际,德里的男男女女、老老少少都几乎赤身裸体站立在齐腰深的河水当中,眼睛注视着天上,身体随着日食的变化"潜下和站起"。平时供职于宫廷的贵族也停下工作和商人们一起在河水中起起落落,大声祷告。日食过后,人们纷纷把自己脱下的旧衣服交给婆罗门,换上新衣并布施给他们(*SMB*: 7)。值得注意的是,贝尔尼埃将导致印度百姓迷信的原因归于婆罗门,认为其正是以行贿莫卧儿皇帝为手段防止印度教按照伊斯兰法的规定被取缔,从而达到维护本阶层利益的目的(*SMB*: 9)。尽管贝尔尼埃带着鄙视的眼光以"gentil"即"异教徒""偶像崇拜者"的字眼来称谓印度教徒,但是这里表达的是对后者的迷信行为的厌恶和痛恨,这与贝尔尼埃对巴黎市民所做的类似批评并无两样,其书信中的"某些冒牌星相学家的狡诈"（*SMB*: 3）暗指的正是曾经被他的谩骂所激怒，并挑动马扎然对其进行人身迫害的天文学家莫兰。在贝尔尼埃看来，女性焚祭和迷信天象共同存在于莫卧儿帝国和中世纪的欧洲，它们并非为印度或者东方国家所独有的野蛮、残酷和愚昧现象。贝尔尼埃笔下的东方风俗、道德和宗教并非仅仅服务于"推进他们（指西方人——引者）形成一种表现为野蛮性宗教的异类（指东方人——引者）的理念"[1]，也非萨义德所谓"自古以来对西方的一种巨大补充"[2]，否则我们便忽视了贝尔尼埃在展开其印度书写时所刻意显露出来的比较视野，及其对当时法国乃至欧洲社会和政治的批判，也无法解释《旅行记》中所呈现的东方形象的矛盾、暧昧和复杂性。

印度洋贸易、财富和土地所有制

1668年初，当贝尔尼埃来到苏拉特准备取道波斯回国之际，他遇到了受路易十四的财政大臣柯尔贝尔派遣，刚刚来到莫卧儿帝国的弗朗索瓦·卡隆。卡隆此行的目的是以新建立的法国东印度公司（1644）代表身份寻求与莫卧儿帝国开展贸易的途径。卡隆出生于布鲁塞尔，是法国胡格诺教徒

---

[1] Devika Vijayan, *Les anecdotes dans les récits de voyage français aux Indes orientales (XVIIe et XVIIIe siècles)*, A thesis presented to the University of Waterloo in fulfillment of thesis requirement for the degree of Doctor of Philosophy in French Waterloo, Ontario, Canada, 2013, p.252.
[2] Edward Saïd, *L'Orient créé par l'Occident*, trad. par Catherine Malamoud, préface de Tzvetan Todorov, Paris: Seuil, 2003, p.75.

的后裔，尽管此人早年长期受雇于荷兰东印度公司，还曾担任过台湾总督，但是他只熟悉南中国海地区的贸易状况，对莫卧儿帝国一无所知。两人相见后，卡隆如获至宝，请求贝尔尼埃向东印度公司在巴黎的负责人即柯尔贝尔就法国如何与莫卧儿帝国进行贸易的问题撰写一份秘密报告。这份报告一直被尘封在"法国殖民部档案馆"中长期无人知晓，直到1885年才首次被发现并发表出来。[1]在这份报告中，贝尔尼埃首先建议法国使节在莫卧儿皇帝面前隐瞒自己国家的实力，设法让皇帝相信法国只是与荷兰、英国、葡萄牙平起平坐的一个欧洲国家（Frangis，"弗朗机"），并且将来也不可能会更加强大，以防让对方产生嫉妒的心理，从而阻碍东印度公司的进入；其二，以赠送皇帝、权贵和地方官员适当价值的礼物为手段打通各个紧要关节，结交皇帝的近臣和效力于莫卧儿帝国的欧洲传教士、商人，以获得经商权并顺利将需要的商品从这里运送出去；其三，告诫法国使节在觐见莫卧儿皇帝时保持审慎、耐心和顺从的态度，要遵守伊斯兰的宫廷礼仪，甚至不惜屈下身子行"色兰礼"（salam）；其四，贝尔尼埃还回答了法国应否像荷兰和英国那样在印度的口岸城市建立常设商行，以及适合建立商行的地点等问题；最后，贝尔尼埃呼吁东印度公司雇员对管理者保持敬畏的态度，秉公办事。[2]

---

[1] François Bernier, "Mémoire sur l'établissement du commerce dans les indes"（后文简称 MSCI）, in *Mémoire de la société nationale de l'agriculture, sciences et arts d'Anger*, Tome 26, 1884, Anger: Imprimerie Lachèse et Dolbeau, 1885, pp.215-234.（后文简称 *MSA*）

[2] François Bernier, "Lettre à MM.de Faye et Carron", in *MSA*, pp.235-239.

柯尔贝尔认真阅读了贝尔尼埃的秘密报告并做了摘要，贝尔尼埃要求东印度公司内部保持团结、遵从莫卧儿宫廷礼仪的建议引起了东印度公司缔造者的重视。[1]法国加入印度洋贸易始于1600年，然而在黎塞留和马扎然主政时期建立的两家贸易机构皆因经营不善而破产。在此期间，荷兰和英国纷纷在苏拉特等地建立了商行，逐渐取得了印度洋上的贸易霸主地位。1661年3月，马扎然去世，路易十四取消了首相职位，独立执政，此时的法国因三十年战争、投石党运动和马扎然等廷臣的疯狂敛财陷入了严重的财政危机，国家因之积弱不堪。面对这一危机状况，路易十四渴望通过对内加强王权，对外发动王朝战争的方式重新恢复法国的强国地位，然而这一切的前提就是迅速采取手段增加国家财富以顺利地克服财政危机，应对频繁的战争。新被任命为财务大臣的柯尔贝尔信奉重商主义，认为国家财富主要来源于海内外商业和贸易收入，印度洋贸易于是成为其亚洲战略的重要组成部分。柯尔贝尔相信贸易平衡的原则，认为法国要从印度洋贸易中获利就必须夺取海上霸主荷兰东印度公司所占的利润份额。1664年9月，柯尔贝尔得到路易十四的敕令重组东印度公司，公司1.5亿利弗尔的总资本中有2000万直接由国王本人出资，其余则由皇室宗亲、宫廷臣僚和穿袍贵族认股。由于1615年和1642年成立的两家东印度公司相继破产的阴影还未散去，尽管柯尔贝尔委托作家弗朗索瓦·夏彭梯耶尔专门撰写了鼓动民间投资的宣传材料，但是人们对

---

［1］ François Bernier, "Documents inédits sur son séjour dans l'Inde", in *MSA*, p.241.

王朝主导的商业活动依旧缺乏兴趣。这表明，柯尔贝尔的东印度公司一开始就没有像荷兰和英国那样建立在新兴资产阶级的支持上。随后数年间，这家由官方支撑的商业机构面临着多方面的问题，其中最为急迫的麻烦莫过于法国人不熟悉印度商品的质量、价格结构和合适的购入季节；其次，由于竞争对手荷兰、英国、西班牙和葡萄牙人的处处阻挠，法国无法从印度次大陆各个王国那里取得经商权，卡隆与其顾问常常为此陷于不断的争执当中，为了疏通各层关系就必然会增加商业成本，这最终降低了东印度公司的信誉，并使其失去了竞争力。应该说，贝尔尼埃呼吁约束东印度公司雇员在莫卧儿宫廷的行为，加强与有利于法国利益的人士之间的沟通有其合理之处，因此这些建议得到了柯尔贝尔的首肯。然而，1669年1月，柯尔贝尔又得到了从苏拉特返航的东印度公司商船圣让-巴比斯特号带来的消息，督促政府实行更加富有进攻性的亚洲政策，以对付在印度洋上部署的武力比法国更强的对手荷兰和西班牙。不久之后，卡隆和其他东印度公司雇员也提出了同样的建议。[1] 路易十四和柯尔贝尔接受了这个建议并于1670年3月29日派出了一支皇家舰队，它由5艘刚刚建造的战舰、1艘护卫舰和3艘补给舰组成，载有2000余人，其中包括4个海军编队，总花费高达100多万利弗尔，由此可见刚刚结束与西班牙的继承之战（1667—1668）的波旁王朝对"东方事业"有多么重视。[2] 为了保护

---

[1] Glenn Joseph Ames, "Colbert's Indian Strategy in 1664-1672, A reappraisal", *French Historical Studies*, 1996, 16:3, pp.541-542.
[2] "Colbert's Indian Strategy in 1664-1672, A reappraisal", p.548

本国的商业利益，法国先后试图与葡萄牙和英国结盟对抗荷兰在印度洋上的霸权，但是终因各方利益无法协调而流产。1671年起，东印度公司因失去路易十四的支持和遭受法荷战争的重创而衰落。法国作为印度洋上的迟到者加入了与荷兰、英国、西班牙和葡萄牙展开的资本主义世界体系内部的竞争，伊曼努尔·沃伦斯坦认为，导致法国在这场国际竞争中处于明显劣势地位的原因在于在其政府和社会中贵族势力压倒了资产阶级而居于优势地位。[1]

就在贝尔尼埃为柯尔贝尔撰写秘密报告的同时，法国东印度公司的一位顾问勒古特致信太阳王道，"正确的做法是派出国王的海军，向他们（莫卧儿人）展示遍布海岸且满是火药和加农炮的战舰"，"一旦公司建立起来，就唯有依靠国王来做印度的主人……先占几个小岛"。[2] 由此可知，贝尔尼埃要求隐瞒法国的"强大"和法王"好战""蛮横""不安分"的建议显然既不符合1668—1672年间柯尔贝尔积极寻求改变其亚洲战略的意图，也未能逢迎路易十四争霸欧洲的野心，因此他的秘密报告被长时间封存了起来。然而，从这份报告当中，我们能够看到贝尔尼埃不但是法国贸易政策的批评者，更重要的是，他还是一位高卢爱国者，他说过"我了解我们国家的荣耀"（MSCI: 221），并且向柯尔贝尔举荐了"情感上倾向于法国人"的莫卧儿宫廷贵族穆拉萨

---

[1] Immanuel Wallerstein, *The Modern World-System II, Mercantilism and the Consolidation of the European World-Economy, 1600-1750*. Berkeley: University of California Press, 2011, pp.74-125.
[2] Theodore Morison, "François Bernier, the New Memoir", *The Contemporary Review*, Jul. 1, 1933: 144, p.287.

尔（MSCI: 217）和拥有"一颗美好法国心灵的"商人同胞于奈（MSCI: 233）。贝尔尼埃还以荷兰东印度公司的成功为例，苦心孤诣地劝慰法国东印度公司的雇员应当对管理者心怀敬畏和服从的精神，他用了下面的措辞：

> 我从没发现尊敬是一件不可能烙印在法国人心目当中的东西。这是一个国家，仿佛一块木料，人们可以用它来制造出各种各样的工具。[1]

假如把这段话放在法国大革命时期，人们一定会觉得它是出自某位像西耶斯一类的政治家之口吧！到那时，法国人已经在政治民族的旗帜下组成了一个现代帝国。研究者们不断猜测，贝尔尼埃在苏拉特撰写的这份报告及两年后（1670）出现在《旅行记》第一卷中的《致国王》（"Au roi"）和第二卷中的《给柯尔贝尔……》，其初衷只是为了谋求在东印度公司的职位，或者从路易十四那里得到一份年金。[2] 这个猜测并不完全准确。在完成给柯尔贝尔的报告一个月之后（1668年4月），身在设拉子的贝尔尼埃的确曾经致信让·夏柏兰，后者在1669年2月收到来信后分别于当年6月和9月给已经回到马赛的贝尔尼埃连续写了四封信。从夏柏兰的信中，我们无法推断出贝尔尼埃曾向这位当时担任柯尔贝尔主要顾

---

[1] François Bernier, "Lettre à MM.de Faye et Carron", in *MSA*, p.238.
[2] Sakul Kundra, "An Assessment of Francois Bernier's Travel Account: A French Commercial Informer or a Critic of the French State?", *The Journal of History and Social Sciences*, 2010, p.24.

问，并负责遴选适合授予法王年金人员的朋友提出过任何谋职的要求，更没有试图通过他向国王申请年金的动议。相反，我们看到的是当贝尔尼埃离开莫卧儿宫廷时，其保护人德奈什门德·汗赠送了他足够在巴黎花销数十年的10000卢比和大量的宝石，还有夏柏兰送他的若干金钱（应该是作为科学和艺术保护人的柯尔贝尔的赠与）；信中明确他曾请求由夏柏兰介绍并拜访柯尔贝尔，并且通过后者觐见路易十四。然而，贝尔尼埃觐见法王的目的并不是希望获得年金，而是希望从国王那里得到《旅行记》的出版许可（*CB*: 38-43）。夏柏兰收到了贝尔尼埃随信寄来的手稿，表示将设法把这部被拉姆特·勒瓦耶加以"无限赞誉"的旅行记手稿交给柯尔贝尔（*CB*: 43）。假如收入1670年首次面世的《旅行记》第二卷中的《给柯尔贝尔……》已经包含在寄给夏柏兰的手稿当中，那么我们便可断定这封长信的写作应该与其为柯尔贝尔撰写秘密报告是在同一时间段，即1668年3月至6月之间，而且，柯尔贝尔几乎是在看到那份秘密报告的同时看到了由贝尔尼埃亲笔写给自己的"公开信"，因为《旅行记》前两卷经他之手于1670年4月就得到了国王的出版许可。

在写给柯尔贝尔的秘密报告里，贝尔尼埃煞费苦心地告诫法国人应当采取什么手段来消除莫卧儿皇帝对法国的嫉妒，甚至劝说他们不惜说谎（MSCI: 215）来隐瞒法国的强大和路易十四的野心，以屈尊行礼的方式来满足莫卧儿皇帝万邦来朝的欲望，于是，一个富足、强大和令人感到畏惧的莫卧儿帝国形象被竖立了起来。《给柯尔贝尔……》继续了这一话题，在这里，贝尔尼埃以极具夸张的笔调描绘了这个大帝国所拥有的广袤、肥沃的土地、繁荣的贸易和巨大的金银财富。在面积数十倍于法兰西的肥沃土地上,印度斯坦盛产大米和小麦等生活必需品,还有"一切大量为埃及所没有的商品,如丝绸、棉花和蓝靛"(*EP*: 196),以及大片供为数众多的农民进行精耕细作的土地和"手工艺人,他们虽然生性非常慵懒,但也能在必要时投入劳作,制作出地毯、锦缎、刺绣和镶嵌着金银的布匹,还有一切丝绸和棉布制品,它们或是自用或是被销往外地"(*EP*: 196-197)。"大地上如同河水一般流淌的金银,有一部分最终流入了印度斯坦这个深潭",贝尔尼埃说,在从美洲出产的和分散在欧洲诸王国的金银当中,有一部分首先被带到了土耳其,用以购买他们所需要的商品,另一部分则经过伊兹密尔来到波斯,用以购买丝绸;然后,土耳其人再用到手的金银从也门换取咖啡作为其日常饮料,但土耳其、也门和波斯也都离不开出产于印度的商品,这些国家的贸易都要经过临近红海曼德海峡的摩卡港、波斯湾最南端的巴士拉、阿巴斯港以及靠近忽里模子的哥迈隆港,遍布这几个著名港口的金银在那里等待季风来临之际被运往印度斯坦;而对岸的印度斯坦则商船云集,其中既有印度本地的,也有荷兰、英国或葡萄牙的,它们常年将印度商品运往勃古、德林达依、暹罗、阿歇姆、马卡萨、马尔代夫、莫桑比克和其他地方,并从这些地方把大量金银带回印度斯坦;此外,荷兰从日本开采的金银或早或晚也都到了印度斯坦;最后,无论是荷兰、英国还是法国,它们带到印度的是金银,带回欧洲的却只是商品。印度斯坦方面,当地需要的铜、丁香、豆蔻、桂皮和大象等商品由荷兰人分别从日本、摩鹿加、锡兰和非洲运来,他们需要的铅来自英国,缎带来自法国,马匹来自波斯的于思贝克、坎大哈以及埃塞俄比亚,香瓜、苹果、梨和葡萄分别来自撒马尔罕和波斯等地。然而,在如此繁忙的印度洋贸易中,为何大量的黄金和白银在进入印度之后仿佛流入了深潭一般不再流出呢?贝尔尼埃解释道,这是因为来到印度的商人们发现比卖掉本国商品携带白银回国来说,换回印度商品再出售给本国更加划算。在这位旅行家看来,黄金和白银的大量滞留使印度斯坦从表面上看来非常富足:

> 正如我们所说,这一点也不妨碍印度斯坦变成了世界上大部分黄金和白银经由各种途径流入而几乎无一口径从这里流出的一个深潭。(*EP*: 203)

贝尔尼埃继续追踪着这些巨大财富的最终去向,他想告诉路易十四的财政大臣和法国普通读者的是,在印度斯坦繁荣、富足的外表之下,隐藏着莫卧儿帝国不为人知的政治经济学:

> 您可以这么认为,大莫卧儿(指皇帝——引者)是宫廷贵族和为之带兵打仗的军事首领们的[财产]继承者,归根结底,王国内所有的土地都归其一人所有,除了一些房屋和园林允许这些臣民出售、分享或者在亲友们之间买卖。这些事情不仅让人看到印度斯坦虽然没有矿藏却拥有大量的金银,而且其必然结果就是大莫卧儿

作为主权者，至少是作为印度斯坦部分地方的主权者，拥有非常可观的收入和财富。(*EP*: 203)

一方面，君主凭借帝国的法律和制度聚敛财富；另一方面，印度人从王公贵族到四处征战的士兵再到普通百姓，无论是男人、妇女还是儿童都习惯将到手的金银熔化，打造成鼻环、耳环、戒指、手镯和项链等饰品，"如若说他们中间应当有人饿死，这也是司空见惯的事情"(*EP*: 255)。在贝尔尼埃看来，假如印度人对金银饰品的爱好浪费了手中不多的财富，那么其出于对各级官吏横征暴敛的恐惧被迫将金银埋藏地下的行为倒是值得同情。然而，这却使得金银离开了商业流通，人们宁愿它们在地下被腐蚀，也不愿被国王和国家所用。尽管这种无奈之举在商人、农民和手工业者中非常普遍，但贝尔尼埃还是指出，印度教徒埋藏金银的做法更多地是出于信仰，他们相信"在有生之年把金银埋在地下将会有利于他们的来世"(*EP*: 258–259)。

财富集中于君主一人之手，臣民不善于或不能使金银进入商业流通领域而致使商业凋敝、土地荒芜、民众贫困，这抵消了印度在海洋贸易上取得的优势。在如此广阔的土地上出现了无人耕种的山地，有些土地尽管肥沃，但农民却因惧怕收税的官员而逃离故土，沦为城市贫民甚至降为奴隶。贝尔尼埃"观察"（"这些事情让人看出……"）和"猜想"（"您可以这么认为……"）的真实性如何？自1657年就来到印度并于1667—1683年一直担任宫廷医生的意大利旅行家尼古拉·马努西（Niccolò Manucci, 1638–1717）曾激烈地批评过贝尔尼埃,揭露《旅行记》叙述的莫卧儿帝国历史加入了很多根本就未曾发生过的故事,"他信息不灵,因为他只在莫卧儿宫廷待了不超过8年的时间,宫廷太大,有数不清的事情有待观察,但他无法观察,因为他没有进入过内廷","他所依据的只是从普通人那里道听途说的东西","其书中有很多有趣的事情是布佐神父告诉他的,我也告诉过他一些事情,但那时我无意写任何东西"。[1]印度人喜欢囤积金银就是这些道听途说的故事之一。早在14世纪时,大马士革的学者乌马里就曾从印度归来的旅行家口中听闻了这个习俗,它经过后人的重复和加工变成了一个印度人的"文化怪癖"。印度妇女喜欢穿金戴银是不争的事实,但绝非一种"非生产性的囤积",除了满足其审美需要之外,它还是妇女们在面临家庭变故、战乱和抢劫时维持生计的必要手段。[2]实际上,在穆斯林侵入印度时期,印度的金银财富因为伊斯兰和蒙古人连年的抢劫、对本地积累财富的搜刮,而不断从北印度流向加兹尼、布哈拉,同时向西进入撒马尔罕和中亚地区。一旦蒙古侵略者在印度-恒河流域定居下来,金银就又不断地流入德里。抢劫、朝贡和税收积攒的财富被用于从波斯进口大量优良的战马,从而使德里苏丹的穆斯林政权稳定。[3]从休谟、斯密、金斯伯格到沃伦斯坦,都对认为亚洲

---

[1] Niccolò Manucci, *A Pepys of Mogul India, 1653-1708: being an abridged edition of the "Storia do Mogor" of Niccolao Manucci*, trad. by William Irvine, New York: E. P. Dutton, 1913, p.110.
[2] J. F. Richards, "Outflows of Precious Metals from Early Islamic India", *Precious Metals in the Later Medieval and Early Modern Worlds*, Durham: Carolina Academic Press, 1983, p.185.
[3] "Outflows of Precious Metals from Early Islamic India", p.205.

人特别是古代印度人和中国人不会将金银用作货币投入经济活动的说法逐渐成为一种被贡特·弗兰克视为具有西方中心论色彩的"囤积论"加以了驳斥,在弗兰克看来,白银作为货币从美洲到欧洲,最终流入亚洲(印度和中国)构成了包括欧洲和美洲在内的同一个世界经济体系的一部分。[1]莫卧儿帝国在贝尔尼埃离开后的数十年里并没有因为他所说的"囤积金银"的弊病而陷入停滞和衰落。相反,根据贡特·弗兰克的研究,印度次大陆在1400—1750年这个世界经济发展周期中一直处于优势和领先的地位,直到18世纪中叶才伴随着孟加拉纺织业的衰落而为西方赶超,继而成为"第一支落入欧洲霸权的经济力量"。[2]

贝尔尼埃有关莫卧儿帝国财富分配的论断既不符合历史事实,其本身也隐含着矛盾。1757年6月,英国东印度公司向由法国支持的孟加拉王公发动普拉西战役并取得了决定性胜利,这标志着法国在印度次大陆的殖民事业完全失败了。这场战役爆发前夕,伏尔泰在《论风俗》中试图利用贝尔尼埃《旅行记》中的材料展开对印度的论述。尽管对作者推崇备至,但是这位思想家很快就发现了问题:"贝尔尼埃说在印度只有国王和贫苦人,那么这个说法如何与塔维尼埃所说的腰缠万贯的商人所表现的富庶相一致呢?"[3]在《给柯尔

---

[1] Andre Gunder Frank, *Re ORIENT: Global Economy in the Asian Age*, Berkeley: University of California Press, 1998, p.151.
[2] Andre Gunder Frank, *Re ORIENT: Global Economy in the Asian Age*, p.271.
[3] Voltaire, *Essai sur les mœurs et l'esprit des nations : et sur les principaux faits de l'histoire depuis Charlemagne jusqu'à Louis XIII*, Tome 6, Paris: P. Didot l'aîné, et F. Didot, 1805,p.238.

贝尔……》中，这位旅行家说"王国里的所有土地均是国王的财产"，它们被当作恩赐之物分配给军事首领和受其委派的地方官员，充当他们应当得到的俸禄和军饷。反过来，接受恩赐的官员有义务每年从耕种土地所得的剩余中抽取一部分上缴给国王，或者国王保留自己的领地，差遣"庄园主"负责耕种并征收一定数量的货币。因此，贝尔尼埃推断道，"这些［管理皇家领地的］总督或者庄园主就对农民，尤其是手工业者、城市商人以及依附于他们的城乡具有绝对的权威"，在那里，既没有欧洲意义上的乡绅、议会和主事者令这些庄园主心生敬畏，也没有压制或阻碍他们对百姓施加暴力的法官。由于没有皇权的威慑，农民、手工业者和商人们陷入了凌辱和暴政当中而求告无门（*EP*: 255-257）。数十年后，孟德斯鸠在《法意》中以贝尔尼埃上述论断为依据提出了著名的"东方专制主义"说法[1]，两百年以来，无论是在西方还是在东方，包括马克思和魏特夫等人在内的许许多多理论家都毫无保留地沿用了这个理论。对此，颇负盛名的印度经济史学家伊尔凡·哈比比说："欧洲旅行家们异口同声地宣称［印度的］土地归国王一人所有……然而，这个原则不见于所有的印度和穆斯林法律之中。也没有任何迹象表明土地收入本质上是农民必须上缴的租金。"[2] 曾于1755—1762年间作为法国东印度公司雇员游历印度的旅行家和第一位职业东方学家杜柏龙就通过自己的观察和研究彻底颠覆

---

[1] Joan-Pau Rubiés, "Oriental Despotism and European Orientalism: Botero to Montesquieu", *Journal of Early Modern History*, 9, 2005, pp.109-180.
[2] Irfan Habib, *Agrariansystemin Mughal India*, London: Asia Publishing House, 1963, p.3.

了贝尼尔埃的上述不实结论。杜柏龙精通波斯语和梵文，为了查找波斯拜火教的经典遗存，其足迹遍及印度民间各个角落，并首次将《阿维斯塔》和《奥义书》翻译到了西方。在1778年发表的《东方法律制度》一书中，杜柏龙说，"在印度的五六年间，贝尔尼埃丝毫也没有致力于认识他所在的这个国家"[1]，"在莫卧儿帝国政府，没有法律规定国王是国内所有土地及其臣民财产的主人，没有规定皇帝拥有这些财产，也不存在继承其臣民财产的法律"；与欧洲一样，印度斯坦也拥有领主，而且允许这些家族拥有大量的财产，贵族的封号不是以其所在的地方，而是以其担任的军事职务为名；在印度，人们与在欧洲一样有继承权和继承制度。[2] 相反，1892年曾在拉合尔英国殖民政府担任首席法官职务的巴登·鲍威尔在其研究印度土地制度的巨著中宣称，古代印度的《摩奴法典》没有规定个人或者家庭财产的分配方式，只是对在高等种姓之间如何分配管理国家权力的问题有所规定。[3] 印度不存在欧洲意义上的土地"所有者"，与后者相应的只是负责上缴税款的人（柴明达尔）或者团体（村庄），或者如鲍威尔所说，土壤所具有的生产力而非土地究竟归谁所有是印度"所有制关系"的真正内容。换言之，在印度，土地承担着彼此不同而又相互共存的一系列利益，代表

---

[1] Abraham Hyacinthe Anquetil Duperron, *Législation orientale : ouvrage dans lequel, en montrant quels sont en Turquie, en Perse et dans l'Indoustan, les principes fondamentaux du gouvernement*, Paris: Chez Marc-Michel Rey, 1778, p.140.
[2] Abraham Hyacinthe Anquetil Duperron, *Législation orientale*, pp. 141-142.
[3] B. H. Baden-Powell, *The Land Systems of British India: Being a manual of the land-tenures and of the systems of land-revenue administration prevalent in the several provinces,* vol.1, Oxford: Clarendon Press, 1892, p.127.

这些利益的各方（农民、收税人、官员等）只决定如何分配"生产的过程，而置其他问题于不顾"[1]。可见，贝尔尼埃所谓"印度没有私有财产"说法中的"财产"（Property），作为一个欧洲概念，仅仅强调人与土地之间的这种单一的"占有"关系，它并不适用于亚洲尤其是印度的历史。在这个意义上，有学者直言以私有财产来评判亚非社会的发展是一种"文化帝国主义"行为。[2]

为什么被马克思盛赞为"出色""明确"和"令人信服"[3]的《旅行记》提供给我们的是这样一种如此破碎和矛盾的莫卧儿帝国历史形象？贝尔尼埃一方面说莫卧儿帝国富有得他国罕有企及，另一方面又说"囤积金银"的风俗使商业停滞、土地荒芜、民众贫困；一方面说在莫卧儿帝国没有私有制，另一方面又说国土境内还有很多民族并不那么臣服于皇帝，他们如不强制就根本不缴纳任何朝贡，甚至还要接受皇帝的馈赠（*EP*: 206）。如果《旅行记》不被视为有关莫卧儿帝国的信史，那么我们有理由认为一种更加强大的理念在支撑着贝尔尼埃的印度书写。在《给柯尔贝尔……》最后，作者终于将一个"自由思想者"的实用政治理念吐露了出来：

---

[1] B. H. Baden-Powell, *The Land Systems of British India*, p.221.
[2] Walter C Neale, "Property in Land As Cultural Imperialism: or, Why Ethnocentric Ideas Won't Work in India and Africa", *Journal of Economic Issues*; Dec. 1, 1985: 19, 4, pp.951-958.
[3] 马克思、恩格斯《马克思致恩格斯（1853年6月2日）》，中共中央马克思恩格斯列宁斯大林著作编译局编译《马克思恩格斯全集》第1版，第28卷，人民出版社，1973，第255页。

三 帝国与启蒙的前夜

> 正如在我们的王国和国家里,君主并不占有所有的土地,因此"属于我的"和"属于你的"各得其所,这无论是对于臣民、对于国家自身还是对于主权者来说,我知道,再没有比这更加适合的做法了。对我而言,在就我们这个有着你我之分的王国与其他没有你我之分的王国做出精确的比较之后,我完全相信对于主权者来说,我们这里的情况最好,而且再也没有比这更合适的了。(*EP*: 261)

在这里,旅行家贝尔尼埃悄悄退场,哲学家贝尔尼埃走到了台前。在哲学家贝尔尼埃看来,只有赋予臣民私有财产才能使农民、手工业者和商人免于庄园主和总督们在帝国偏远的地方施行的暴政,否则,一个皇帝对待自己的臣民无论多么仁慈,也无法避免不公、凌辱和暴政的发生。数年之后,在《伽桑狄哲学大纲》中,贝尔尼埃承认自己在常年的旅行中不断地比较着本国和外国的情况,一个思想浮现在脑海之中:

> "我的"和"你的"似乎总是一切邪恶的源头,也是世界上一切美好事物的基础,因此一个主权者最伟大和最重要的目标就是小心翼翼地在国家里建立和保持"我的"和"你的"。(*APG*: 317-318)

这位伽桑狄信徒继续教导他的读者,人们一旦有了私产,从小亚细亚、美索不达米亚平原到土耳其全境便会无一处荒芜的土地；失去了私产，人们便不事耕种，不公、奴役、贫穷和暴政随之而来（*APG*: 318-322）。然而，研究者们常常忽视了这样一个事实：在哲学家贝尔尼埃眼中，莫卧儿帝国里的暴政仅仅产生于远离首都的偏远地方，在那里，庄园主和总督们由于缺乏对皇权的敬畏而敢于胡作非为。也就是说，贝尔尼埃真正的批判对象是地方的暴政，而非为社会正义提供保障的神圣的皇帝和皇权，因此，《旅行记》第一卷卷首的《致国王》以及第二卷卷末的《给柯尔贝尔……》中对路易十四的赞誉绝非如习惯上认为的那样尽是一番谀辞而已。在民主制、贵族制和君主制中，贝尔尼埃声称"君主制国家是首选的或者是最好的和最合适的"（*APG*: 304），因为"在君主制国家里，政令由于源于一人且只与一人有关从而变得更加顺畅、更加稳定；应对紧急情况做出指令更加容易，行政也更加灵活迅速，帮派和诱惑也能更加有效地被堵塞，比起前两种政体，人们在君主制国家里享有的自由度更大更广"（*APG*: 304-305）。然而，谁才适合做这样一个理想的君主呢？"对我而言，我看重一位真正富裕的君主，他不压制人民也不使人民落入贫困"（*EP*: 249），贝尔尼埃继续说，他拥有足够的收入维持一个庞大的朝廷，供养一支强大的军队，兴建美丽的宫室，并积累起足够的财富来应对来犯的外敌（*EP*: 249-250）。此人并不是路易十四，而是莫卧儿帝国皇帝奥朗则布，假如二人竞争，后者更有"优势"（*EP*: 250）。

马努西似乎是根据亲历者的回忆描绘了达拉行刑的详细经过。据说，达拉被砍下来的头颅送到奥朗则布面前时，他

"手执战剑在长兄遗体的面部连击三下"。[1]与这位意大利旅行家眼中的暴君相比,贝尔尼埃笔下的奥朗则布是一个由不合理的王位继承制所造就的充满温情的悲剧人物,面对长兄被砍下来的头颅,"他落下了泪水"(*HRM*: 243),而且他也是一位非凡的君主,"如果对这一幕悲剧稍加反思,就不会把他看作是一个野蛮的君主,而是一个伟大和罕见的天才,一个伟大的政治家和国王"(*EP*: 190)。从《旅行记》收录的一封由奥朗则布寄给其父亲沙贾汗谈论国家治理方式的书信中,贝尔尼埃看到了一位仁慈和开明的君主。当沙贾汗要求儿子奥朗则布必须继承其死去臣子的财产时,却遭到了他的严辞拒绝,儿子甚至反过来教导了父亲。"您想让我必须遵守古老的习俗,严格地按照习俗去做我手下人所有财产的继承人,在一位臣子甚至是在一个商人将死而未死之时,我们便封存了他的箱子,夺走了他的财产,翻箱倒柜细细查看他有什么东西,禁闭和虐待其仆从,逼迫他们交代主人所有东西的去处,直至招致不幸,"奥朗则布辩解道,"尽管我相信这种做法包含着某种政治考虑,但不容否认的是其中表现出来的苛严和不公。"(*EP*: 111–112)与宗教信仰上奉行折中主义的达拉相比,奥朗则布素以对伊斯兰教逊尼派的虔诚著称,因此,他以教义来教导父亲沙贾汗:"要知道真主才是王国和帝国的分配者,我今天得到的就是你明天得到的。"(*EP*: 115)最后,这位未来的帝王宣布了他的治国原则:

---

[1] Niccolao Manucci, *Storia do Mogor: or, Mogul India, 1653-1708*, Translated with introd. and notes by William Irvine, London: John Murray, 1965, p.359.

您还想让我放弃一切我觉得为这个国家的稳固和福祉所必须要做的工作，一心致力于征服的事业，以开拓帝国的疆界……但是应当说，伟大的征服者并非总是伟大的国王，我们常常看到一个野蛮的征服者及其强大的军队最后落入溃败，我们甚至常常看到，他们在寥寥数年之间就衰落下去了。(EP: 115-116)

在抄录这份书信之时，尼古拉斯·富凯及其家人的惨痛遭遇或许不时地浮现在贝尔尼埃的脑海中吧。1661年9月5日，摆脱了"首相治国"、独立执政刚刚半年的路易十四便在柯尔贝尔的鼓动下发布敕令，逮捕了曾经在马扎然时期权倾一时、富可敌国的财政大臣富凯。当其被捕之时，住宅中的所有财物都被贴上了封条，本人被判终身入狱，妻子和家人分别遭到放逐和监禁，他曾斥巨资购买的子爵城堡和兴建的藏有大量书籍和艺术品的私人图书馆也被路易十四据为己有。富凯是著名的文学和艺术保护人，曾经提携和资助了许多属于"博学的自由思想者"圈子的文人和学者，东方学家和著名的《东方文库》的编纂者戴尔白劳就是其中之一。[1]贝尔尼埃在巴黎与之过从甚密，戴尔白劳还是贝尔尼埃葬礼的主要组织者。[2] 回望法国，雄心勃勃的太阳王路易十四正在通过削弱官员职权、改革财政、抢夺贵族权利和财产、取

---

[1] Nicholas Dew, *Orientalism in Louis XIV' France*, Oxford: Oxford University Press, 2009, pp.41-62.
[2] François Bernier, *Travels in the Mogul Empire, A. D. 1656-1668*, trans, by Archibald Constable, London, 1914, pp. xxi-xxii.

消《南特敕令》大肆驱赶胡格诺教徒、发动针对西班牙的继承战争和针对荷兰的争霸战争等方式重塑一个绝对主义的王朝政府。面对路易十四不断加强中央集权的种种举措，哲学家贝尔尼埃反其道而行之，主张保留波旁王朝君主治下的封建分封制度，同时以奥朗则布的故事告诫希望处处模仿奥朗则布的威仪和趣味的法国国王[1]，只有向下赋予臣民以私有财产权利，才能换得如莫卧儿帝国一样的富裕和繁荣。

《旅行记》书写的并非有关莫卧儿帝国的信史，也不是仅供法王路易十四、巴黎上流社会里的沙龙公众和普通读者单纯消遣[2]和谈论的读物。贝尔尼埃在《旅行记》中通过对莫卧儿帝国历史的修改甚至是虚构传达了一个出自伽桑狄门下的怀疑主义者和自由思想者对当时东西方国家中的宗教、风俗，特别是政治观点的看法。因此，贝尔尼埃的印度书写区别于同时代德威努、塔维尼埃和夏尔丹等人所写的东方旅行记，它被彼得·伯克称为哲学家的旅行记。[3]《旅行记》对莫卧儿帝国的赞誉和对路易十四委婉的讽刺为萨义德的东方主义理论提供了一个反例。然而，面对路易十四治下的法国，贝尔尼埃的态度绝不是伯克所说的一种旁观者的"疏离"[4]，作为甘心情愿为法国在印度开展贸易活动提供情报和策略咨询的爱国者，"为王前驱"的贝尔尼埃深

---

[1] Faithe E. Beasley, *Versailles Meets the Taj Mahal*, pp. 223-268.
[2] 在《致国王》中，贝尔尼埃说他"希望它能在一位国王想从严肃的公务中抽身休息时带给他一个轻松的消闲时刻"，*HRM*, p.2.
[3] Peter Burke, "The Philosopher as Traveler: Bernier's Orient", in *Voyages and Visions, Towards a Cultural History of Travel*, ed. by Ja's Elsner and Joan-Pau Rubiés, London: Reaction Books, 1999, pp.124-137.
[4] Peter Burke, *Voyages and Visions, Towards a Cultural History of Travel*, p.137.

刻地见证和参与了17世纪末期路易十四时代法国经历的一场政治和经济变革。他提出的以建立私有财产制度以及激发农业生产活动的重农主义观念来克服单纯由波旁王朝推动的重商主义所招致的经济滞后，即使在今天看来也不可不谓切中了路易十四时代法国经济和社会的弊病。例如，沃伦斯坦就曾指出，导致法国在17世纪末期的资本主义发展滞后于荷兰、英国、西班牙的原因正是路易十四奉行的绝对主义君主制度对于资本主义的压制，这被称之为"柯尔贝尔的全球性失败"。[1]

在莫卧儿帝国发生的皇位继承战中，思想家贝尔尼埃看到的不仅是兄弟相残，更是出于国家善治的需要所导致的个人命运悲剧；目睹被其他欧洲旅行者视为野蛮的焚祭风俗，道德主义者看到的是印度妇女对丈夫的忠贞感情与恪守世俗道德的精神；在奥朗则布身上看到的理想的君主形象，经过文学家贝尔尼埃的生动描绘，很快就成为启蒙时代的思想家如伏尔泰等人手中批评西欧王朝政治的利器，成为18世纪启蒙运动知识分子心目中比欧洲传统绝对主义君主制更为合理的开明君主制典型，进而推动了整个西方现代政治制度的形成。由此看来，在17世纪晚期的法国，贝尔尼埃的印度书写非但没有制造出萨义德所说的一个与西方严格对立起来的落后的他者形象，相反，在那样一个时代，经由印度洋商道来到西方的印度或东方的先进经济、政治和社会组织方式对当时已经陷入"17世纪总体性危机"当中的西方产生了

---

[1] Immanuel Wallerstein, *The Modern World-System II*, p.95.

强大的吸引力和感召力,它促使西方人认识到创建一种不同于以往的"财政国家"的必要性,并看到了土地和财富的过度集中有碍于资本主义商业的进一步发展。在此意义上,我们可以说,以贝尔尼埃为代表的一些欧洲人在前启蒙时代的印度书写推动了18世纪中期"西方的崛起"。[1]因此,对《旅行记》的上述阅读方式将会使那种将西方之所以能够在世界近代史上赶超东方的原因单纯归之于独特的"欧洲奇迹"[2]的历史叙事变得摇摇欲坠。

---

[1] 第二次世界大战之后,西方的历史学界兴起了一种在欧洲内部看待西方崛起的思想潮流,其代表著作如 Jack A. Goldstone, *Why Europe? The Rise of the West in World History, 1500-1850*, 1st ed. Cambridge: Cambridge University Press, 1959。
[2] E. L. Jones, *The European Miracle: Environments, Economies, and Geopolitics in the History of Europe and Asia*, 3rd ed., Cambridge: Cambridge University Press, 2003.

四 帝国与反叛的幽灵

法兰西革命年代的文人形象

1849年5月11日,普鲁士当局以"违反友好条例"为由驱逐了旅居科隆的"外国人"马克思;6月3日,他被迫返回巴黎,因为3个月前费迪南·弗洛孔曾以临时政府名义向他发出过邀请。[1]然而不久之后,巴黎工人发动的六月起义遭到了代表资产阶级共和派的卡芬雅克将军的残酷镇压,保守主义者继七月王朝末期基佐政府之后又开始驱逐汇聚在巴黎的欧洲各国革命者。7月19日,马克思夫人燕妮在位于里尔街5号的家中接待了登门拜访的一位熟悉的巴黎警察。"马克思及其夫人"被告知必须在24小时之内离开巴黎,迁往法国西部边缘莫尔比安省的瓦纳市居住。[2]8月17日,马克思迫于形势第三次离开巴黎来到了伦敦。一年多来,马克思先后经历了法国二月革命、德国三月革命、维也纳革命以及法兰克福议会被普鲁士军队驱散等一系列的失败。然而,革命一再遭受失败的痛苦经验并没有让承受这一结局的马克

---

[1] David McLellan, *Karl Marx, A Biography*, London: Papermac, 1993, p.174.
[2] David McLellan, *Karl Marx, A Biography*, p.202.

思像托克维尔那样成为"失败的保守主义者";相反,马克思直到去世之前都是一位"失败的进步主义者"和"乐观的进步主义者"。19世纪50年代初,马克思依然相信随着主要资本主义国家的工商业危机进一步蔓延,一场更为宏伟的无产阶级革命将会迅速降临到刚刚被革命洗礼过的欧洲土地上。1848年法国革命的失败者的阵营里诞生了两位杰出的欧洲历史学家。[1]"概念史"研究的开创者莱因哈特·科塞勒克认为,"从短期来看,历史或许是由胜利者书写的,但从长远来看,历史知识的获得却来自失败者那里"。[2]德罗伊森的《普鲁士政治史》和基佐的《欧洲文明史》是"胜利者史学"代表著作,前者将普鲁士在近代走向民族国家的成功之路归因于神意,后者视欧洲文明霸权在全世界的建立为自由精神发展的必然结果。科塞勒克认为,这样一种历史编纂方式"很容易带来对历史观点的扭曲,因此它必然很难抵御出自文本内部的意识形态批判"(*ZSH*: 67)。在寓居伦敦的初期,马克思决心与激进的资产阶级民主共和派决裂,放弃他们经常使用的密谋手段,主张以理论指导革命,促使工人运动由秘密状态逐步走向公开。因此,他经常在流亡伦敦的共产主义者中发表讲演,同时着手按照更高的理论层次的要

---

[1] Enzo Traverso, *Left-Wing Melancholia. Marxism, History, and Memory*, New York: Columbia University Press, 2016, pp.57-58.

[2] Reinhart Koselleck, *Zeitschichten. Studien zur Historik*, Frankfurt am Main: Suhrkamp Verlag, 2000, S.68. 后文出自同一著作的引文,将随文标出该著简称 *ZSH* 和引文出处页码,不再另注。科塞勒克有关"胜利者的史学"和"失败者的史学"的思想实际上来源于本雅明,尽管他本人并没有提及后者,参见 Stéphane Mosès, *L'ange de l'histoire, Rosenzweig, Benjamin, Scholem*, édition revue et augmentée, Paris: Gallimard, 1992, pp.201-263。

求改组共产主义者同盟,建立能够严格实践其革命理论的无产阶级政党。为了实现这个目标,他广泛搜集了有关1848—1851年法国革命的各种书籍和报章杂志,在此基础之上,撰写了一系列分析、批判和总结革命失败之经验教训的著作,这些著作分别是刊登在《新莱茵报·政治经济评论》上的欧洲时评和书评、《法兰西阶级斗争》(1850)、《路易·波拿巴的雾月十八日》(1852)和《流亡中的大人物》(1852年撰写,1860年发表)。在这一系列历史著述当中,马克思"把历史发展视为迄今仍身受压迫的无产阶级走向胜利的道路","他扮演了无产阶级思想代言人的角色,在因囿于具体情境而导致的失败中寻求一种长期的解释,这使未来的成功被历史性地确立下来",在此意义上,科塞勒克说,历史学家马克思是"作为胜利者",而非"像胜利者"那样从事历史写作的(ZSH: 76),其重心落到了针对欧洲当下现实政治所展开的猛烈的意识形态批判,而不是为过往的历史寻求某种合法性依据。

在马克思有关1848—1851年欧洲革命的历史－政治著述中,对发动并领导了这场革命运动的小资产阶级知识分子的性格、思想与行为的分析和批判构成了一个显著而持久的主题。这一行色匆匆的人群中既有迫于各种复杂局势往来于巴黎、伦敦、布鲁塞尔、柏林、法兰克福和维也纳等地的民主共和主义者、共产主义者,也有一般意义上的左翼革命家,其公开的职业分别是作家、诗人、记者、政论家等,例如在普鲁士革命中一跃而成为共和主义象征的人物,后来担任法兰克福议会代表的戈特弗莱德·金克尔,他本人就是集神学家、革命者、诗人、作家和教授于一身。[1]无论是在巴黎还是伦敦，马克思都曾经长期生活在他们中间，非常熟悉这些政治移民的动向，并与他们有过密切的接触或交往，因此揭露和批判他们的工作也非常有力。在这方面，我们仅举一例即可领略马克思对其行为的敏感以及批判他们时显露出的锋芒。1859年4月，已经移民瑞士的普鲁士共和党人和博物学家卡尔·福格特发表文章诋毁马克思是奥地利政府的间谍和"流亡者团伙的头目"，指责这些流亡者团伙过去曾背负着破坏社会秩序的"制刷匠帮"或"硫黄帮"的恶名，如今则在伦敦干着"结伙密谋"的勾当。福格特参与了1848年德国革命，曾经当选过法兰克福议会代表，后来为了逃避政治迫害移民日内瓦。在同一篇文章里，他还指控马克思依靠剥削工人在伦敦过着奢侈的生活。[2]虽然此事乍看起来并非么要紧，但马克思还是马上停下手头的工作，花费了一年时间专门搜集与此人有关的种种资料，他根据一位巴登革命者提供的消息，揭露了福格特的真实身份为路易·波拿巴雇用的间谍。[3]在巴黎公社时期，人们果然在第二帝国的档案中发现了一张数额高达40000金法郎的收据，这是福格特本人靠做密探从拿破仑三世秘密基金中支取酬金的铁证。[4]在《新莱茵报·政治经济评论》第4期（1850年4月出版）

---

[1] 详见中共中央马克思恩格斯列宁斯大林著作编译局编译《马克思恩格斯全集》第2版，第10卷，人民出版社，1998，第402—405页。后文出自同一著作的引文，将随文标出该著简称《全集》、版次、卷数和引文出处页码，不再另注。
[2] Jean Bruhat, *Marx Engels*, Borgerhout: De Beurs, 1983, p.182.
[3] 详见中共中央马克思恩格斯列宁斯大林著作编译局编译《马克思恩格斯全集》第2版，第19卷，人民出版社，2006，第69—430页。
[4] Jean Bruhat, *Marx Engels*, p.182.

"文学"栏目的一个长篇书评[1]中,马克思和恩格斯为我们勾勒出了一幅在法国二月革命中纷纷登场的共和派人物(尤其是激进的山岳党人)的灰暗画像。他们分别是被临时政府委任为巴黎警察局局长的马克·科西迪耶尔及其警备队长阿尔道夫·谢努,激进秘密组织"新四季社"骨干、巴黎警察局秘书、《改革报》编辑律西安·德拉奥德等。谢努和德拉奥德是七月王朝时期的激进共和派,在二月革命前参加过数起反对路易·菲利普的起义或暴动,他们还是以推翻君主制为目标的秘密会社成员,但后来证实两人均在七月王朝末期就已经被迫或主动投靠了君主政府,成为警察局雇用的线人,在投身街垒战的同时,他们还不失时机地向王朝政府提供各种情报。不仅如此,谢努在二月革命后还被怀疑投入了与激进共和派对立的自由派领袖、时任巴黎市长马拉斯特的怀抱,尽管他本人曾予以否认。[2]事情败露之后,为了替自己辩白,谢努出版了《密谋家,秘密组织;科西迪耶尔主持下的警察局;义勇军》一书,他在书中不但披露了自己如何根据蛛丝马迹发现同僚德拉奥德出卖情报的细节,而且将山

---

[1] Karl Marx(redig.), "Literatur Ⅱ", in *Neue Rheinische Zeitung. Politische-Ökonomische Revue*, 4(1850), SS.30-48, reprint der Originalausgabe 1850, Leipzig: Zentralantiquariat der DDR, 1982. 另:这篇书评在1886年重新由卡尔·考茨基编辑发表于德国社会民主党的机关刊物《时代》["Neue Zeit", 4/12 (1886)]上。考茨基是在经恩格斯首肯的情况下拿到了该文的一个副本,上面有马克思和恩格斯的共同署名,故可推断这篇书评应为两人合作的结果,参见 *Karl Marx Friedrich Engels Gesamtausgabe (MEGA), I/10, Apparat*, Hg. v. Institut für Marxismus-Leninismus bei Zentralkomitee der KPS u. v. Institut für Marxismus-Leninismus bei Zentralkomitee der SED, Berlin: Dietz Verlag, 1977, S.876. 该书评的中译文见《马克思恩格斯全集》第2版,第10卷,第324—341页。
[2] 参见 Jill Harsin, *Barricades: The War of the Streets in Revolutionary Paris, 1830–1848*, New York: Palgrave, 2002, p.220. 后文出自同一著作的引文,将随文标出该著名称首词和引文出处页码,不再另注。

岳党的领袖、其昔日的上司科西迪耶尔在革命过程中的种种营私舞弊和耍弄权术的伎俩无情地暴露出来。与谢努一样,间谍身份暴露后的德拉奥德也为自己撰写了一部辩白之作:《1848年2月共和国的诞生》。在这本小册子中,德拉奥德把自己塑造成一个不惜冒着生命危险打入激进的秘密会社内部,并通过缓和其激进的政治态度维护了社会秩序的英雄。尽管上述有关二月革命的回忆录或政治宣传手册所提供的史料大多不可信,但透过它们行文的张扬和言辞的浮夸,作为两位书评的作者,马克思和恩格斯洞悉了二月革命中一个被人们普遍忽视的阴暗面,即代表各派政治力量的诸多人物之间展开的复杂社会交往过程。[1]

马克思和恩格斯首先送给了谢努、德拉奥德和科西迪耶尔们一个响亮的名字——"密谋家"(conspirateur):他们无法找寻固定的职业,缺少稳定的收入,故而整日流连于酒馆和咖啡馆之间,在那里聚谈政治、谋划造反;在私人领域,他们藐视和挑战资产阶级的道德规范。动荡不安的生活和精神状态导致"他们沦为巴黎人所说的浪荡汉(la bohême)",这个为数不少的"波希米亚人"群体中既有出身于无产阶级

---

[1] "法国大革命修正史学派"的代表人物弗朗索瓦·傅勒指责马克思主义法国革命史研究过分重视政治史和经济史路径,忽视了他极力予以推崇的在各派政治人物之间展开的"政治交往"维度,但马克思和恩格斯对上述两部被传统史学视为"秘密历史"的回忆录的重视程度恰恰构成了一个反例。有关"法国大革命修正史学派"研究成果的综述,参见Jacques Solé, *La Révolution en questions*, Paris: Seuil, 1988; 傅勒对马克思主义法国革命史学的批评,参见François Furet, *Penser la révolution française*, Paris: Gallimard, 1979, pp.135-210; 有关同一作者就马克思本人对法国革命史研究的分析和批评,参见François Furet, *Marx et la révolution française, suivi de Textes de Karl Marx réunis, présentés, traduits par Lucien Calvié*, Paris: Flammarion, 1986。

的"民主浪荡汉",也有出身于资产阶级的"民主浪荡汉"(《全集·2·10》:332)。他们在风平浪静之际放浪形骸、饮宴享乐,以哄骗利诱的伎俩招募同党并谋划起义或者暴动;而在街垒战到来时又不惜冒死充当勇猛的指挥官,但是马克思和恩格斯说,他们

> 并不满足于一般地组织革命的无产阶级。他们要做的事情恰恰是要超越革命发展的进程,人为地制造革命危机,使革命成为毫不具备革命条件的即兴之作。在他们看来,革命的唯一条件就是他们很好地组织密谋活动。他们是革命的炼金术士,完全继承了昔日炼金术士固定观念中那些混乱思想和偏见。(《全集·2·10》:333-334)

密谋家们抛开了现实而行动,其屡屡失败的原因在于忽视发动革命的历史条件。反过来说,推动密谋家们走向街垒的力量是一种非现实和非历史性的"固定观念",或者说是他们对现实的错误表象或幻象,而非工人阶级已经觉醒了的阶级意识,后者只有通过长期的阶级利益教育才能获得。习惯浪荡汉生活的密谋家就此沦为了"革命的炼金术士":他们热衷发明具有魔力的器械,妄想通过爆发"革命奇迹"一举颠覆旧王朝和政府。"早期的炼金术士"在君主制末期的密谋家们那里找到了自己的躯体,从而宣告了一个中世纪幽灵(Gespenst)的降临。两年之后,在《路易·波拿巴的雾月十八日》中,马克思再次诠释了旧革命的幽灵的含

义："一切已死的先辈们的传统，像梦魇一样纠缠着活人的头脑。"(《全集·2·11》：132)"为了再度找到革命的精神，而不是让革命的幽灵重行游荡"(《全集·2·11》：133)，刚刚落脚于伦敦的马克思便立即投入到了对欧洲的资本主义现实即政治经济学的研究当中，希望能够揭示资本主义剥削的秘密，确定无产阶级的利益所在，继而培养其鲜明的阶级意识和彻底的反抗精神。于是，马克思在幽灵和现实之间划定了一条明确的界限[1]，这条界限将他本人与谢努、德拉奥德、金克尔和福格特们严格区分了开来。尽管如此，敌人们还是把"浪荡汉""密谋家"和"幽灵"的标签贴到了马克思身上，让我们看一看一位派驻伦敦的普鲁士密探眼中的马克思吧：

> 马克思中等个头儿，34岁，虽然正值壮年，但他的头发已经花白。他外表强壮，面庞颇让人想起塞迈尔，只是他的肤色要更显棕色，胡须全黑，他从来不剃胡须，一双湿润的黑眼透出一种魔鬼般的神秘；乍看起来，他是一个精力充沛的天才，其凝重的神情给周围的人们带来一种无法抗拒的压力。在私生活方面，他是一个非常邋遢、玩世不恭而且不会持家的人，他过着一种真正的浪荡汉生活［il mène une vie à la bohémien de l'intelligence（他在思想上也保持着浪荡子的风格——

---

[1] 参见 Jacques Derrida, *Spectres de Marx*, Paris: Galilée, 1993, p.70。后文出自同一著作的引文，将随文标出该著名称首词和引文出处页码，不再另注。

引者）]〔1〕……

作为密谋活动的头目和领导者，他无可争议地是马志尼式的最有能力和最合适的人选，作为阴谋家，他至少不逊色于那些渺小的罗马人……

［马克思领导的］党始于断头台，终于一张白板。他们对国家、政府和社会秩序危害之大，以至于所有的政府和个人都应针对这一看不见的、潜伏下来的敌人联合起来，出于自保的目的而行动起来，直至这个毒瘤被从其最后的病灶拔除。〔2〕

从呈送给普鲁士使馆的这份秘密报告来看，这位混迹于伦敦政治流亡者队伍当中、冒充革命者的密探在洞察力和文采方面一点也不输于谢努和德拉奥德：他非常熟悉刚刚在巴黎和德国发生的革命，不知以何种方式取得了马克思的信任，甚至有机会参加了后者在位于迪恩街64号的家里为工人们举行的小型讲演会。这位普鲁士密探的身影也时常出现在大风磨街德国工人教育协会召开的政治会议上。我们不难想象，这位假冒革命者的人在马克思和其他共产主义者面前自然表现出了慷慨激昂的一面，其双重面目正是马克思和恩格斯要批判的对象。"密谋家""浪荡汉"和"幽灵"成为马克思及其反对者——小资产阶级民主派——共同享有的社

---

〔1〕 此句插入的法语为原文，由笔者自译。
〔2〕 摘自柏林皇家警察总部有关1853年共产主义者最新动向的卷宗，转引自 Gustav Meyer, "Neue Beiträge zu Biographie von Karl Marx", *Archiv für die Geschichte des Sozialismus und der Arbeiterbewegung*, 10(1922), SS.54-66。

会和政治身份认同的表征。在抢夺和争取占有上述表征的过程中，双方处于一种被文化史家罗杰·夏蒂埃称为"表征的斗争"（la lutte de representation）之中，它体现出存在于以下两者之间的一种权力关系，其中一方是由拥有分类和命名权利的人赋予对方的表征，另一方则是被命名者对自我的定义：它要么臣服于上述表征，要么对其表示抗拒。[1]在这里，我们关注的问题并非谁才是真正的"密谋家""浪荡汉"和"幽灵"，而是追问这一区分或分类实践究竟产生了什么样的政治效果。对于马克思来说，问题不在于为一个被视为静态的社会提供一种分层方法，而是通过为小资产阶级命名这种象征性实践，进一步祛除旧革命的幽灵，为无产阶级开辟出新的政治空间。[2]

密谋家

谢努和德拉奥德二人均来自以赖德律-洛兰、路易·勃朗、皮亚、阿尔伯、弗洛孔和科西迪耶尔为首的小资产阶级激进共和派组织。这些人的行事和作风处处刻意模仿1793—

---

[1] Roger Chartier, *Au bord de la falaise: L'histoire entre certitudes et inquiétude*, Paris: Albin Michel, 2009, pp.90-91.
[2] 布尔迪厄批评马克思的阶级划分方式试图将"纸面上的分类"错误地等同于现实社会中实际存在的阶级，认为前者只是对现实的虚拟，它代表的仅仅是"类别的潜能"而已，参见 Pierre Bourdieu, *Raisons pratiques*, Paris: seuil, 1994, pp.19-23。然而上述批评在这里并不适用，因为马克思坚持把他对小资产阶级的划分建立在这一社会类别的真实生活状态之上，这也是布尔迪厄在《艺术的规则》一书中从巴黎的浪荡汉作家生活方式角度对其文学趣味进行分析时所采用的方法，参见 Pierre Bourdieu, *Les règles de l'art: genèse et structure du champ littéraire*, Paris: seuil, 1998, pp.86-94。

1795年法国大革命中的山岳党人罗伯斯庇尔、马拉和丹东，因此在二月革命中，他们被视为旧山岳党人的复活。所谓"党"在这里并非指在法律框架下公开活动的、现代意义上的政党，只是拥有共同政治目标——推翻路易·菲利普的君主制政府，建立人民主权的共和国——的一个秘密会社而已，其历史可以远溯至在复辟王朝和七月王朝下先后出现的一系列共和派秘密团体："烧炭党""人民之友""人权社""家庭社""四季社""自由人"等。七月王朝末期，他们聚集在《改革报》(*La Réforme*)周围形成了一支稳固的政治力量，蒲鲁东、马克思和巴枯宁都曾为这家著名的共和派报纸撰稿。根据弗朗索瓦·傅勒的研究，法国激进共和主义思想源自1789—1795年大革命时期。这位法国大革命修正史学家认为，就共和思想的发展过程而言，1789年是自由的和个人的，1793年则出现了雅各宾主义的恐怖体制。(*Barricades*: 5-6) 共和二年的热月政变（1794年7月9日）推翻了山岳党人建立的革命政府，政治权力趋于温和。在傅勒看来，当初将罗伯斯庇尔推上政治舞台的正是使革命政府垮台的同样一批群众。[1] 然而更多的研究者认为，造成山岳党最终解体的根本原因在于其内部的分裂：针对反革命势力制定的秘密机制以及迫害和监控措施反过来直接威胁到了公安委员会内部成员的个人安全，山岳党人通过密谋的方式上台，热月党人亦以相同的方式将前者推向了断头台，这实质

---

[1] François Furet, *The French Revolution, 1789-1814*, trans. Antonia Nevill, Cambridge: Blackwell, p.151.

上等同于山岳党人的自杀行为。[1]

在拿破仑战争失败和法兰西第一帝国瓦解之后，1815年建立的复辟王朝不遗余力地维护王权，因此不断与资产阶级的自由政治诉求产生冲突。两个阶级之间的冲突在1830年达到了高潮。在当年6月底举行的选举活动中，反对派以绝对多数赢得了胜利，但由于他们极端害怕重蹈40年前路易十六的覆辙，查理十世将选举活动视为由资产阶级共和派掌控的《论坛报》和《国民报》发起的一场旨在颠覆君主制的政治阴谋。于是，7月25日，他颁布了四条敕令，宣布终止立宪政体、取消选举结果、调整选举制度、严格新闻审查。"七月敕令"引发了青年学生和印刷工人首倡的群众集会，并迅速演变成一场在巴黎街头持续三天（7月27、28、29日）的革命，史称"光荣三日"。1830年起义将奥尔良公爵——路易·菲利普推上了王位。他出自非波旁王朝的贵族之家，曾经参与过处死路易十六的行动和革命战争。在资产阶级眼中，年届六旬的新君主是自由政治理想的化身。然而，七月王朝在"抗拒派"和"运动派"之间摇摆不定的模糊立场无法满足青年共和派更趋激进的政治理想。于是，人们在1831年2月洗劫了总主教府，1832年6月5日至6日，巴黎城因霍乱流行导致富人们纷纷逃离而引发的骚动借拉马克将军的葬礼演变成为一场骚乱。[2] 当时原本在巴黎街头整日游荡的小伙子谢努就在骚乱的队伍中，这场骚乱被穆顿将军率领的

---

[1] Jacques Solé, *La révolution en questions*, Paris: seuil, 1988, p.199.
[2] George Duby (dir.), *Histoire de la France. De origines à nos jours*, Paris: Larousse, 1999, pp.600-601.

国民卫队所镇压。谢努事后被投入了圣佩拉日监狱，他在那里结识了许多青年共和党人，并加入了他们的队伍。谢努接着参加了1834年4月在里昂爆发的、旨在反对奥尔良政府限制结社自由和维护秩序法令的共和党人起义，以及1839年5月12日由伯纳德、巴贝尔和布朗基领导的"四季社"发动的起义。战斗首先在圣丹尼街和圣马丁街打响，起义者曾一度占领了巴黎警察局和市政厅。[1] 然而遗憾的是，这次起义是以密谋的方式策划和发动的，而且缺乏有效的实战指挥经验，结果遭到了惨烈的失败。1832年10月，谢努在接受巴黎警察局局长莫洛的讯问时，承认自己在拉马克将军葬礼的队伍中充当了掩护的角色，他用"别人送到自己手中的刺刀刺伤了试图靠近他的一个人"，警方事后展开的调查显示谢努当时还未满15岁，职业是土地测量员。其余四名同伙的年龄分别是25岁、17岁、18岁和20岁，他们在巴黎分别从事车工、制蜡板匠、制鞋匠和锁匠工作，在遭到拘捕时，每个人均被发现手中持有武器。[2]

谢努属于19世纪30年代陆续涌现出来的许多青年共和党人中的一类，他们大多出身于城市手工业者，因不满生活现状走上了反抗政府的道路。与谢努不同，德拉奥德是新闻记者、诗人和作家，他曾经发表过歌颂爱尔兰和波兰起义的诗歌、抒情诗和政治歌曲等。除了上述两类人，在巴黎教书

---

[1] Adolphe Chenu, *Les conspirateurs*, 2nd éd., Paris: Garnier Frères, 1850, pp.7-15. 后文出自同一著作的引文，将随文标出该著简称 *Conspirateurs* 和引文出处页码，不再另注。

[2] "Cour d'assises de la Seine", *Gazette des tribunaux*, 2230 (6 Oct. 1832).

的青年教师和求学的学生，生活在农村的文化青年、工厂工人，还有愿意为穷人伸张正义的律师，均在不同程度上受到了共和思想的感染，纷纷加入反抗君主制的共和党人行列，希望通过暴力手段从贵族和资产阶级手中夺取国家机器，从而改变法国的社会和经济现状，实现阶级平等的政治诉求；他们的身上拥有一种强烈的荣誉感，在暴动和起义过程中处处显示出男子的气概；故而由他们引导的社会运动不可避免地带有某种浪漫主义色彩（*Barricades*: 8）。无业游民、落魄的知识分子、放荡不羁的艺术家和出入于歌楼酒肆等社交场所的人构成了青年共和党人的主体。[1]出于刑法第291条限制结社的规定，七月王朝治下的共和党人尽管数量很多而且非常活跃，但其政治组织却没有合法性可言，只能处在一种秘密状态中，且要受到遍布巴黎各个角落的警方密探的监控。尤其是在1839年起义之后，随着多位秘密会社领导者纷纷入狱，共和党人更是飘零四散、溃不成军。[2]因此，在严格意义上，这样的暴动和起义不能被称为审时度势、计划周密的革命行动，其发动方式是秘密的、偶然的，其失败的结局也是迅速的和惨烈的。在《秘密社会和共和党史》一书的开篇，德拉奥德就断言，"没有哪个政府没有经历过密谋带来的创伤"，"一些人总觉得自己的政府是拙劣的，他们认为我们的颠覆活动是秘密联合的结果，因而视后者为唯一有

---

[1] Theodore Zeldin, *Histoire des passions françaises II (1848-1945)*, Paris: Payot, 1981, pp.140-148.
[2] Maurice Agulhon, *1848 ou l'apprentissage de la république 1848-1852*, Paris: seuil, 1973, pp.22-23.

价值的东西"。[1]在共和党人眼中,革命被理解为仅仅是密谋者的活动,其始作俑者无非是巴黎的"机灵人、寄生虫、失望者、游荡者和恶棍"(*Historie*: 11)。德拉奥德虽然身为秘密会社的成员,却早在1838年就投靠了时任巴黎警察局局长加布里埃·德莱赛尔,成为后者雇用的密探。出于密探这个特殊职业的需要,德拉奥德对巴黎本地和外省的共和党群体进行了长期的追踪和细致的考察,幸亏他把自己的考察所得写成文字并且流传了下来,我们方能借助于这些鲜活的材料一睹1848年革命前夕巴黎复杂的"政治生理学"。德拉奥德把导致巴黎这座城市频频陷于溃烂的人们划分为8类,分别是:(1)青年学生,他们是反政府男性群体中的一支,喜欢聚众喧闹、相互攻击和无事生非,很容易成为街头暴动的工具;(2)无能者,这些人包括没有前途的律师,无病人光顾的医生,没有读者的作家,头脑简单、容易受到政治报刊的影响、急切渴望晋身为国家政要的军人,秘密会社的组织者和参加起义者均出自这个群体;(3)浪荡汉,此类人大多生活在巴黎,他们虽然生活境遇堪忧,但喜欢以休息和娱乐代替工作,整日无所事事、耽于幻想,把小酒馆和咖啡店视为遭遇和制造奇迹的场所,他们或是出自社会高层,或是来自社会底层,其中一些人秉性诚实,缺乏犯罪的勇气,但大部分人无所顾忌地过着放浪形骸的生活,他们往往是小战斗团体的头目和街垒战的指挥者;(4)拥有主权的人民,即巴

---

[1] Lucien Delahodde, *Histoire des sociétés secrètes et parti du républicain de 1830-1848*, 3rd éd., Paris: Chez l'Éditeur, 1850, p.11. 后文出自同一著作的引文,将随文标出该著名称首词和引文出处页码,不再另注。

黎城区的工人，或者是适应了巴黎市郊气候的工人，他们生性勇猛、粗犷，习惯于战斗，他们是历次政治起义的财富，容易受政治报刊的鼓动，鄙视雇主、富人和一般意义上的政府机构，认为他们自己便能够代替政府行使职责；（5）斑鸠们，指诸如蒲鲁东、路易·勃朗和赖德律-洛兰等言论界的英雄，他们通过共和派报刊向群众进行革命宣传，呼喊"财产即偷盗"，"爱国者死于饥饿"，其言论影响所及使人们喊出了"改革万岁"的口号，以至于相信自己走向了傅里叶曾经设想的乌托邦组织——法伦斯泰尔，因此他们被视为革命的"杠杆、铠甲和补充"；（6）不满者，旧制度的堕落侵犯了他们的利益和情感，但由此引起的创伤只有借街头暴动和起义才能发泄出来，其中那些拥有丰富的政治技能和经验的人在暗中操纵着革命的进程，警察只能发现他们试图进行自我保护和阴谋的痕迹而不能找到其从事颠覆事业的事实依据，他们是"一切政府所要面对的最危险的人"；（7）来自不同国家的政治流亡者和（8）革命时期街头混乱的制造者——匪徒（*Histoire*: 12-17）。

在七月王朝时期，巴黎街头这些危险的人群被置于遍布巴黎各个街区的密探的严密监视之下，路易·菲利普的政府通过警察手段对"人权社""人民之友"和"四季社"等共和党人的密谋组织进行压制。密探来自社会各个阶层和政治流派，其社会地位上自贵族，下至卑贱的贫民，均打着维护公共安全的旗号为自己的所作所为粉饰，大肆夸耀自己丰富的社会关系和受到人们普遍信任的职业。潜入共和党内部的密探也不在少数，德拉奥德在二月革命不久便首先暴露了出来。临时政府内政部长赖德律-洛兰的属下、时任巴黎警察局局长的科西迪耶尔在旧警察局留下的秘密档案中发现了一束厚厚的卷宗，其制作者——一位名叫皮埃尔的警察记录了自1838年以来有关共和党的大事小情。令人感到震惊的是上文提到的德拉奥德竟赫然名列其中，此人曾经是"人权社""四季社"的核心成员，"新四季社"的组织者和二月革命街垒战的策划、指挥者之一，二月革命后又得到了科西迪耶尔的信任，被任命为巴黎警察局秘书。1838年3月25日，德拉奥德曾经致信巴黎警察局局长，要求加入每天可挣得25法郎报酬的密探行列。在申请书中，他详细叙述了自己的出身和目前的生活现状。出生在加莱省一个拥有选举资格的家庭，德拉奥德最初来到巴黎的目的仅仅是从事文学写作并短暂地供职于《新闻报》(*La Press*)。为了证明其性格和精神非常适合做秘密警察工作，他告诉警方在路易·菲利普登基的头几年，作为一名涉世未深的年轻人，他受到政治激情的驱使加入了"人权社"，不久之后进入军队，接着因导演一出暗含政治寓言的戏剧受到了惩罚。德拉奥德因这两件事在军队中暴得大名，他借此与共和党领导人取得了联系，其中之一的马拉斯特曾经希望他留在军队里鼓吹革命。1835年，德拉奥德退役后回到巴黎继续学习法律，并受邀加入了另一个共和党秘密会社——"家庭社"。德拉奥德承认直到此时他才幡然悔悟，认识到自己原来只不过是供他人唆使的工具而已，而利用他的人中大部分如若不是事业上的失败者便是如破开的丝线一样落魄，他们希望将国家引向自己的迷失状态，而他则要"诅咒自己曾经疯狂地拥抱过的流血和破坏的原则"。[1]

1848年3月14日晚上9点，科西迪耶尔召集共和党人在卢森堡宫阿尔伯住处设立了临时法庭，对德拉奥德进行审判，后者在充足的证据面前终于承认了在警察皮埃尔档案中记录的事实，但他马上为自己辩解道，他是在某一绝望的时刻才投入到了警察的怀抱，而且他也只是为警方撰写报告而不是煽动者，更没有在逮捕任何一位共和党人方面负有责任（*Mémoire*: 155）。在德拉奥德的身份败露之后，谢努与旧警察皮奈尔先生的暧昧关系也马上呈现在科西迪耶尔的眼前。这个混迹巴黎街头的不良少年曾经因偷盗被判强制劳动8年，后来在应征入伍不久就开了小差。当他再度被捕入狱时，警察皮奈尔利用了其畏惧惩罚的心理，把他变成了潜藏在共和党中的煽动者。在密探身份暴露之后，谢努像他的旧同事德拉奥德一样痛哭流涕、扭捏作态，表示如果让他到比利时继续做制鞋匠的话，他将痛改前非、重新做人（*Mémoire*: 157）。然而负责调查谢努背叛行为的警察总监阿拉尔告诉科西迪耶尔，"这是一个恶劣和危险的流氓"（*Mémoire*: 157），不出所料，后来被发配至远征德国的法国志愿军团的谢努马上变了一副嘴脸，撰写了揭露和诋毁科西迪耶尔和阿拉尔的小册子《密谋家》。

在谢努的笔下，在卢森堡宫阿尔伯住处审判德拉奥德的一幕具有戏剧化的效果。1838年3月14日晚，刚刚做过手术卧床休息的谢努收到了科西迪耶尔的一封信，要求他务必

---

[1] Marc Caussidière, *Mémoire,* vol. 1, Paris : Michel Lévy Fréres, 1849, p.132.

于当晚10点[1]赶到卢森堡宫开会,但信中并未申明开会的事由。警察局局长在信末特别嘱咐道:"不得缺席,此事与你有关。"(*Conspirateurs*: 146)由于提前得到了消息,警察局有人专就谢努本人的投敌嫌疑整理了一份秘密报告,所以科西迪耶尔的信令他非常警觉,他立刻怀疑这是山岳党人的一场密谋,目的是将他引诱至卢森堡宫秘密杀害。于是,他匆忙将四支手枪藏掖在厚呢大衣中,并随身佩带了马刀,还召集了一支由五六十人武装起来的队伍随行,让他们分两队埋伏在阿尔伯寓所附近以备自救(*Conspirateurs*: 146)。接下来发生的事情便是马克思和恩格斯在书评中直接引述的那段文字所描述的惊心动魄的一幕,我们在此不予赘述。然而谢努的厄运并未就此终止,因为科西迪耶尔早就洞悉了谢努的出卖行为,眼下对他下手的时刻到了。在卢森堡宫这场大戏即将落幕之时,谢努用颤抖的双手在德拉奥德的判决书上签下了最后一个名字,这一切都被科西迪耶尔看在了眼里,他甚至发现谢努的笔迹几乎无法辨认(*Mémoire*: 156)。1848年3月6日,《国民报》派的领袖马拉斯特被任命为巴黎市市长,谢努被人发现多次出入于市政厅,科西迪耶尔因此怀疑他与政敌有染。有一天,他把谢努招来当面讯问,后者坚决否认自己曾经会见过这位《改革报》派的敌人,但科西迪耶尔还是以"共和党内有人讨厌你"为由将谢努派到了比利

---

[1] 关于开会的时间,三个人的说法并不一致,科西迪耶尔说是晚上9点,谢努说是10点,而德拉奥德说是"近8点",这或许出于科西迪耶尔的精心安排?根据后者的回忆,德拉奥德的确是首先来到卢森堡宫的,两人共进晚餐,随后步行至阿尔伯的寓所(*Mémoire*: 154)。

时的法国军团（*Conspirateurs*: 159）。面对科西迪耶尔的揭露和惩罚，谢努和德拉奥德的反应是非常一致的。受科西迪耶尔的派遣，艾尔威和阿拉尔两位警察来到伦敦，与流亡在那里的七月王朝警察德莱赛尔和皮奈尔取得了联系，从他们那里获取了有关谢努和德拉奥德充当密探的信息。在谢努和德拉奥德两人看来，这种做法本身就是对他们"忘恩负义"的报复行为，德拉奥德甚至质问道："我并不想（像科西迪耶尔那样）在警察局里豪饮，我也并不梦想社会动荡、鲜血流淌和盲众的独裁，为什么他们要出卖我？难道他们要扼杀我倾向秩序思想的行动，如若不是杀掉我本人的话？"[1]为此，谢努和德拉奥德不惜把这位警察局局长描绘成一个粗鄙、傲慢和弄权的形象，马克思和恩格斯摘取了两位作者的数段文字并对它们进行了精彩的分析（《全集·2·11》：337-341）。

科西迪耶尔、谢努和德拉奥德三人同属于《改革报》阵营，他们似乎永远处在相互怀疑当中，彼此争相将对方视为密谋家，这使得他们无法形成统一的思想和行动策略，而在具体的组织和实践方面，共和党派秘密团体内部也时刻面临着分裂和分化的局面。这里我们选取成立于1830年并在1832年逐渐壮大起来的"人权社"为例来说明上述情况。为了规避刑法第291条规定任何会社人数不得超过20人的限制，"人权社"条例将社员们划分为10至20人不等的

---

[1] Lucien Delahodde, *La naissance de la république en février 1848,* 2nd éd., Paris: Chez l'Éditeur, 1850, pp.101-102.

"部",每个"部"均设"首领"和"副首领",每个"部"包含三个"五人组",每个"五人组"分别管理4到5个"部员",每个部单独决定开会的时间,每次会议持续的时间不能少于两个小时,由部首领确保每次会议所讨论的内容不偏离相关的话题,"五人组"负责通知该部成员召开特殊的会议,并组织战斗。每个部都会被赋予一个具有特色和挑战性的名称,诸如"马拉""圣鞠斯特""罗伯斯庇尔""吉伦特派的衰落""山岳党人"等(*Barricades*: 66-67)。1837年夏天成立的"四季社"是组织更为紧密一些的工人组织,其目的是加强训练。在基层,"四季社"包含6个由男性组成的分部,名为"星期",每个"星期"均由被称为"星期日"的人来领导,每4个"星期"组成"月",每个"月"的领导者为"七月",4个月便形成一个"季",其首领为"春天",每4个"季"构成一个"年",他们分别由三位"革命官员"领导:布朗基、巴贝尔和伯纳德。在三位"革命官员"之上,还设有一个由强权人士组成的、神秘的"执行委员会",直到起义那一天这些强权人士才能露面(*Barricades*: 119)。尽管有了严格的层级管理体系,"四季社"的领导层仍旧出现了分裂,并在街垒战中导致了非常严重的后果。1839年5月起义虽然事先经过了较为周密的准备,但也只是保证了起义最初阶段的迅速进展而已。接下来的战斗便趋于缓慢乃至停滞不前。官方的记录是这样描述起义中期的战况的:"布朗基试图发出命令制止逃跑,战场上的每个人都在喊叫,每个人都想指挥战斗,可是没有一个人听从命令,巴贝尔指责布朗基允许每个人都可以逃跑,布朗基则指责巴贝尔的缓慢打击了人们的士气。"(*Barricades*: 125)二月革命前夕,当原本由王朝反对派发起的旨在扩大选举权的"宴会运动"的发展超出了君主制的想象界限,向有利于共和派的方向逆转时,以《国民报》编辑马拉斯特为首的自由共和派号召人们参加这一运动并一举推翻君主制度。1848年2月21日晚9点,也就是在巴黎人民即将走上街头举行示威游行的前夜,《改革报》派紧急召集会议商讨对策。参加这次会议的共有七八十人,其中有该报的编辑、民主派领袖人物、学校代表,还有工人精英。赖德律-洛兰、路易·勃朗、埃德加·魁奈、科西迪耶尔、雷上校、艾提昂·阿拉古、鲍奈、弗洛孔等都先后到场。会议主席弗洛孔首先说明议题,之后鲍奈第一个登台发言,他认为王朝反对派在宴会运动高潮时的退缩并不能使人们因此退缩,全民参与示威游行将有利于推动民主的进程;相反,因畏惧政府的威胁而拒绝参加宴会运动将会危及自由的未来。接着发言的达尔顿-希控诉了王朝反对派在政治上的懈怠,他的话分明在鼓动人们不惜冒险上街,碰碰运气。然而,在即将到来的冲突中究竟谁是可以依靠的力量这个问题上,他也承认自己茫然无知。拉格朗日主张参与示威游行,并在示威游行中寻找成功的机会。以上三人的发言得到了与会人员的鼓掌赞扬,大家的精神顿时被调动起来。[1]但是随着大人物的出场,会议的气氛立刻凝重起来。沉思良久的路易·勃朗带着忧郁的表情说道:"我自

---

[1] Bernard Sarrans, *Histoire de la révolution de février 1848,* Tome 1, Paris: Administration de librairie, 1851, pp.283-284.

问我们是否有权在对民主无益的情况下糟蹋人民的鲜血。假如明天人民放弃了将自己推向前面的人们，走向街头，那么他们必将被政府剿灭，于是民主将被淹死在血泊里。"(*LRF*: 44)因此，一方面，他坚决不主张与已经和王朝反对派达成妥协的《国民报》派合作；另一方面，他号召共和党人积蓄人民的力量，以便寻找更为合适的机会发动人民起义。路易·勃朗的发言结束之后，从巴黎街头巡视归来的科西迪耶尔和雷上校告诉大家，巴黎市民上街举行示威游行的趋势无论如何也无法阻挡，我们不妨加入他们的队伍，无论事情究竟是朝好的还是朝坏的方向发展。这样一来，刚刚被路易·勃朗的讲话打消了的士气又重新被鼓舞了起来。最后出场的是赖德律-洛兰。鉴于政府的态度和马拉斯特派的脱逃以及日趋复杂的危机，他建议共和党与其鼓动人民示威游行而陷于敌人制造的陷阱和悬崖，不如暂时压制住心中的怒火，继续等待和观察事态的发展。这位律师出身的议会代表的意见最终占了上风，接着与会者纷纷开始劝说亲友第二天不要上街。无论是在革命前举行的动员会议，还是革命后于卢森堡宫进行的审判，激进共和党派的聚会都刻意选择在晚上举行，而且会议往往持续到深夜才告结束，参加会议的人总是那些最具革命冲动和激情的领导者，他们被马克思和恩格斯称为"职业密谋家"。难怪伯纳德·萨朗会这样置评："《改革报》的会议……更像是一场密谋，而非政治会议，一切都显得阴暗、压抑，气氛近乎一种神秘。"[1]须知，说出这

---

[1] Bernard Sarrans, *Histoire de la révolution de février 1848*, Tome 1, p.286.

番话的人曾在1848年4月当选制宪议会代表，六月起义后站在左派立场上反对针对路易·勃朗的政治迫害。赖德律-洛兰和路易·勃朗领导的小资产阶级共和派在二月革命中的犹豫态度使亲历本次会议的警方密探德拉奥德也对其参与临时政府的政治合法性提出了质疑。"迄今为止，没有一位爱国者提到这次会议……那些声称是二月革命组织者的人很有理由不去吹嘘它"（*LRF*: 40-41），其言辞中的讽刺意味不言而喻。

浪荡汉或波希米亚文人

谢努乃混迹于巴黎街头的浪荡汉，然而在当兵、开小差、起义、暴动、入狱、逃亡的复杂经历中，他练就了一种敏锐的观察、判断和思考能力，能够在熙熙攘攘的人群当中捕捉到某一形迹可疑之人，并以细腻生动的文字将其独特的面貌和琐屑的行为准确地刻画出来。在一个大雨滂沱的夜晚，德拉奥德在河边来回踱步的身影引起了在街头巡逻的谢努的注意，他的想象和猜想很快便得到了证实：佯装等人索债的德拉奥德实际上是在等待警察付给他做密探所得的酬金。为此，马克思和恩格斯不惜大段引用谢努的文字，而且不无赞赏地说道："谢努这本书的文笔就叙述的朴实和生动来说，在许多地方可以和《吉尔·布拉斯》媲美。"（《全集·2·11》: 331）这位科西迪耶尔的前警备队长的回忆录在1850年2月出版之后引起了很大反响，仅在巴黎一地，它于 2 月一个月之内就印行了两版[1],除了容易引起人们兴趣的内容之外,恐怕作者不俗的文笔也是其倍加流行的原因之一。还是让我们来欣赏一下吧:

> Entrainés à toute vapeur, nous voyions d'un côté fuir la haute flèche de Strasbourg, de l'outre côté se développer le majestueux panorama des Alpes-Rhénanes, dont les cimes lointaines se perdaient dans l'horizon. (*Conspirateurs*: 186)

> 雾气弥漫四周,我们从一侧看到,斯特拉斯堡教堂高耸的尖顶向身后退去,而在另一侧,壮丽的莱茵-阿尔卑斯山绵延开来,远处的群峰消失在地平线上。

被科西迪耶尔驱逐出法国的谢努,在乘坐火车时也不忘借窗外的美景排遣一下笼罩在心头的阴暗情绪:"退去"法文原文为"fuir",意为"逃脱","消失"的原文为"perdre"(原文中 perdaient 的动词原形),意为"失去",从这种细腻的修辞中,我们仿佛看到了一个踌躇满志的士兵从战场上铩羽而归的颓败的身影。

80 年后,瓦尔特·本雅明发现了一个和谢努及德拉奥德一样徜徉在巴黎街头的波希米亚诗人,他将这座"19 世纪的首都"写进了自己的抒情诗里,此人正是夏尔·波德莱尔。

---

[1] *Karl Marx Friedrich Engels Gesamtausgabe (MEGA)*, 1. Abt. B. 10, *Apparat*, Berlin: Dietz Verlag, 1977, S.883.

四 帝国与反叛的幽灵

1848年2月24日夜间,布里松非常吃惊地发现他的朋友在布西街十字路口加入了抢劫武器商店的队伍,"手持一支崭新锃亮的连发手枪和一个棕色皮质弹夹",站在共和派竖立的街垒一边,嘴里不停地高呼:"应当去枪毙奥皮克将军(其继父)!"[1]诗人将革命年代流行的口号式的浮夸言辞一直保留到了生命的最后。在比利时写下的一束札记中,本雅明发现了这样的字句:

> 跟他们(指盲信者——引者)谈论革命,定会令其惊恐万分。我若同意做一个共和党人,这会让有识之士感到不快。对,革命万岁!然而永远如此!但我不是傻瓜,我也从来就不是傻瓜!当我高喊革命万岁时,我是在喊破坏万岁!报应万岁!惩罚万岁!死亡万岁!我不但乐于做牺牲者,而且也不为做刽子手而感到怨恨——目的是为了以两种方式来感受革命!我们的血管里都流淌着共和精神的血液,如同骨头里的天花一般,我们都被民主和梅毒感染了。[2]

这应该就是1848年革命中巴黎小资产阶级知识分子的心态:七月王朝时期郁积在人们心头的不平和愤懑在街垒战

---

[1] E.&J. Crépet, *CH. Baudelaire, Etude Biographique*, 3rd éd., Paris: Leon Vanier, 1908, pp.78-79.
[2] Charles Baudelaire, *Oeuvres posthumes*, Paris: Société de Mercvre de France 1908, p.287. 本雅明把文中的"vérole"("天花")误译为"Syphilis"("梅毒"),参见 Walter Benjamin, *Gesammelte Schriften, I.1*, Hg. von Rolf Tiedemann und Hermann Schweppenhäuser, Frankfurt am Main: Suhrkamp, 1974, S. 515。后文出自同一著作的引文,将随文标出该著简称 *GS*、卷数和引文出处页码,不再另注。

这种与对手短兵相接的战斗中得到了宣泄。战斗愈发暴力，人们的情绪宣泄就愈发彻底，战斗持续的时间也就愈加短暂：像1830年起义一样，二月革命也仅仅持续了三日。本雅明用古斯塔夫·福楼拜的话概括了这一典型的"革命心态"："在一切政治当中，我只懂得一件事情：反抗。"（*GS.I* 转引：515）为反抗而反抗，为革命而革命，这是一种将革命非政治化、非道德化，或者说将政治审美化的态度，它跟波德莱尔在二月革命时期主张"为艺术而艺术"的原则是一致的。本雅明由此发现了在诗人那里政治和艺术的同一性，这样一来，我们便不难理解，当人们盛传波德莱尔在布鲁塞尔期间（1864年4月至1866年7月）曾一度充当过法兰西第二帝国的警方密探时，为什么诗人不但丝毫不加避讳，反而有意扩散，甚至吹嘘这个"谣言"。马克思和恩格斯非常了解波德莱尔们的矛盾心理，在那篇著名的书评里，他们说，密谋家既仇视高高在上的资产阶级，也憎恶穿着"黑色燕尾服"的人，他们才是"有教养的""党的正式代表"（《全集·2·11》：334）。《恶之花》中有两首诗表现了波德莱尔内心对待革命的态度，本雅明说，诗人刻意逃避用文字来讨论和分析它：

> 我幸福犹如君王；
> 大气纯净，天空令人神往……
> 爱上她的那一刻
> 我们仿佛置身于夏日的骄阳！[1]

---

[1] Charles Baudelaire, "Le vin de l'assassin", in *Œuvres complètes,* Tome 1, Texte établi, présenté et annoté par Claude Pichois, Paris: Gallimard, 1975, p. 107.

这首题为《醉酒的杀手》的诗歌写于1848年11月。当时，六月起义的枪声刚刚远去，街垒战中失败的工人倒在血泊中的身影还依稀浮现在诗人眼前。不久之后，路易·波拿巴将当选为法兰西第二共和国的总统。诗人以"醉酒的杀手"自比，与"尸骸""毒药""锁链"和"眼泪"做伴，陶醉于杀死自己"妻子"的欢乐之中，而"妻子"正是他爱恋的对象。"没有任何人能够理解我。/无数愚蠢的醉鬼中的一个/难道在这些垂死的暗夜里/他想用醇酒织就一件尸衣？"[1]直到1854年12月，已经生活在"第二帝国的天空"底下了，波德莱尔依然在夜晚的巴黎街头出神地凝望着革命者：

> 人们看到一个拾垃圾者走来，脑袋摇摇晃晃，
> 磕磕绊绊，像一位诗人一头撞在墙上，
> 无心顾忌那些密探和他们的目标，
> 只把满腔的心血投入到宏伟的计划上。[2]

本雅明把诗歌中的"拾垃圾者"视为深受葡萄酒税之害的城市平民，这项赋税从旧制度时期一直存在到七月王朝，尽管法兰西第二共和国的制宪议会曾经通过了一项议案短暂地取消过它，但声称代表农民利益的第二帝国又重新把这个负担加在了人民头上。"葡萄酒开启了无产者实施有力的

---

[1] Charles Baudelaire, "Le vin de l'assassin", in *Œuvres complètes*, Tome 1, p.108.
[2] Charles Baudelaire, "Le vin des chiffonniers", in *Œuvres complètes*, Tome 1, p.106.

复仇和为未来赢取荣光的梦想"(*GS.I*: 521),本雅明进一步把"拾垃圾者"认定为"人类苦难的挑战者形象",即马克思和恩格斯所说的"流氓无产者"(*GS.I*: 1145)。1854年1月,波德莱尔的朋友皮瓦·丹格尔蒙在其《巴黎轶事》一书中记录了有关"将军号"舰队的事情。作者说,"拾垃圾者"实际上是指这样一个人:他每天晚上狂饮"12升葡萄酒"和"15或20大杯烧酒"之后,在勒唐普尔(吉伦省)市郊投入想象中的战斗。由于该书面世较晚,波德莱尔的灵感并非来自这则故事,但他曾经与这位朋友一起去参观过"将军号"舰队的载人仪式,他一定听说了"拾垃圾者"的传奇[1](*GS.I*: 1145)。基于此,我认为,"拾垃圾者"呈现的恰恰就是波德莱尔本人的诗歌形象:夜幕降临,在巴黎某个街头,一位受苦受难的"革命者"佝偻驼背、步履蹒跚,一门心思地谋划着一个惊世骇俗的行动,却丝毫没有留意到形迹可疑的自己实际上已经暴露在警方密探的眼前。马克思和恩格斯笔下的密谋家自然也包括了像波德莱尔这样的波希米亚文人[2]:双目微闭,凝神沉思,处心积虑地筹划着如何行动,革命在他们那里"成为毫不具备条件的即兴之作"。

在两位无产阶级革命导师看来,布朗基和布朗基主义者是职业密谋家的极致,"他们醉心于发明能够创造革命奇迹的东西"(《全集·2·11》: 334),然而波希米亚文人的"密

---

[1] Charles Baudelaire, *Œuvres complètes*, Tome 1, p.1048.
[2] 我在这里提供的解释与本雅明之间出现了明显的偏差,他说:"拾垃圾者当然不能算作波希米亚人。然而从文人到职业密谋家,那些属于波希米亚人的均可从他身上发现自己的一部分。"(*GS.I*: 522)

谋"却无法找到实现的途径,只能让愤怒的情绪在胸中不断地郁积起来,于是,在他们的圈子里形成了一种被本雅明称为"大话崇拜"(culte de la blague)的东西。45岁的诗人波德莱尔在致母亲的信中如是说:"如果永远也无法追回可以供我任意挥霍的青春和力量的话,我就会写出几部惊世骇俗的著作来减轻心中的怒火。我宁愿让全人类都恨自己。我将从中得到那使我全然慰藉的快乐。"[1]马克思和恩格斯领略过德拉奥德的夸张口气,后者声称自己长期混迹在共和派的秘密会社里,缓和了他们的激进态度。"根本谈不上对革命有所了解"的谢努竟然夸下海口,说只用一封恐吓信就使自己的上司警察局局长科西迪耶尔释放了他,而后者不但喜欢用言辞来恐吓下属,还习惯于以"大人物"口吻说他可以按照自己的"意愿把群众发动起来反对资产阶级"(《全集·2·11》:340)。

在法国革命时期的文人中广为流行的"大话崇拜"漂洋过海传到了伦敦,从1848年三月革命到1851年,据可靠的统计数据,在这个"收容各国流亡者的最大城市"的德国人聚居区里生活着9566人,这个数字到1861年上升至12448人[2],其中多数是工人移民和政治流亡者。在这些流亡者中,小资产阶级知识分子占有相当大的比重,由于各自的政治观

---

[1] Charles Baudelaire, *Correspondance, II*, Texte établi, présenté et annoté par Claude Pichios avec la collaboration de Jean Ziegle, Paris: Gallimard, 1973, p.353. 本雅明的译文是:"如果我能再度找回曾经拥有的青春和活力的话,我将写出几部惊世骇俗的著作来发泄心中的怒火……"(*GS.I*: 516)这和波德莱尔的原意显然不符。

[2] Christine Lattek, *Revolutionary Refugees German socialism in Britain, 1840–1860*, London: Routledge, 2006, p.7.

点不同，他们形成了以阿诺德·卢格为首的民主派、以金克尔为首的共和派，还有从共产主义同盟中分离出去的维利希－沙佩尔"特殊集团"。1848—1849年欧洲革命失败后，马克思和恩格斯有意要揭露这群流亡伦敦的、对革命有害而无益的德国小资产阶级知识分子。从1852年2月开始，在杜隆克和恩格斯的帮助下，马克思陆续推出了几则"性格速写"。谈到对这些人的政治态度，他后来说，"在手稿中，我们抨击了时髦的空论家……当然不是因为他们是危害国家的革命者，而是因为他们是反革命的败类"（《全集·2·12》：50）。4月，流亡伦敦的匈牙利革命者雅诺什·班迪亚假托德国出版商艾泽曼向马克思约稿，于是马克思打算把这些零散的手稿汇集成《流亡中的大人物》一书予以出版，有关金克尔的内容占据了全书四分之一强的篇幅。这位新教福音派神学家、诗人和作家自1848年5月以来，通过创办《波恩报》和"民主协会"宣传共和思想，从而成了虚幻的"德意志共和国"的象征。他曾经因参加西格堡起义（1849年5月）和巴登起义（1850年4月）多次被捕入狱，并在一夜之间迅速跃升为德国革命的象征。金克尔于1850年底在朋友舒尔茨的帮助下成功逃亡伦敦，并在那里又成了德国流亡者的政治领袖之一。在政治小册子的写作方面，金克尔鼓吹以取消资本主义竞争的方式来解决社会冲突；在文学创作方面，他喜欢以华丽和空疏的辞藻表现"大人物"的傲慢和虚伪的感伤。即使在爱情受挫之时，金克尔也不忘以想象中自己未来将要获得的名望自居，向对方施以情感的敲诈：

> O, nein! Diese Himmelsblüthe, die ja kaum ihre ersten Blätter noch aufgethan, duftet schon so süß. Wie, wenn die Maiensonne (*sic*.) der Liebe oder der glühende Sommerstrahl männlicher Kraft ihre inneren Kelchblätter entfaltet, wie muss dann erst der Farbenglanz und Duft aus ihr hervorblühen! O, wie könnte Sie mir verloren gehen?[1]

> 呵,不!这天上的花朵,刚刚吐出柔嫩的花瓣就散发出如此浓郁的芳香。当爱情那疯狂的太阳,抑或犹如夏日骄阳一般的男性力量揭开她内心的花瓣之时,又将会怎样,更何况耀眼的色彩和芬芳必然要从中绽放出来呢!呵,您怎能离我而去呢?[2]

金克尔还喜欢用自己多次坐牢和逃亡的经历博取公众的同情和敬佩的眼泪,这些经历反过来为他赢得了巨大的政治资本。诗人生活在自己及其信徒以及"金克尔基金会"制造的幻影之中,这徒然增加了他面对普通民众时的那种骄横和傲慢。在普鲁士军事法庭上,他抗议"把我的行为同革命到最后不幸沾上的污垢和淤泥(我知道这一点)相提并论"(《全集·2·11》:312)。那么,他眼中的"污垢和淤泥"是什么呢?马克思没有交代其中的细节,我们在此尝试予以补充。在

---

[1] Adolph Strodtmann, *Gottfried Kinkel, Wahrheit ohne Dichtung, Biographische Skizzenbuch,* Bd.1, Hamburg: Hoffmann und Tampe, 1850, S.40. 文中的"maiensonne"显然是"manie"的误排。马克思没有完整地引用这句话,参见 *MEGA*² I/11, SS.226-227。

[2] 笔者自译。另参照《全集·2·11》:284。

拉斯达特被捕之后,金克尔于1849年8月4日以"持枪对抗政府军""侮辱普鲁士国徽"这一"战争叛国罪"被判终身监禁。[1]然而,政府军许多将领觉得这个判决结果太轻,于是他们要求处之以死刑。但是由于以普鲁士民族主义者恩斯特·阿连特为首的1100名波恩市民联合签名向国王请愿,金克尔最终在当年10月被改判有期监禁。[2]由此我们可以想见上述辩词在其中所起的作用:金克尔一方面不惜以背叛革命为代价把自己与其他革命者切割开来;另一方面他试图以此来洗刷自己身上的罪责,站在道德的圣坛上藐视一般大众,从而把自我加以神圣化。具有讽刺意味的是,《流亡中的大人物》的手稿最终也未能在其著者生前出版,但是它却经过另外一个"大人物"之手被出卖给了普鲁士政府,这个人就是班迪亚。班迪亚口称的"科勒曼出版社"根本就是子虚乌有,而他本人从19世纪40年代初期就已经加入了国际密探的行列,曾经为德国、法国、匈牙利和英国等多国政府效力。从1850年5月开始,他就以新闻记者的身份混迹于伦敦的各国流亡者中间,对他们的一举一动非常熟悉。马克思后来甚至怀疑正是班迪亚向普鲁士警察总监透露了自己撰写《揭露科隆共产党人案件》一书的消息,导致该书在瑞士边境遭到了扣压。[3]

集波希米亚文人与小资产阶级共和派政客于一身的金克尔,与谢努、德拉奥德和科西迪耶尔一样都习惯自视为推

---

[1]《军事法庭判决书(1849年8月4日)》,参见Joesten, *Gottfried Kinkel, sein Leben, Streben und Dichten für das deutsche Volk*, Köln, 1904, S.75。
[2] Joesten, *Gottfried Kinkel, sein Leben, Streben und Dichten für das deutsche Volk*, S.76.
[3] "Zur Rolle Bangyas", *MEGA² I/11*: SS.800-805.

动历史运动的"大人物",他们不愿关注现实,或者毋宁说,他们习惯将现实看成是幻象,而视幻象为现实。在本雅明看来,这是理解波德莱尔那样的19世纪巴黎波希米亚文人的金钥匙。1926年春天,当本雅明第一次来到巴黎时,这座城市的氛围就深深吸引了他。翻译普鲁斯特的计划似乎被暂时忘却了,本雅明像19世纪四五十年代的波德莱尔一样漫无目的地穿梭于巴黎大大小小的书店、咖啡馆、博物馆和工人居住区之间,开始对巴黎街头的通俗文化和现代艺术表现出浓厚的兴趣。[1]1928年秋天或者冬天,本雅明开始搜集相关材料,为撰写他一生最重要的著作——《拱廊书》做准备。按照作者的预想,这是一部系统研究19世纪巴黎文化的著作。然而在接下来的数年时间里,本雅明一直被一个理论问题所困扰:如何将自己早先得到的超现实主义灵感与历史唯物主义思想融合起来?[2]1933年初德国法西斯日益猖獗,本雅明作为犹太人失去了为文学杂志撰稿糊口的机会,3月他被迫流亡巴黎。1934年4月,由于接受了已经迁往美国的法兰克福社会学研究所的资助,本雅明在巴黎的生活条件渐渐有了改善,于是他重新接续了《拱廊书》的写作工作。同时,与阿多诺和波洛克之间的多次书信讨论也给他的研究带来了新的方法,即社会史的视角。1935年5月,他向研究所提交了《拱廊书》一书的论纲——《巴黎,19世纪的首都》,这部著作是本雅明最后20年研究工作的里程碑,其最初的

---

[1] Howard Eiland and Michael W. Jennings, *Walter Benjamin: A Critical Life*, Cambridge: The Belknap Press, 2014, pp.251-252.
[2] Howard Eiland and Michael W. Jennings, *Walter Benjamin: A Critical Life*, p.287.

题目是《19世纪巴黎城市的社会史》(*GS.V*: 1097)。漫游在巴黎街头，本雅明不像正统的马克思主义者那样去关心那一眼望去无法看见的阶级斗争和意识形态内容，相反，他善于捕捉城市中那些令人痴迷的"文化物品"，诸如拱廊、街道、绘画、居室、街垒等等。它们并非简单的物品，而是映照在虚假的光芒之下的东西，由于笼罩物品的光芒过于耀眼，以至于它们都成了"幻象"(Phantasmagoria)。"幻象"是《拱廊书》的核心主题，在本雅明看来，19世纪是一个不断制造幻象的世纪："资本主义是一个自然现象，它给欧洲带来一种新的梦境，复活了一种神话般的力量。"(*GS.V*: 494)首先，"幻象"是作为生产者的人制造出来的物件或商品本身，可是在它被制造出来之后，其交换价值遮蔽了真实的使用价值，因此，我们所看到的商品只是它呈现出来的外在或表面特征，而非制造商品的使用价值所需的社会必要劳动和交往关系。换句话说，"幻象"是被人为制造出来的，但由于脱离了它从中被生产出来的社会现实，转而成了与人自身对抗的、带有欺骗性的假象。其次，"幻象"具有双重意义或暧昧性，它是通过"这个时代的社会关系和生产活动而发生的"。因此本雅明说"暧昧性是辩证法借助意象的显现，是辩证法处于静态时的法则。这一静态就是乌托邦，而辩证意象就是梦幻意象"(*GS.V*: 55)。在这里，我们可以看出，本雅明没有采用正统马克思主义者的做法，把事物及其意象置于直接的决定性关系中，而是通过辩证法这个转盘将我们对二者关系的理解复杂化和合理化了。在1935年5月第一次向社会学研究所提交"论纲"时，本雅明对"幻象"的界定已经超越了唯心主义的解释方式。换言之,它已经迈出了黑格尔的纯粹精神世界,被置于19世纪真实的资本主义世界当中。"幻象"的制造者不再是精神或黑格尔的"绝对精神",也就是说,它不再是意识或自我意识的产物,而是社会劳动以及作为社会劳动积累的资本,只不过它脱离了,或者准确地说,被劳动所创造的商品推向了精神世界而已,因为商品在其使用价值之外又被赋予了"新奇"的品质。本雅明说:"它(指新奇)是幻象的根源,是那些意象无法转让的东西,它使集体无意识浮现出来。"(*GS.V*: 55)这样一来,"幻象"就由被人制造出来的客体翻转为主体,开始行使制造者的角色,"这一意象(指'幻象'——引者)直接将商品设置为偶像或物神,它设置了拱廊、居室和街道"(*GS.V*: 55)。此处"设置"的德文为"stellen",我们应取其"aufstellen"(展示)、"hervorstellen"(凸显)之义[1]:"幻象"设置商品、拱廊、居室和街道,这意味着将其置于梦幻的氛围之中,使之变成特定文化的符号和象征,从而成为被本雅明称为资产阶级陶醉于其中的"文化史的幻象",以上就是本雅明在1935年所理解的唯物主义史观。这显然与波洛克和阿多诺所理解的社会史有别,于是在"1939年论纲"中,作者删去了上述对"幻象"所做的"不够唯物主义"的解释,把波德莱尔对商品"幻象"的新奇追求替换成了诗人在《七个老人》中呈

---

[1] 海德格尔从拉丁文"ponere"或古希腊语"Φέσις"的意义上解释"stellen",即"将某物展示在无蔽状态中",参见 Martin Heidegger, *Gesamtausgabe* Bd.5, *Holzwege*, Hrg. von Friedrich-Wilhelm von Herrmann, Frankfurt am Main: Vittorio Klostermann, 1977, S.70。

现的一个有关城市贫民的"痛苦幻象"(*GS.V*: 71)。

本雅明试图在19世纪巴黎城市物质生活的真实图景中解释波希米亚诗人和艺术家们的生活状态和政治态度，毋庸置疑，其灵感源自马克思和恩格斯那篇著名的书评。然而，马克思和恩格斯尝试从小资产阶级的道德入手，解释其不顾现实约束而热衷于政治密谋和政治幻想的特点，而本雅明认为小资产阶级对"幻象"的嗜好、偏爱和痴迷源于资本主义或商品经济本身的创造，更重要的是，小资产阶级在热衷于创造种种"幻象"的同时，陶醉于其中而不能自拔，乃至于导致了商品拜物教的症候。在本雅明看来，这正是导致小资产阶级政治惰性的根本原因（参看 *GS.V*: 70）。自马克思那里汲取的灵感也延伸到了本雅明对波德莱尔艺术理论的解释。在"1939年论纲"中，他说，波德莱尔把"极为新奇的东西作为极为古老的东西展现给读者"(*GS.V*: 72)，我们不会忘记，马克思和恩格斯将职业密谋家视为"昔日的炼金术士"，"他们醉心于发明能够创造革命奇迹的东西，如燃烧弹，具有魔力的破坏性机械，以及越缺乏合理根据就越神奇惊人的骚乱等"（《全集·2·10》: 334）。用本雅明的话说，这些具有魔力的武器和具有神奇效果的事件，还有浑身散发出陈腐气息的炼金术士都是小资产阶级制造出来的"幻象"，是久已死去的"幽灵"。

幽　灵

19世纪40年代，法国共和派秘密会社在准备发动街垒战的前夕，密谋家们往往会在他们秘密接头的咖啡馆里集体发誓。例如，"家庭社"在1836年暴动前的誓词中就包含了下面的语句："我们将汇集人民的一切力量拧成一股绳……拿起枪来推翻背叛国家的政府。"[1]德里达提示我们注意"conjuration"（"密谋"）和"jurer"（"发誓"）两个法语词语的同源性。德文的"Verschwörung"和"Schwur"也是如此。这位解构主义者指出，"conjuration"包含两层相反的含义，首先它指一群人聚在一起，秘密地庄严发誓要推翻最高权力，在这个意义上，英语"conjure"是指借助于具有神奇力量的咒语来召唤某种魔力和精灵到来。其次，"conjuration"还指神奇的驱魔活动，其目标在于驱逐已经被召唤或召集而来的恶魔（*SM*: 71-77）。"密谋"在法语中还有另一个近义词即"conspiration"，基佐在1822年出版的一部词典中对二者做了区别，前一类密谋活动的目标多为个人和小集团，后一类则直指国家和政府。[2]对于密谋的两层意思，马克思和恩格斯自然明白。在为谢努和德拉奥德撰写的书评中，他们有意选择"conspiration"而非其近义词"conjuration"，恐怕一是出于从道德上对小资产阶级的密谋家们表示鄙视，二是要把驱逐魔鬼和幽灵的任务交到自己手上，这是无产阶级密谋家不可推卸的责任。

驱逐幽灵的首要任务在于弄清幽灵究竟是如何降临的问题。自《德意志意识形态》（1845—1846），尤其是自批判施

---

[1] *Gazette des Tribunaux*, 3 août, 1836.
[2] François Guizot, *Nouveau Dictionnaire universel des synonymes*, Tome 1, Paris: chez Aimé payen, 1822, p.149.

蒂纳极端利己主义哲学之时，这项工作就已经开始。施蒂纳把（利己主义者的）自我成长史划分为两个阶段：1）儿童是唯实主义，他只承认现实中真实存在的事物，因此受制于它们；2）青年是唯心主义，他抛开了上述"外部事物"，沉迷于自己的精神世界。由儿童向青年跳跃基于"第一次自我发现"："我"认识到自己是超越现实事物之上的精神，于是挣脱了现实生活，变成了精神本身。虽然"我"就是精神本身，但还是"不完善的精神，并且还必须寻找完善的精神"，因为"精神就如此力求成为一切中的一切"。这个外在并对立于作为青年精神的精神又是什么？施蒂纳认为，唯有这个超脱精神之外和之上的精神才是"真正的和真实的精神"，它是精神的理想和"神圣的精神"。只有摆脱不完善的精神，才能将"世界作为我心目中的世界来把握，作为我的世界、我的所有物来把握"，也唯有如此，自我才能最终由青年过渡到"成人"。简而言之，自我的发展就是自我神圣化的过程，因此马克思称施蒂纳为"圣麦克斯"。在将全部的世界纳入自己手中从而成为神圣的精神之后，自我回过头来发现自己不但是神圣的精神，而且还是"肉体的精神"（leibhaftiger Geist），于是，这个"第二次自我发现"使自我回归了现实中的享乐生活。[1] 马克思接连拆穿了施蒂纳在"思辨"过程中不断变换祭出的"魔法"或"花招"：自我首

---

[1] 详见中共中央马克思恩格斯列宁斯大林著作编译局编译《马克思恩格斯全集》第1版，第3卷，人民出版社，1960，第116—131页。为行文方便，某些术语的翻译有改动，参见 Institute für Marxismus-Leninismus bei ZK der SED (Hrg.), *Karl Marx ·Friedrich Engels Werk (MEW)*, Bd.3, Berlin: Dietz Verlag, 1978, SS.104-118。

先认定自己是个别的精神，继而以追求普遍的，因而是神圣的精神之名取消了自身的存在，最终在掌握了普遍精神之后将自己的肉体迎回。在施蒂纳的老师黑格尔那里，普遍精神是自我运动的，它从自我意识出发最终到达对自我的绝对知识——绝对精神，马克思将这一"头脚倒置"的精神体系翻转过来，努力使其成为社会现实的反映，只有如此，精神才能取得真实的品格。然而，施蒂纳的"精神"，首先，由于排除了社会生活的现实（诸如团体、民族、阶级和国家）而变成了虚幻的影子；其次，排除了作为"影子"出现的精神世界的"神圣精神"就成了"幽灵"（das Gespenst）[1]，它表现为"肉体的精神"，即以俗世之身来承载神圣精神的个人利己主义者，他把人生在世的享乐看作神圣之道，以此将自我神圣化，因此，马克思揭穿了这些小资产阶级的精神本质，他说：

> Stirners "Mann" kommt als Deutscher zu Allem sehr spät. Er kann auf den Pariser Boulevards und in der Londoner Regent Street Hunderte von "Jünglingen", Muscadins und Dandies, flanieren sehen, die sich noch nicht als "leibhaftigen Geist" gefunden haben, aber nichtsdestoweniger "an sich, wie sie leiben und leben, eine Lust haben" und ihr Hauptinteresse in die "Befriedigung des ganzen Kerls" setzen.[2]

---

[1]《马克思恩格斯全集》第1版，第3卷，第123页。笔者将文中的"怪影"（"Gespenst"）一律改译为"幽灵"，参见 *MEW*, Bd.3, S.106。
[2] *MEW*, Bd.3, S.108.

施蒂纳的"成人",是真正的德国人,所以出现的太迟了。在巴黎的街心花园和摄政大街,也许能看到数以百计到处闲逛的"愣头愣脑的年轻人",公子哥儿和纨绔子,他们虽然还没有发现自身是"肉体的精神",但却"对他们那样的生活津津有味",并把主要的兴趣放在"完整的主体的满足"上。[1]

我们太熟悉这些闲逛者、浪荡汉了:15岁就在街头"闹事"的谢努不就是巴黎人说的"gamin",也就是文中的"Jünglingen"吗?"Muscadin"是18世纪法国里昂的方言,最初是丝绸工人送给当地的"大商人及其衣冠楚楚的仆人们"的外号[2],1794年7月热月政变后,它被用来指巴黎街头身着奇装异服、外表优雅的青年人,他们成群结队地围追堵截无套裤汉党人和失势的雅各宾党人。虽然在19世纪40年代"Muscadin"这个词早已淡出了日常法语,但马克思早年对法国大革命的史料非常熟悉,曾经计划撰写一部《国民公会史》,自然对雅各宾党及其敌人印象尤其深刻。

幽灵离不开肉体,换言之,虚幻的精神只有附着于一个具体的肉体之上才能生产出幽灵。德里达说,"幽灵(fantôme)的生产,幽灵效果的构成并非简单地精神化,亦非精神、理念和思想的自我运动,后者在黑格尔的唯心主义哲学中得到了卓越的体现";相反,"一旦精神自我运动起

---

[1] 《马克思恩格斯全集》第1版,第3卷,第125页。为行文方便,译文有所改动。
[2] Claude Riffaterre, "L'origine du mot muscadin", in *La Révolution française*, 56 (1909), p. 387.

来，伴随着剥夺和与之相应的异化，唯有此时，幽灵的时刻才到来，它跟随精神，为它增添了一个补充的维度，一种模仿、一种异化或剥夺",这位擅长文字游戏的大师继续说，"这就是躯体！肉体（Leib）！""因为假如肉体没有出现在一个不可见的可见空间里，假如肉体没有出现为其显现的消失－显现（dis-paraître d'une apparition）时，便不存在所谓幽灵，精神也就从不会变成幽灵（spectre）"（*SM*: 202）。当肉体在幽灵中出现之时，它也同时在消失，于是精神得以凸显；然而肉体在幽灵中的消失恰恰凸显了肉体的显现本身，因此肉体在幽灵中处于既可见又不可见的状态。德里达的措辞虽然有些拗口，但却准确地描绘了幽灵的生成机制，意识形态的生产也遵循了同样的机制，只不过它所诉诸的肉体更为抽象而已。一旦思想脱离了它赖以产生的社会现实，人们的头脑里就会生成许多幽灵，并赋予它们以躯体，德里达说，"并非是让它们（指幽灵们——引者）返回到其理念和思想所系的活生生的肉体，而是将这些理念和思想塑身于另一种人为和人造的躯体里"（*SM*: 202-203），这就是意识形态幽灵的生产原理。

1851年12月1日晚，"纨绔的波希米亚人"路易·波拿巴发动军事政变解散了国民议会，恢复了普选制。1852年12月2日，伴随第二帝国的成立，法国重新走进了复辟的君主制。从1789年大革命以来，在经历了共和制、帝制、君主立宪制以及革命力量与复辟力量的反复较量之后，法国革命的步伐依然未能停止。在七月王朝的末期，基佐就曾经乐观地预言革命在法国已经以自由主义的最终胜利宣告结束，然而不久之后革命就再次爆发了。为什么革命会一再反复？如何破解19世纪法国历史中的这一神秘现象？无论是共和派、君主主义者，还是自由主义者，都曾经渴望尽快结束革命。托克维尔在《回忆录》里发出了这样的感叹："唉！在复辟时期我自己希望如此，在复辟政府垮台之后依然如此，可现在又是重新开始的法国革命，因为事情总是如此。"[1]然而，马克思并不希望革命就此结束；相反，他希望"重新开启另一场革命，与上一场革命相比虽然形式上相似，但内容却是全新的，它是社会革命而非政治革命"。[2]如果说1789年革命解决的是正在上升的资产阶级与没落的贵族之间的冲突[3]，那么19世纪革命将要面对的是资产阶级和无产阶级的冲突。为了确保一场很快就要到来的无产阶级革命的胜利，马克思对1830年以来历次由小资产阶级共和派发动和领导的、有无产阶级参加的起义和暴动屡屡失败的原因做出研究，其目标在于揭示和打破小资产阶级政治文化的梦境。

从1830年到1850年，这个梦境由无数死去的幽灵组成。"一切已死的先辈们的传统，像梦魇一样纠缠着活人的头脑。"（《全集·2·11》：132）死去的精神纷纷找到了自己的躯体：科西迪耶尔、路易·勃朗和路易·波拿巴头脑中分

---

[1] Alexis de Tocqueville, *Souvenirs*, Paris: Calmann Lévy, 1893, p.95.
[2] François Furet, *Marx et la révolution français*, p.88.
[3] 20世纪50年代以来形成的法国大革命研究修正史学派试图否定马克思的这个结论，例如，阿尔弗雷德·科本就认为在旧制度末期，封建贵族已经不再统治国家，农民土地占有量已达全国土地总量的三分之一；在大革命前夕，工商业资产阶级人数在法国根本不占优势，而且对革命毫无兴趣，参见 Alfred Cobban, *The Social Interpretation of The French Revolution*, 2nd ed., Cambridge: Cambridge University Press, 1999, chps.4、6, pp.25-35、54-67。

别是丹东、罗伯斯庇尔和拿破仑的幽灵；1848—1851年的山岳党是1793—1795年山岳党的幽灵，拿破仑帝国是法兰西第二帝国的幽灵。小资产阶级的密谋家们不仅醉心于发明那些具有魔力的武器，而且还将旧革命的幽灵纷纷召唤出来，希望它们能够在革命危急的时刻及时显灵，赋予自己以神奇的力量，从而把"懦弱"的自己装扮成领导革命的英雄。马克思说，"没有一个党派像民主党这样夸大自己的力量，也没有一个党派像民主党这样轻率地错误估计形势"，他们自信"他们只要发出一个信号，人民就会用它的无穷无尽的力量冲向压迫者"。可是，"一旦必须实地战斗时，宣战的震耳欲聋的前奏曲就变成了怯懦的唠叨；演员不再认真表演了，戏也就停止了，像吹胀了的气球一样，针一刺就破了"（《全集·2·11》：164-165）。最后，连他们自己也化身为"幽灵的幽灵"到处游荡。生活上的浪荡汉最终变成了政治和文化上的浪荡汉——波希米亚文人。马克思说，"民主党人代表小资产阶级，即体现两个阶级的利益互相削弱的那个过渡阶级，所以他们认为自己完全是站在阶级对抗之上"（《全集·2·11》：164）。

本雅明在波德莱尔作品中发现，诗人不仅喜欢捕捉世俗生活画卷中的"英雄主义"色彩，而且乐于亲自走上舞台扮演英雄的角色。《巴黎，19世纪的首都》的作者由此联想到了马克思对法国农民的描绘。终结1848年革命的路易·波拿巴是依靠占法国人口大多数的农民手中的选票上台的，他们是第二帝国的政治原则——"拿破仑观念"的崇信者。"拿破仑观念"使军队在帝国和社会中"占了压倒性优势"[1],"军队是小农的光荣,军队把小农造就成为英雄"(《全集·2·11》:164)。在《小老太婆》(1857)一诗中,波德莱尔描绘了一位生活贫困、形容枯槁的老妇人,在夕阳西下的傍晚步履蹒跚地走进公园,独自坐在长凳上聆听军乐队演奏的场景:"在这个令人振奋的金色夜晚,/他们(士兵)把某种英雄主义注入了市民的心田。"[2]本雅明评论道,因生儿育女而陷入贫困的农家子弟的英雄主义是"软弱无力的",通过军乐团演奏这种方式召唤出来的英雄主义是这个社会"还能够制造的真实的、唯一的东西"(*GS.I*: 1, 576)。"英雄崇拜"成了第二帝国从皇帝到普通的城乡居民的道德意识和风俗,本雅明以巴尔扎克为例,在这位"讲故事的人"笔下,连最普通的旅行销售员也被尊为勇猛无比的"角斗士"。

在波德莱尔的英雄谱里,不仅有第二帝国的缔造者拿破仑三世,巴黎街垒战的领袖布朗基,"在充满敌意的环境中"奋斗并获得不俗成就的人和反抗社会的人,还有"现代生活的画家"之一——康斯坦丁·居伊,以及穿着优雅、气质高贵、敢于挑战社会道德规范的"纨绔子"(dandy),甚至是老妪、罪犯、流氓和女同性恋者,他还不忘把自己的名字也列在了这个长长的名单里,以至于本雅明说英雄主义构成了波德莱尔对现代性的理解要素。对不知名的波希米亚人

---

[1] 马克思持续观察了路易·波拿巴上台后发动的对外战争(如克里米亚战争)以及以强大的军力为后盾展开的外交活动,关于这方面的分析,参见 Marximilien Rubel, *Karl Marx devant le bonapartisme*, Paris: Mouton & Co., 1960。
[2] Charles Baudelaire, "Les petites vieilles", *Œuvres complètes*, Tome 1, p.91.

和速写画家古斯塔夫·居伊,波德莱尔的崇敬之情更是溢于言表:

> 他就这样走啊,跑啊,寻找啊。他寻找什么?肯定,如我所描写的这个人,这个富有活跃的想象力的孤独者,不停地穿越巨大的人性荒漠的孤独者,有一个比纯粹的漫游者的目的更高些的目的,有一个与一时的短暂的愉快不同的更普遍的目的。他寻找我们可以称为现代性的那种东西,因为再没有更好的词来表达这种观念了。对他来说,问题在于从流行的东西中提取出它可能包含着的在历史中富有诗意的东西,从过渡中抽出永恒。[1]

画家犹如奔跑在战场上的英雄,他在稍纵即逝的"现在"时刻试图抓取某种永恒的东西,他发挥着非凡的意志力和专注力,不让任何诗意的东西从身边溜走,"现代性与时尚的根本区别在于,后者会随时间的流逝而流逝,而前者则表现为一种态度,它使人能够把握现在时刻之中所包含的'英雄'因素"。米歇尔·福柯以波德莱尔对现代性的理解为例说:"现代性并非是对稍纵即逝的感性事实,而是使现在时刻进行'英雄化'的意志。"[2]然而福柯提醒我们,此处的"英雄化"是一种反讽的说法。所谓使现在时刻"英雄化"

---

[1] Charles Baudelaire, "Le Peintre de la vie moderne", *Œuvres complètes*, Tome 1, pp.694-695. 译文引自波德莱尔《美学珍玩》,郭宏安译,上海译文出版社,2009,第368—369页。

[2] Michel Foucault, "Qu'est-ce que les lumières?", dans *Dits et écrits 1954-1980 II*, Paris: Gallimard, 2008, p.1388.

并非要将其"神圣化",将其"保持住并使之永恒",而是在尊重现在、保持现在的同时,使之发生转化。用福柯的话来说,就是"在现实的真理与自由的操练之间进行一场艰难的博弈",其目标是"使'自然的'事物更加自然,使'美丽的'事物更加美丽,使特别的事物'拥有一种仿佛是作者灵魂的热情生命'"。[1]在福柯看来,波德莱尔理解的现代性意味着人或艺术家猛烈地想象现实而不摧毁它,将现实转化为不同于它自身的东西而在其自身中把握它。[2]简而言之,所谓使现在时刻"英雄化",就是要运用想象力使之诗化和审美化,其结果便生成了本雅明的"幻象",后者是资本主义历史发展的产物,但它超越了时间和历史成为一种永恒的现象。

资本主义的文化"幻象"源于人们对商品新奇性的无限追求。在"1939年论纲"中,本雅明发现波德莱尔善于将"极为新奇的东西作为极为古老的东西展现给读者",而诗人也自觉地"期望有朝一日能变成古代"(*GS.I*: 584)。波德莱尔曾经研究过从大革命到督政府时期的时装样式,说这些"服装具有一种双重的魅力,艺术的和历史的魅力……人类关于美的观念被铭刻在他的全部服饰中……"。[3]马克思笔下的"党的正式代表"身着的那款"黑色燕尾服",在波德莱尔的眼里,不仅具备一种表现普遍平等的"政治美",而

---

[1] Charles Baudelaire, "Le Peintre de la vie moderne", *Œuvres complètes*, Tome 1, p.694.
[2] Michel Foucault, "Qu'est-ce que les lumières?", p.1389.
[3] Charles Baudelaire, "Le Peintre de la vie moderne", *Œuvres complètes*, Tome 1, p.684.

且具有一种"表达公共精神"的"诗意美"。[1]然而在福柯眼里,七月王朝时期流行的、色调阴暗的黑色服饰,还有波德莱尔予以祝福的各种送葬队伍都表明了人与死亡之间的"一种本质的、永恒的和无法摆脱的关系"。[2]现代性的事物无论如何新奇,都将会离去和被埋葬,一切新颖的事物若从其终将死亡的角度看,都变成了废墟和遗址。1859年2月,也就是诗人去世前8年,波德莱尔写下了《旅行》这首诗,诗中云:

> 然而,真正的旅人只是这些人,
> 他们为走而走;心轻得像个气球,
> 他们从未逃脱自己的命运,
> 他们并不管为什么,总是说:"走!"[3]

这首诗是献给马克西姆·杜刚的,他是旅行家和讴歌社会进步的作家。诗行中出现了"大炮""恐惧""烦闷""厌倦"的字眼,可以看出,波德莱尔已经绝望于革命和进步,蜕变成一个"疯子般不停行走"的、轻飘飘的旅人——幽灵,他呼唤道:"哦死亡,老船长,起锚,时间到了!/这地方令人厌倦,哦死亡!起航!"[4]诗人像他笔下的居伊一样在巴黎

---

[1] Charles Baudelaire, "Salon de 1846", *Œuvres complètes*, Tome 1, p.684.
[2] Michel Foucault, "Qu'est-ce que les lumières?", p.1388.
[3] Charles Baudelaire, "Le voyage", *Œuvres complètes*, Tome 1, p.130. 译文引自波德莱尔《恶之花》,郭宏安译,上海译文出版社,2009,第322页。
[4] Charles Baudelaire, "Le voyage", *Œuvres complètes*, Tome 1, p.133. 译文引自《恶之花》,第318页。

的街道上疯狂地追逐着现代性,不断地将现实编织成美轮美奂的"幻象",然而他却在自己制造的梦境中止步不前。因此,本雅明说:

> 现代性最终证明是他的厄运……(*GS.I*: 599)
> 波德莱尔的反叛带有反社会人的特点:这是没有出路的。(*GS.V*: 70)

五 自由帝国主义与民族主义

重思安德森的《想象的共同体》

来自爱尔兰的中国海关关员

1914年7月19日,詹姆士(·西姆斯)·奥戈尔曼·安德森[James (Shaemus) O'Gorman Anderson]怀揣100英镑,乘坐半岛和东方汽轮运输公司的"莫丽亚号"经由苏伊士运河、槟榔屿来到香港,在那里,他换乘了一艘邮轮继续驶往上海。数日之后,这位刚从剑桥大学辍学的爱尔兰青年人出现在洞庭湖边的岳阳,由此开启了在中国海关长达25年的职业生涯。8月12日,也就是在他离开家乡沃特福德三周之后,英国正式向哈布斯堡王朝的奥匈帝国宣战,一场大战迅速席卷了欧洲大地。曾经是帝国海军军官的父亲百般宠爱的弟弟不久便横尸疆场,而因考试失利不受待见的哥哥反倒因为背井离乡而幸运地躲过了战争的灾难。[1]

---

[1] Perry Anderson, "A Belated Encounter: My father's Career in the Chinese Customs Service", *London Review of Books*, Vol. 20. No. 15, 30, July 1998, in *Spectrum: From Right to Left in The World of Ideas*, London/New York: Verso, 2007, p.348. 后文出自同一著作的引文,将随文标出该著名称首词 *Spectrum* 和引文出处页码,不再另注。

1854年，为了整顿太平天国运动造成的关税混乱状况、偿还列强的战争赔款、筹集镇压太平天国运动的军费，清廷在英、美、法三国驻上海领事馆与苏松太道吴建彰的联手推动下成立了中国海关总税务司署。自1863年赫德接替李泰国担任总税务司后，该机构得到进一步扩大，其管理范围囊括了关税、邮政、港口、水道运营、气象报告、反走私业务，以至于筹划向外国银行借款、推行国内货币改革和其他财政与经济事宜。按照中英《南京条约》，负责清廷与英商直接沟通的人必须是大英帝国的臣民。因此海关总税务司署表面上是清政府的行政机关，实际上却由英人和其他外籍关员担任领导角色，这就赋予了该机构一种为其他主权国家所绝无仅有的特殊性质，从而有了"国中之国"的称谓："占据总税务司职位的是一个由国家独立机关所雇用的助手，而非其所有者，其外籍雇员同样也是由中国海关任命来协助中国上级主管工作的。对于恭亲王（即1861—1884年担任总理各国事务衙门大臣的奕䜣——引者）来说，这个新体制期望能够更加稳固地控制涉外事务和有效地搜集关于增加海外贸易收入的知识。"[1] 该机构的职员分为闭门关员和一般关员，前者主要由英国人占多数的外籍人员组成，后者则基本上都是中国人。赫德上任之后虽然考虑到外籍职员之间的平衡，有意增加了法国人、德国人、奥地利人、意大利人、俄

---

[1] Hans Van de Ven, *Breaking with the Past: the Maritime Customs Service and the global Origins of Modernity in China*, New York: Columbia University Press, 2014, p.39. 后文出自同一著作的引文，将随文标出该著名称首词 *Breaking* 和引文出处页码，不再另注。

国人、美国人,甚至是葡萄牙人、西班牙人、丹麦人、瑞典人和挪威人所占的比例,但他的确偏爱任用那些来自英国,特别是其爱尔兰家乡的亲友(*Breaking*: 94)。赫德本打算向清廷推荐其胞弟继任总税务司之职,但因后者早逝而不得不改荐妻弟裴式楷,1929—1943年担任此职的梅乐和则是赫德的外甥。尽管偶有非爱尔兰人担任总税务司,但来自爱尔兰的青年人依旧是赫德主政的中国海关总税务司署招募闭门关员的首选。

1910年6月,英格兰人安格联当上了总税务司。四年之后,爱尔兰人安德森顺利成了其下属。将安德森放逐东方的是曾经在英属印度、缅甸和马来西亚殖民地担任帝国海军工程师的父亲[1],推荐他在中国海关谋职的则是曾经出任驻香港英军总司令的叔父(*Spectrum*: 348)。这位年仅21岁的爱尔兰青年在漫长的职业生涯中,先后辗转于岳阳、沈阳、上海、宁波、香港、重庆、汕头、南宁、海南和昆明等地,在此期间除了曾经四次往返欧洲之外,他几乎没有离开过自己的工作岗位,直到1941年太平洋战争爆发后迫于日本人对中国海关的不断侵蚀而远走美国。安德森因对海关工作的高度兴趣和勤勉的工作态度深得上司安格联的赏识,他曾一度以私人秘书的身份陪同这位总税务司到各地海关考察工作。在上海工作期间,安德森还被擢升为统计秘书,负责收集各地海关上交的材料、发表关员的研究成果、经营印刷行

---

[1] Benedict R. O'G. Anderson, *A Life Beyond Boundaries*, London/New York: Verso, 2016, p.13. 后文出自同一著作的引文,将随文标出该著简称 *Boundaries* 和引文出处页码,不再另注。

政文书和学习材料的出版部、管理海关的档案和图书馆工作（*Spectrum*: 385）。

安德森作为海关职员还肩负了另一项类似观察员的职责，那就是要将其任所当地的商业、社会特别是政治状况及时报告上司，以便后者参考决策。在安德森发送给海关总税务司的大量报告当中，我们能够看到张作霖在东北与日本人的较量、大革命失败后蒋介石对共产党人的屠杀、李宗仁和白崇禧在广西的治理、龙云在云南的活动以及日本人在重庆的政治渗透等内容，这些公文中往往夹杂着安德森对军阀统治的反感、对身处困境当中的老百姓表现出的坚韧品格的赞赏及其对中国时局之复杂性的细腻分析和判断。由于这方面的才能，甚至有人试图招募他为英国政府的情报人员，但是却遭到了其不无嘲讽的拒绝（*Spectrum*: 372）。无论在何处任职，安德森往往寄居在当地远离城市的海关关署，即使在到处弥漫着西洋风格而令其生厌的香港和上海，他也只出入于外国人居住的社区，其交往的对象要么是来自母国的同僚和友人，要么是地方上的中国政要，而作为一个西方人，其潜意识中的傲慢和优越感使他像周围的外籍关员一样与中国普通百姓之间始终无法消除一种反讽式的距离。尽管他并非代表英国女王的外交官，也无须考虑本国的商业利益和政治利益，但与赫德一样，安德森把自己看作是"服务于中国而非英国政府的仆人"（*Spectrum*: 372），但是中国远非其内心深处的情感依存之所。

能够熟练地运用汉语进行沟通和交流是赫德对外籍海关职员及其下属的基本要求，这与同一时期英帝国对派驻印度的殖民官员在语言方面提出的要求是一致的。在1854—1859年担任英国外交官期间,赫德通过在香港、宁波和广州连续从事的领事工作渐渐熟悉并掌握了汉语,这是其之所以迅速取得以恭亲王奕䜣为首的清廷甚至慈禧太后本人高度信任的主要原因。凭借双方的互信关系(清廷官员习惯称其为"我们的赫德"),赫德屡次接受清政府的委托,在中法战争和中葡关于澳门地位的纷争中担当调停角色,展现了出色的外交才干。基于个人与清廷的交往经验,赫德在总税务司署设置了专门培训外籍职员汉语水平的课程,通过不同等级的语言测试是显示关员工作能力和获得提升的重要依据。由于语言考核程序非常严格,不断有抱怨之声传出,赫德一方面承认自己赋予了"汉语知识一种远高于其他品质的极端重要性",一方面为自己辩护道,熟悉所在国语言有助于提升海关关员的个人权威和维持海关整体的生存,要求掌握汉语是基于"稳固机构的持续存在的考虑,期望人们把这个要求看成是促使中国官员能够肯定海关内在价值的措施"(*Breaking*: 98)。赫德告诫已经在海关服务3年或3年以上之人,"如果尚未通过威妥玛口语系列考试的话,将找不到自己未来的职位","不能令人满意地通过各种考试,或者在不借助于译员帮助的情况下,其汉语知识不足以应对大宗业务交往之用的人不能被提升为专员"(*Breaking*: 98)。在中国海关总税务司署,他亲手制定的有关招募、培训和晋升的制度一直持续到继任者裴式楷和安格联时代。从1874年开始,赫德委任密友金登干为中国海关总税务司署设在伦敦的办公室主任,负责招募来自英国和其他欧洲国家的青年人充任闭门关员。其具体的招募程序是：先由赫德本人提名，再由远在伦敦的金登干对应聘者进行面对面的考核。其遴选标准为是否拥有良好的教育和身体状况、优雅的举止、潇洒的外貌及善于社交的性格，总之，维多利亚时代的那种男子气概极其受到青睐。1914年，当西姆斯·奥戈尔曼·安德森从沃特福德来到伦敦参加考试之际，担任考官的是金登干的秘书保罗·金手下的一位名为卡鲁瑟斯的助手。因其爱尔兰身份及父辈们在海外殖民地服役的经历，安德森很早就进入了考官的视野。当这位曾因成绩优秀得过奖学金的一年级大学生被问及为何从剑桥大学布罗克学院辍学时，卡鲁瑟斯记述道，安德森回答问题的态度十分坦诚。在谢尔顿汉姆中学校长眼里，这位昔日的门生拥有"强大的意志和坚定的精神，性情坚毅而富于纪律性和领导力"（*Breaking*: 97）。1915年4月，安德森同其他刚刚被招募到中国的同事一起前往位于沈阳郊外的语言学校，开始接受为期一年的汉语培训。学校每天的课程从早晨9点开始一直持续到下午3点，学员们每个月都要面临考试。当第二年春天来临之际，安德森获得了校长的高度评价："就全体学员而言，安德森先生的能力、工作态度和进步速度无人企及。"（*Spectrum*: 354）相隔数月，安德森在宁波任上又通过了一次严格的汉语水平考试，学习汉语的习惯自此之后一直伴随着他度过了在中国的漫长岁月。然而，安德森的汉语水平究竟如何呢？本尼迪克特·安德森，也就是西姆斯·安德森的长子认为，父亲是"一流的语言学习者，他……能够流利地掌握汉语口语和书面语，因此越来越依恋中国和中国老百姓，即便不是中国政府"（*Boundaries*: 13）。

然而，本尼迪克特的弟弟、著名的英国新左派学者佩里·安德森似乎要更客观一些：其"语言成绩足够之好，乃至在海关总税务司简报中留下了突出的痕迹，但其实践情况究竟如何却很难说"。这位英国学者继续说，"有人说父亲能够阅读汉语古典诗词，这或许是误解"（*Spectrum*: 359）。赫德提到的"威妥玛口语系列"是由时任英国公使的汉学家威妥玛，也就是后来被西方人广泛使用的、用来标记汉字读音的"威妥玛拼音"的创制者所编纂的汉语口语手册——《语言自迩集》（1867），它长期以来被海关总税务司署当作汉语口语培训教材使用。今天我们只要大致翻阅一下这部由海关总税务司署设在上海的出版部（安德森曾担任过该部门的负责人）数次刊行的两卷本（第二卷为附录）教材便可了解被评为优等生的西姆斯·安德森当时的汉语水平究竟如何。在这部教材第一卷的末尾，我们读到了一个口语例句："看贵国的人，学我们的汉话，都像是费事得很，却是甚么难处呢。"[1]在第二卷最后一课，我们又读到这么一个句子："小价钱买来的，大价儿卖，那就是赚钱。货是一两银子一斤买的，还是一两银子卖的，所以不能赚钱。"[2]显然，这个水平满足日常会话尚可，但离真正能够阅读文学作品特别是中国古典文学作品还相差甚远。为了证明其父亲喜欢广泛阅读中国文学作品，本尼迪克特回忆道："在我的父亲去世之后，我那略显庄重

---

[1] Thomas Francis Wade and Walter Caine Hiller, *Yü yen tzu êrh chi*（《语言自迩集》）. *A progressive course designed to assist the student of colloquial Chinese as spoken in the capital and the metropolitan department*, vol.1, Shanghai: The Statistical Department of the Inspectorate General of Customs, 1886, p.349.
[2] *Yü yen tzu êrh chi*（《语言自迩集》）, p.195.

的母亲吃惊地发现其藏书中有一套插图版的多卷本作品，它是由第一代（激进的）中国性学家出版的，内容是反抗强迫卖淫和反映诸多中国妇女的悲惨境况。"（*Boundaries*: 16）如果我没有猜错的话，这套书应当是20世纪30年代在上海出版的《金瓶梅》，它曾经给正处于青春期的15岁少年佩里留下深刻的印象（*Spectrum*: 346）。然而应当指出的是，这套绣像本《金瓶梅》最初的主人可能并非西姆斯·安德森，而是作为其亡妻、英国小说家斯黛拉·本森（Stella Benson）的遗物被深爱着她的丈夫珍藏下来的。

1920年9月，本森在重庆一场大雨后的聚会上邂逅了西姆斯并疯狂爱上了他，一年后两人一起返回伦敦结婚，女作家随后又跟随丈夫来到云南蒙自。短暂的幸福生活过后，两人很快就因为性情不合而各奔东西。六个月后，无法彼此割舍的他们又重新相会在冰天雪地的图们江畔。尽管安德森和他的作家妻子痛恨广西军阀对农民的残酷压榨，但这位女作家似乎更愿意了解和介入中国人的知识生活。在夫妻的日常交谈中，作家屡屡提及胡适及其有关时局的政治言论。本森还是一位激烈的女权主义者，1930年她曾公开抨击香港地方政府允许强迫幼女卖淫现象存在，揭露了西方传教士在这个问题上表现的伪善态度，断言强迫卖淫并非关乎性道德，而是一种性剥削行为。她无视地方当局的反对而大声疾呼，以至于当时的国联就此发起了一场规模不小的运动，敦促地方官员撤销了此项恶政。然而，本森干预所在地方政治的行为却招来了丈夫的极大不快，安德森更愿意固守自己外籍雇员的身份，而非奉行自由主义的西方知识分子立场（*Spectrum*:

372）。在长住中国之前，本森曾短暂地游历过南北美洲等地，在她的家乡伦敦参与了争取妇女选举权的运动，婚后，她长期在中国内地的教会学校和医院里工作。与习惯生活在海关这个相对狭小的空间里的丈夫相比，本森愿意也能够接触到广阔的中国底层社会，善于用自己生动的笔调将所到之处的风俗人情描绘到自己的小说中。相反，安德森似乎只喜欢流连于中国内地的湖光山色之间，繁华喧嚣的大都市则令其心生厌恶。安德森说，"我喜欢到处游走"（*Spectrum*: 386），他对自己曾经游历过中国的大片山河而感到自豪，鄙视大多数欧洲人心目中针对中国的偏见，"假如欧洲人稍微对自己居住的地方增加一点儿兴趣，那么其内心获得的享受就会更多一些。可是他们仅仅期望重庆能够像利兹那样，而又对英国三流城市的不够奢华感到遗憾"（*Spectrum*: 359）。在致弟弟的最后一封信里，安德森说："我不能诋毁中国，因为我喜欢这个国家，但我还远没有达到依恋这个清新、碧绿和纯洁的'查理王国'的程度，乃至于让我觉得仿佛待在家乡就无法继续生活下去一样。"（*Spectrum*: 359-360）

在中国海关总税务司署成立之际，弗雷德里克·卜鲁斯就告诫首任总税务司李泰国，海关应当保持一种国际性，"考虑到中国政府的利益，调和不同商业共同体的利益并给予中国政府以信心，我认为［海关外籍关员的来源］越是混杂就能越少招致对其偏袒某国利益的指控，它也就越能平稳和令人满意地发挥效用"（*Breaking*: 94）。这位英国驻华公使也是1860年中英第二次鸦片战争中英国方面的全权代表、后来下令英军烧毁圆明园的额尔金伯爵的弟弟，他的意思非常明确,就是希望避免"国家之间彼此的嫉妒"(*Breaking*: 97),借此平衡列强在华的商业利益。赫德也表达过同样的想法,即所谓外籍海关关员应当避免任何一种可能被认为是过分支持一国而损害他国利益的行为(*Breaking*: 97)。

卜鲁斯和赫德的"门罗主义"原则也成为总税务司署招募和遴选外籍雇员的指导标准。然而这个标准被执行得如何?且不说赫德对英国人、爱尔兰人的偏爱及其任人唯亲的领导风格使中国海关总税务司署一贯标榜的国际性大打折扣,即便是外籍职员也不会被一视同仁。爱德华·德鲁曾长期在赫德手下工作,与安德森一样曾经在上海出任过总税务司署的统计秘书一职。根据他的回忆,海关总税务司署可以说是一个国际性机构,来自不同列强的臣民被分别安置在高低级别不等的职位上。以德鲁工作过的福州海关为例,专员是美国人,其高级代理是法国人,其他职位由高而低分别是德国人、斯堪的纳维亚人、英国人和日本人,级别最低、数量最多的一般职员是从中国本地招募而来的。虽然雇员的国籍没有固定的比例,但基本上是按照各国在华商业利益的大小分配的:英国占据了其中的最大份额,其次是美国、德国、法国以及少量的丹麦人、日本人和俄国人等。在专员和代理专员两种最高职位上,各国代表所占的比例虽说并不均衡,但也都不告缺。1907年,随着条约口岸城市数量的不断增加,两种高级职位的数量增至62个,其中有37位英国人、5位美国人、5位法国人、5位德国人、3位俄国人、2位挪威人,丹麦人、日本人、意大利人、荷兰人、比利时人各占1位。[1]此外，外籍职员都能够不同程度地得到提升的机会，但是在英国人主导中国海关总税务司署长达百年的历史当中，从未有过任何一位中国职员成为专员或者代理专员。面对类似的指责，德鲁辩解说中国的官僚队伍缺乏总税务司署当时所具备的团队精神，否则便无须外国人的介入了（HLW: 33）。由此看来，赫德及其继任者们宣称的国际性原则体现的绝非简单的世界公民（cosmopolitan）精神下的机会均等，而是为了维持列强在华商业和政治利益平衡而制定的非常实用的人事策略，对赫德和他的继任者以及为数众多的外籍职员而言，正如赫德本人曾多次宣称的那样，上述安排更多是出于维持这一古怪机构的生存而已。在总税务司署的外籍职员之间，不断有人称颂赫德这位英帝国公民具有的国际精神，称颂其作为一位服务于中国政府的外籍官僚并没有偏袒英国以及其他欧洲国家的商业利益，甚至敢于为维护中国的利益与英国外交部门展开交涉，等等，并将之等同于赫德对中国政府表现出的忠诚。

那么，这位殖民官员究竟在何种程度上忠诚于中国呢？从他留下的大量著作、公文、日记和书信中，我们也许难以找到答案。赫德从中学时期开始就酷爱阅读古希腊、古罗马、英国和欧美文学作品，尤其钟情于英语诗歌和爱默生的散文。1867年，也就是赫德进入中国的第13个年头，在致德鲁的一封信中，他抄录了美国诗人朗费罗的诗作《圣·奥

---

[1] Edward B. Drew, "Sir Robert Hart and His Life Work in China", *The Journal of Race Development*, Vol. 4, No. 1 (July , 1913), pp.9-10. 后文出自同一著作的引文，将随文标出该著简称 HLW 和引文出处页码，不再另注。

古斯丁的阶梯》中的一节:"我们没有翅膀,/我们不能腾落/然而我们有双脚可以拾阶爬升,/慢慢地,一点点地,/接近我们时代高耸云端的巅峰。"或许出自赫德本人谦逊的性情,他把诗节的最后一句修改成"因此,学会劳作和等待"。这个修改显然是在勉励自己的同胞和乡谊(即诗中的"我们")共同投身于在中国的事业,然而,收信者非但不知原作乃朗费罗的手笔,还把它们看作是鹭宾(赫德仿照中国方式给自己起的字——引者)对中国表达的忠诚态度(HLW: 33),而这种解读试图以赫德对其所服务的中国表现出的某种表面上的、值得怀疑的忠诚态度来掩盖其作为出身于大英帝国的官僚内心深处对个人事业的追求。在亲侄女朱丽特·安格联(第三任总税务司安格联的妻子)的眼里,赫德以谦逊的姿态、勤勉的工作和乐于助人的情怀成了"为世人尊敬和爱慕"的伟人。[1]安格联夫人将叔父辉煌的一生精心编排成了一部"罗曼史",在这部伟人传的末尾,作者怀着一种无法按捺的心情透露了主人公获取巨大成功的秘密。与德鲁一样,她似乎误以为下面这些为赫德所崇敬的歌德的诗句出自其叔父之手:"假如你今天尽了自己的职责,/你就清除了明日驻足的障碍,/无论乌云如何遮挡明日的太阳,/你也不会想念那些孤独的日子。"(*Romance*: 256)赫德将摘录这些诗句的纸条放置在了自己常年伏案工作的办公桌上,而亲手补写的日期——"1854—1908"——似乎表明它们可

---

[1] Juliet Bredon, *Sir Robert Hart: The Romance of a Great Career*, London: Hutchinson, 1910, p. 252. 后文出自同一著作的引文,将随文标出该著简称 *Romance* 和引文出处页码,不再另注。

以被看作是对摘录者全部中国经历的总结。自1900年以来，赫德因未能成功地说服清廷和西方列强放弃争端，以避免庚子之乱的发生，而备受中外人士的共同指责；同时随着总税务司署的主管部门由外务部转为税务局，赫德及海关总税务司署在外交方面的地位明显下降。1908年，已经步入晚年的赫德打算就此离开北京返回英国，歌德的诗句恰如其分地表露出了他此刻的失意心情，这是一种彻底摆脱了繁重的行政工作，置身于英中官员双重身份之外的孤独心境。49年前，也就是1859年5月，他接受两广总督劳崇光和李泰国的邀请进入中国海关总税务司署，同时辞去了英国领事馆的职务，并被告诫一旦离开就意味着今后不能再随意返回英国外交部（*Romance*: 52）。然而威妥玛退休之后，1885年5月，赫德意外地接到了英国外交大臣格兰维尔的邀请，拟任命他为英国驻中国和朝鲜公使。一方面他为自己能够在时隔26年之后重返英国外交部而感到无上荣幸；另一方面他又担忧一旦去职可能会导致自己苦心经营的总税务司署的状况迅速恶化，担忧失去这份肥差之后其个人收入会大幅下降。总之，种种顾虑使得他在是否接受英国政府任命的问题上犹豫不决长达三个月之久。1885年8月底，他终于做出了拒绝英国外交部任命的决定。在致英国外交部官员的公函中，赫德详陈了个中的理由。他首先表示能够得到女王陛下和格兰维尔勋爵的垂青是"无上和绝无仅有的荣耀"。一方面，他确信卸任总税务司之职定会导致该机构领导权的旁落，从而严重损伤英国的商业利益和中英两国的关系，相反，如若能够继续留任现职，他就能对总税务司署的未来施加有益的影响,并使之在一个广泛的基础上更加得到稳固,这必将加强中英关系,促进英国在华利益的顺利实现;另一方面,即便接受此项任命本身的确能够为英国带来益处,却也将因总税务司署领导权的旁落以至解体或者由此产生的对英国的敌意而被抵消,因此当务之急在于改善和提高对中国各项事业的管理,"首要的问题是要把[中国海关]领导权保留在英国手里"。[1]佩里·安德森曾这样评价道:"赫德的个人地位关键取决于他与母国的分离,假如他是迪斯累利或者沙里斯伯的鹰犬的话,他便不会对紫禁城拥有同等的影响力。"(Spectrum: 350)我以为此话颠倒过来说反倒更为贴切:即便赫德表面上不愿意做大英帝国的鹰犬,他实际上也能够代表和维护母国在华的商业和政治利益。

赫德喜欢阅读文学作品,非常注重用文字记述工作。在他的影响之下,总税务司署的外籍职员大都爱好书籍,有些人更是善于悉心观察、勤于思索,而且笔耕不辍,最终成为小说家、传记作者、语言学家、统计学家、汉学家、国际问题观察家、博物学家、藏书家、摄影家和翻译家,例如三卷本《中华帝国的外交关系(1910—1918)》一书的作者马士就是其中著名的代表。安德森也撰写了大量的简报和书信,并且喜欢阅读文学作品,但令人感到惋惜的是,他并没有像其第一任妻子那样留下任何文学创作或者日记,甚至也没有像赫德那样擅长摘引大诗人的诗句来表达自己内心的

---

[1] John King Fairbank et al., *The I.G. in Peking: Letters of Robert Hart, Chinese Maritime Customs 1868-1907*, vol. 1, Cambridge/Massachusetts: The Belknap Press of Harvard University Press, 1975. p.619.

真实感情。尽管其生性坚毅而敏感,屡屡寄情于中国的山河,但正如佩里所说,他的父亲究竟在情感深处多大程度上依恋中国,我们却很难知道。本尼迪克特认为父亲与中国的关系是一种单纯的"依恋"(attach),佩里似乎对此表示了异议。他援引法国作家保罗·克洛岱尔的一个相当文学的说法,尝试揣测父亲对其长期居住的中国的心意。克洛岱尔曾于1895—1909年在中国从事外交工作,离开这里后他又继续在布拉格、法兰克福、汉堡、里约、东京、华盛顿和布鲁塞尔从事类似的工作直至1936年。在谈到一个长期旅居国外的人对所在国的复杂情感时,他说:"一个去国者,通常不是出于冒险的乐趣或者一种受不了束缚的性格而爆发出的激情,其之所以去国,简单地说就是他坐不住,仿佛要与自己一刀两断一样。"这位诗人继续道:"假如问他何以至此,他便会答以环境逼迫使然,您永远也不会从一个侨民那里发现他对这个世界上的任何事情表现出一种对异国情调的迷狂,也不会发现如同巴尔扎克小说主人公身上那种令人羡慕的言语坚定与对权力和金钱的强烈欲望。在去国者的灵魂和游动在其宽大的丝袍下面的躯体中,总有某种松散的、无法黏合的(mal attaché)和深度冷漠的东西。"[1]对学业未成而遭父亲放逐的西姆斯·安德森而言,中国只是其工作、生活和游历的一部分,作为出生在槟榔屿、长在爱尔兰、成年后又长年旅居中国的英国/爱尔兰人,安德森对中国自然风景的单纯喜爱更多地体现为一种特殊的美学趣味,无法形成

---

[1] Paul Claudel, *Sous le signe du dragon*, Paris: Gallimard, 1957, p.140.

一种段义孚所说的"恋地情结"（Topophilia），因为后者建立在由文化和历史形塑的对环境的理解基础之上，这是激发人们对环境产生意象或者想象乃至情感依恋（sentimental attachment）的核心因素。[1]由于工作的需要，安德森擅长观察中国的地方政治和社会状况，并且撰写了大量饱含丰富细节的报告，但是其将自己理解为服务于中国政府的外籍职员，同时与周围的观察对象——无论是地方政要，还是老百姓——刻意保持某种外交距离，反对像女作家本森那样介入中国的政治生活，我们可以把这种态度称为"漠然"（indifference）。然而，这绝非是在道德意义上说他不同情中国的命运和中国老百姓的困苦生活（真实的情况或许恰恰相反），而是说尽管在中国工作和生活了长达25年之久，但中国终究没有给安德森带来任何家园的感觉，其克洛岱尔式的"出离自身"的情感经验，在我看来可以表述为"在差异当中"（in-difference）的一种存在感，而作为其对立面——共同体——的经验则来自其家乡爱尔兰，准确地说来自爱尔兰西南部那块狭小的地方。

关于西姆斯·安德森在海峡殖民地的童年生活，我们不得而知，但是他一定是在父辈的言传身教之下熟悉了被尊称为爱尔兰民族"无冕之王"的查尔斯·帕内尔。这位具有超凡魅力的民族主义政治家先后组织了爱尔兰议会党和地方自治团体，善于运用高超的政治技巧在国会不同力量之间周

---

[1] Yi-Fu Tuan, *Topophilia: A Study of Environmental Perception, Attitudes, and Values*, New York: Colombia University Press, 1990.

旋，以谋求爱尔兰在政治上的独立地位。在爱尔兰的历史上，帕内尔因其民族主义言行逐渐成为一位神话般的人物。[1]安德森的岳父、国会议员波尔斯·奥戈尔曼上校本人就是帕内尔领导的爱尔兰自治团体的重要成员（*Boundaries*: 11）。佩里回忆父亲晚年经常给儿女们讲述帕内尔的英雄轶事。西姆斯·安德森的外公和弟弟则分别参加了"统一的爱尔兰"运动和奥康纳的"天主教协会"，反抗英帝国的政治和宗教压迫（*Boundaries*: 11）。1920年9月，在重庆举行的那次私人聚会上，来自北京的外交官夫人弗洛伦斯·哈丁（安德森当时的地下情人）和她带来的两位女性朋友（其中一位就是斯黛拉·本森）以及安德森本人，席间四位英国人不约而同地谈起了正在爱尔兰发生的大事：1920年1—6月，爱尔兰共和军发动密集攻击，摧毁了驻扎在爱尔兰的英帝国常备军军营。为了应对兵力不足，英国政府不得不一边缩减军营数量，一边招募从"一战"退伍的老兵组成"黑棕警备队"。5月，"黑棕警备队"进入爱尔兰并在共和军活跃的西部和南部大开杀戒，其残酷和血腥使越来越多的人站在了新芬党一边，爱尔兰民族运动由此进入了高潮。[2]第二年春夏之交，当安德森和本森在伦敦完婚后回到家乡沃特福德时，英爱战争的双方已经达成停火，皇家爱尔兰常备军遂被解散。新芬党派出了阿瑟·格里菲斯和米歇尔·科伦斯两人与以劳埃德·乔治和温斯顿·丘吉尔为代表的帝国政府谈判。双方达成的《英

---

[1] F. S. L. Lyons, *Charles Stewart Parnell*, Dublin: Gill & Macmillan, 2014, pp.660-679.
[2] Peter Cottrell, *The Anglo-Irish War. The Troubles of 1913-1922*, Oxford: Osprey Publishing, 2006, pp.49-53.

爱条约》草案虽然允诺爱尔兰的独立，但前提是它必须作为自治领留在帝国政治版图之内。然而，这一方案却遭到了主张爱尔兰完全独立的激进民族主义者的反对，于是爱尔兰共和军中支持和反对《英爱条约》的两派爆发了内战。[1]当安德森夫妇从大洋彼岸的美国度完蜜月回到家乡沃特福德时，他们发现与英国政府合作的"新国家"机构已经被共和党人所控制。在其领导者林奇的命令下，共和主义者的军队接连烧毁了数百处象征盎格鲁-爱尔兰土地贵族优先权的乡间别墅[2]，就连推荐安德森远赴中国海关谋职的叔父也要被驱逐出爱尔兰。我们知道，安德森家族就是被共和主义者视为侵略者的盎格鲁-爱尔兰人，他们中的大多数是信奉新教、拥护联合的王权主义者。一贯同情新芬党的西姆斯·安德森，在危及家族利益之时仍然在为爱尔兰独立运动辩护，难怪佩里会用"爆炸性的"（*Spectrum*: 360）这个词语来形容当时的家庭气氛。在一个盎格鲁-爱尔兰人和土生土长的爱尔兰人组成的家庭内部，父辈和子女在族群认同问题上出现了如此重大的差异：前者效忠于英帝国的主权者乔治五世[3]，后者支持新芬党主张的爱尔兰民族自决权。[4]"我祖父的世系几乎相反，

---

[1] M. C. Rast, *Shaping Ireland's Independence: Nationalist, Unionist, and British Solutions to the Irish Question, 1909–1925*, Cham: Springer, 2019, pp.245qq.

[2] Joost Augusteijn (ed.), *The Irish Revolution, 1913–1923*, New York: Palgrave, 2002, p.157.

[3] 1921年的《英爱条约》第一款第四条制定了"效忠誓言"："我将以爱尔兰和英帝国共同的公民身份效忠于乔治五世王及其合法继承者和继任者。"参见"Great Britain and Irish Free State. Treaty between Great Britain and Ireland, signed at London, December 6, 1921", *League of Nations Treaty Series*, 1924, p.11.

[4] 新芬党在成立之初奉行的是精神和宗教层面上的和平主义的民族主义，1921年后，其成员纷纷加入爱尔兰共和军和爱尔兰兄弟会，转入武装斗争，这一年的议会选举中，新芬党明确提出了民族自决权的内容，参见 Michael（转下页）

即'盎格鲁－爱尔兰人',它指的是17世纪苏格兰和英格兰侵略者的后裔,他们夺取了爱尔兰本地人的土地并作为地方上的土地贵族定居在这里,经过数代之后感觉自己就是爱尔兰人了"(*Boundaries*: 11),本尼迪克特·安德森以如此轻描淡写的笔调掩盖了其家族两代人之间在族群认同上的差异和冲突,这的确令人感到十分吃惊。西姆斯·安德森身上似乎体现了《想象的共同体》的作者提出的现代民族主义形成的核心过程,将爱尔兰民族想象成一个有限的民族主权者,它摧毁了欧洲18世纪主流的政治合法性来源,即"神授的、等级制的王朝国家"[1]所奉行的君主制。本尼迪克特·安德森认为,一种本雅明所说的"同质的和空洞的时间"取代了中世纪源自《圣经》的"同时性"时间观念,促进了现代民族意识的形成,民族主义主体跨越了世代、时间和历史将民族想象成一个政治共同体(*IC*: 24)。受人类学家维克多·特纳(Victor Turner)启发,安德森试图以中世纪的宗教实践活动——朝圣——来解释来自世界各地的基督教、伊斯兰教教徒之间的共同体观念和"同时性"意识的形成:共同的祈祷、共同的手势和共同的虔诚让他们从心底里发出了"我们都是穆斯林"(*IC*: 54)的呼声,在这一宗教共同体当中,地域、文化、语言、族群的差异瞬间被克服了。然而,上述差异并没有永远消失,而是在漫长的历史中受到了某种权力结

(接上页) Laffan, *The Resurrection of Ireland: The Sinn Féin Party, 1916–1923*, Cambridge: Cambridge University Press, 2004, pp.214-265。

[1] Benedict R. O'G. Anderson, *Imagined Communities: Reflections on the Origin and Spread of Nationalism*, Revised Edition, London/New York: Verso, 2006, p.5. 后文出自同一著作的引文,将随文标出该著简称 *IC* 和引文出处页码,不再另注。

构的压抑,在我看来,欧洲近代民族主义的发生在某种程度上正是弗洛伊德所说的被压抑者复归的过程。推动爱尔兰民族独立运动蓬勃发展的是爱尔兰当地人对以安德森家族为代表的盎格鲁-爱尔兰土地贵族的敌意和反抗,对此,乔纳森·卡勒评论道,分清敌友这样一个被卡尔·施米特视为核心的政治议题才是民族共同体想象的前提。[1]我要在此强调的是,与安德森突出民族主义形成当中想象的、因而是被制造出来的共同性不同,一种"在差异中"的存在感才是激发民族主义想象的心理基础,然而,需要马上予以补充的是,我所谓"在差异中"的人绝非一个孤立的个人,而是一个不断被(自己)编织进由传统、文化和政治因素组成的复杂网络当中的人。对西姆斯·安德森而言,槟榔屿/爱尔兰/中国构成的地域、历史和文化差异塑造了其与欧洲人和大英帝国公民、中国人的差异,甚至也造成了他与那些感觉上是爱尔兰人,实际上却被爱尔兰民族主义者视为侵略者和敌人的父辈们的不同。当安德森一家在1942年返回沃特福德定居时,其爱尔兰族群身份在新兴的爱尔兰国家也遭到周围邻居们的质疑,他们被认为是"势力鬼、半英国人和新教徒",这种"宗教、阶级和种族偏见"引起的仇恨超出了学生时代的本尼迪克特的理解能力。如何思考上述差异?如何承受、克服而非压制差异,从而走向一种共同的生活?假如任凭种种差异作为符号运动在民族共同体的内部和外部,从而蜕变

---

[1] Jonathan Culler, "Anderson and the Novel", in *Grounds of Comparison: Around the Work of Benedict Anderson*, ed. Pheng Cheah and Jonathan Culler, New York/ London: Routledge, 2003, p. 40.

成德里达的"延异"(différance)[1]那样无限自我衍生和复制的过程,那么包括民族在内的任何层级意义上的共同体或者人与人之间的共同生活均会走向瓦解。[2]

赫德出生于爱尔兰北部阿尔斯特省阿玛郡的波塘镇,与安德森的故乡沃特福德不同,这里的人们普遍信仰新教,政治态度亲英,与爱尔兰民族独立运动对立的联合主义者大多来自这个地方。理查德·奥利瑞在对赫德留下的大量日记和书信做出研究之后,认为其在阿尔斯特、爱尔兰、英格兰、不列颠四重民族身份之间并行无碍、绝无冲突。在这位研究者看来,赫德赞成由大英帝国承担管理中国海关的权力,但反感其前任李泰国等英国外交官对中国人的粗鲁做法;悉心考虑大英帝国的利益,同时又不愿伤害中国政府的尊严;他像普通爱尔兰人一样看重家庭的价值,偏爱甚至热衷于资助爱尔兰的亲友,积极在家乡谋求社会地位的提升,同时又支持大英帝国加强对爱尔兰的统治。正是这种跨国家/民族的多侧面的认同方式成就了赫德在中国的事业。在1854年10月的一则日记中,赫德写道:"我是爱尔兰人——无论内心和灵魂都是爱尔兰人,然而我并不为离开祖国而哀叹。"[3] 作

---

[1] Jacques Derrida, *Marges de la Philosophie*, Paris: Minuit, 1972, pp.1-30.
[2] 20世纪80年代末以来,随着苏联的解体和东欧社会主义阵营的崩溃,共同体和共同生活遂成为欧洲思想界热议的话题。1983年,也就是在《想象的共同体》出版的同一年,让-吕克·南希发表了《无用的共同体》(Jean-luc Nancy, *La communauté désœuvrée*, Paris: Christian Bourgois, 1983);莫里斯·布朗肖发表了与南希进行争论的《无法确认的共同体》(Maurice Blanchot, *La Communauté inavouable*, Paris: Minuit, 1983)。
[3] Richard O'Leary, "Robert Hart in China: The Significance of His Irish Roots", *Modern Asian Studies*, Vol. 40, No. 3 (July, 2006), p.590. 后文出自同一著作的引文,将随文标出该著简称HC和引文出处页码,不再另注。

为典型的新教爱尔兰人，赫德对爱尔兰民族主义始终持批判态度。在1885年威斯敏斯特选举之后，赫德在日记中说："假如自由人士和保守人士再不一起努力将爱尔兰留在不列颠之内的话，我担心爱尔兰会迎来一个糟糕的局面。"（HC: 595）显而易见，他主张大英帝国应当从立法方面加强对爱尔兰的控制，相信这会比谋求爱尔兰从英帝国分离出去的做法更有益处，因此，他更看重自己的祖辈作为大英帝国殖民者的优先地位，甚至刻意编造子虚乌有的家史，谎称其父系先祖就是17世纪征服爱尔兰的威廉三世麾下的所谓"赫德上校"，后者在战争胜利后被赏赐了一块位于克里莫利亚特的田产，从此当上了地方上的土地贵族（HC: 596）。非常具有讽刺意味的是，真正的盎格鲁-爱尔兰人的后裔安德森成了爱尔兰民族运动的同情者和支持者；相反，一个世代居住在爱尔兰的人却把自己想象和装扮成外来殖民者的后裔。至于赫德究竟在何种程度上认同中国，我们可以从1902年他最后一次觐见光绪皇帝和慈禧太后说起。赫德的侄女生动地记录了这一幕。庚子之乱后，中外舆论不断指责赫德未能履行说客的职责，总税务司署的地位也有所削弱，赫德此时心灰意冷，请求辞去总税务司之职并最终得到了清廷的批准。就在他准备离京归国之际，慈禧太后要求召见他。一位官员引领赫德走过紫禁城的层层宫殿来到太后和皇帝面前。觐见大厅其实并不大，甚至有些逼仄和空荡，"没有椅子，没有茶盘，除了房顶上美丽的绘画和大门上精致的木雕之外什么装饰也没有"（*Romance*: 241）。当赫德向两位主权者例行公事行觐见礼后，慈禧太后谈起了他未来的伦敦之行，并略带羞愧地说自己一生中虽然仅有一次旅行，也就是1900年逃往西安的那次，但从此喜欢上了旅行和观赏新奇的东西。接着慈禧向赫德道了别，末了她对赫德说："我们为你挑选了一个念想儿。"安格联夫人评论道，太后在此没有用官方的正式用语——"礼物"，而是选用"念想儿"一词来表达朋友间的亲密关系。然而出乎意料的是，此刻的赫德并没有表现出丝毫的欣喜，反而应之以毫无奉承之意的沉默。当陪同他的官员以略带生气的口吻催促他行叩拜谢恩之礼时，赫德方才"嗫嗫嚅嚅地吐出了毫无通常那种华丽色彩的一声'谢谢您'"，那位官员见状赶紧屈膝跪下，以便让赫德表达谢意的方式显得更为优雅一些。安格联夫人继续描述道："觐见就此结束了。皇帝和太后的表情好似佛陀般的木然，任凭总税务司默默离开，仿佛他们完全忘记了他的存在一样。这就是中国区分朋友和主权者关系的方法。"（*Romance*: 241）赫德面对慈禧太后的赏赐无动于衷，让我们马上想起了他在1885年5月2日接到维多利亚女王任命时内心感受到的"无上和绝无仅有的荣耀"。觐见大厅里没有安排座椅，赫德似乎只能行磕头跪拜的宫廷礼仪。然而，在得到慈禧赏赐的那一刻，表情木然的赫德也一定想起了1793年马戛尔尼勋爵在热河觐见乾隆皇帝时遭受到的冒犯和羞辱[1]，也一定想起了17年前维多利亚女王对他的赞赏和"恩宠"。赫德之所以花费重金在家乡购置田产，甚至不惜伪造家谱，原因就在

---

[1] James L. Hevia, *Cherishing Men from Afar: Qing Guest Ritual and the Macartney Embassy of 1793*, Durham/London: Duke University Press, 1995.

于他十分渴望进入英国的贵族阶层。英国在八国联军抢劫北京城事件中一雪百年的外交耻辱,这不仅符合赫德一贯欲以作为大英帝国前哨的海关总税务司署进一步控制中国的想法,而且更强烈地激发起其围绕维多利亚女王(肯定)和慈禧太后(否定)的"主权欲望""主权思考"和"主权想象"。[1]在我看来,赫德的态度并非出于安格联夫人所称颂的谦恭性格。在这个特定的礼仪实践场所,它只能被解读为赫德既不愿接受一个异国主权者的赏赐,也不愿视之为朋友间的馈赠,因为其中缺乏对等关系,它是相同社会阶层之间进行交往的必要前提。1877年,赫德在写给金登干的信中提到一件让他一直耿耿于怀的事情。远在爱尔兰的赫德夫人率先登门拜访了威妥玛夫人和阿礼国夫人,后者却没有报以礼貌性的回访,在赫德看来,这是对其社会阶层的"鄙视"(HC: 597)和拒绝。紫禁城里觐见双方的那种漠然态度实际上表征的是不平等的主权关系以及由此造成的两个主权间的距离。在此,我非常同意刘禾的洞见,殖民主体"不可能生活在一种暧昧或者混杂的神话状态当中,除非他拒绝或者不愿意面对那种(主权)欲望。主权欲望的世界公民主义式的升华绝不能脱离国家/民族"。[2]这个论断同样适用于赫德和西姆斯·安德森:两者均为供职于中国政府的爱尔兰人,都是能够用中英两种语言交流的双语者,他们无疑都拥有不同

---

[1] Lydia H. Liu, "The Desire for the Sovereign and the Logic of Reciprocity in the Family of Nations", *Diacritics*, Winter, 1999, Vol. 29, No. 4, Grounds of Comparison: Around the Work of Benedict R. O'G. Anderson (Winter, 1999), pp. 150-177.
[2] "The Desire for the Sovereign and the Logic of Reciprocity in the Family of Nations", p.154.

程度的国际精神，然而他们对待爱尔兰民族主义的态度却截然相反。这个事实提醒我们，民族意识和民族认同远非一种对共同性的想象，而是根植于地域、历史、政治、文化、宗教、种族乃至人生境遇的差异之中，并伴随着各自不同的政治想象和主权（君主主权和人民主权）想象的结果。

本尼迪克特·安德森与印度尼西亚民族主义运动

本尼迪克特·安德森的一生也像他的父亲西姆斯·安德森一样处在不断的游历当中：1936年出生于昆明，1941年在太平洋战争爆发前夕随父母来到加利福尼亚，1945年回到爱尔兰，1957年从剑桥大学国王学院毕业后，远赴大西洋彼岸的美国康奈尔大学对印度尼西亚进行学习和研究。自1961年起，他先后四次前往印尼进行田野调查（1961—1964，1967，1968，1972）。1972年，因"康奈尔文件"[1]的意外泄露，安德森被苏哈托领导的印尼政府禁止入境，直至1998年后者下台他才有机会再次访问这个国家。此前长达26年间，他不得不辗转于菲律宾、泰国和美国之间进行田野调查和学术研究工作。与西姆斯·安德森相比，《想象的共同体》的作者的身份认同尤为复杂，他"出生在中国，在三个国家长大、说话带着过时的英国口音、持爱尔兰护照、居住在美

---

[1] Douglas Kammen, "World Turned Upside Down: Benedict R. O'G. Anderson, Ruth Mcvey, and the 'Cornell Paper'", *Indonesia*, Number 104, October 2017, pp.1-26. 后文出自同一著作的引文，将随文标出该著简称"World"和引文出处页码，不再另注。

国,却从事东南亚研究"。[1]不断面临陌生环境的成长经历使安德森对身处其中的种种差异非常敏感,少年时代在家乡沃特福德遭到邻居们的讥讽和凌辱,让他真实地感受到了爱尔兰民族独立之后社会上依旧存在的宗教和种族偏见。1956年,在发生于剑桥大学的一场由苏伊士运河危机引发的小规模抗议活动中,安德森目睹了出身英国上层社会的学生对来自前殖民地国家——印度和巴基斯坦——的同学们的鄙视、谩骂和欺侮(*LP*: 1)。由此,他将其对英帝国殖民主义的道德义愤带入了后来的学术研究当中。

1990年,安德森在回首自己从事东南亚研究的历程时说,30年前当他第一次踏上印度尼西亚土地之时,他从"模糊"的左派立场出发由衷地赞赏苏加诺将军的民粹主义和反帝国主义的意识形态。即便在1964年2月印尼面临严重的大饥荒之际,这位印尼民族主义英雄也敢于对美国许诺的经济援助不屑一顾,他甚至在公开场合对时任美国大使的霍华德·琼斯说出:"去你的援助!"[2]尽管预感到一场席卷印尼的经济和政治危机即将爆发,对传统爪哇的"甘美兰音乐、民间戏剧、哇扬皮影偶戏、宫廷舞蹈、土匪传说和魔术等等"文化形式的迷恋依旧让他对这个新兴民族国家内部强劲的文化动力做出了非常乐观的判断:造就印尼当下"美好时代"的原因是其政治与文化的分离(*LP*: 10),其言下之意无

---

[1] Benedict R. O'G. Anderson, *Language and Power: Exploring Political Cultures in Indonesia*, Ithaca: Cornell University Press, 2006, p.10. 后文出自同一著作的引文,将随文标出该著简称 *LP* 和引文出处页码,不再另注。
[2] Benedict R. O'G. Anderson, "Look Back", *The Wilson Quarterly*, Spring, 1981, Vol. 5, No. 2 (Spring, 1981), p. 124.

非是相信传统爪哇文化能够帮助印尼度过"指导民主制"带来的社会危机。就在安德森结束在印尼的三年新奇而愉悦的生活,途经荷兰返回康奈尔大学准备撰写博士论文之际,东南亚地区爆发了一系列重大事件,于是一段对安德森而言的"美好岁月几乎就要从此逝去了"(*LP*: 6)。1965年2月,美国总统约翰逊借口"东京湾事件"大举入侵越南;10月1日清晨,六位印尼军队高级将领突然在雅加达附近的哈利姆空军基地遭到杀害,尸首被投进了深井。随后,苏加诺总统卫队的陆军上校翁东通过国家电视台声称挫败了一场由美国中央情报局暗中指使、旨在推翻苏加诺总统的"九三〇运动"。数小时后,苏哈托将军的"战略预备部队"迅速接过了陆军的指挥权,并在翌日肃清了参与"九三〇运动"的部队。事件发生后,苏哈托及效忠于他的军方一直宣称"九三〇运动"是印尼共产党策划的一场旨在推翻苏加诺总统的阴谋政变。在接下来的数月间,印尼共产党员以及同情他们的左翼人士约50万人纷纷遭到印尼军队和警察的血腥屠杀。1966年3月,苏加诺总统被剥夺了实权,1968年正式卸任印尼总统。[1] 究竟谁才是这场运动的幕后策划者?其动机和目标又是什么?围绕这些问题,苏哈托和印尼军方、印尼共产党、一批美国印尼专家争论不休、莫衷一是。然而无论其真相到底如何,这场政变都构成了印尼现代历史上一个重要的转折点,它标志着"指导民主制"的终结和"新秩序"时代的开

---

[1] 在英语世界,关于这场政变发生过程最为详尽的描述和分析,参见 Helen-Louise Hunter, *Sukarno and the Indonesian Coup. The Untold Story*, Westport/ Connecticut/ London: Praeger Security International, 2007。

始。自此,印尼背弃1955年万隆会议奠定的不结盟主义,官方意识形态由反殖民主义和反帝国主义的左翼路线,全面转向以美国为首的西方阵营所奉行的自由资本主义右翼路线,安德森欣赏的平和与民主的印尼也很快被苏哈托独裁体制下压抑的政治气氛所笼罩。

1965—1966年印尼军人政变仿佛一块从天而降的巨石,击碎了安德森对印尼民族主义道路的未来所抱有的美好想象。他的导师、康奈尔大学东南亚研究专业的创始人和领导者乔治·卡辛曾经在爪哇中部的日惹亲历过1948年印尼反抗荷兰殖民者的民族独立革命[1],深刻同情这个国家的民族主义事业。正如一位学者指出的那样,作为在东南亚地区参加过第二次世界大战的美国学者,卡辛对印尼民族主义的同情源于其有意无意地将18世纪70年代北美殖民地人民反抗英帝国统治的历史、文化和政治经验带入进来,以浪漫主义的方式将东南亚国家的近代历史按照西方近代线性历史发展的模式划分为传统社会、殖民统治、对民族主义的反应和民族独立几个阶段,通过在这些国家的历史发展进程中为自己确定一种位置和角色的方式将自己由一个"偶然的参与者"转变为一个"积极的参与者"。[2]安德森显然接续了卡辛兼有学者和政治参与者的双重角色,在他的眼里,将越南、印尼、缅甸、马来西亚、柬埔寨、泰国和菲律宾这些东南亚国

---

[1] George Kahin, *Southeast Asia: A Testament*, London/New York: Routledge, 2003, pp.116qq.
[2] Terence Chong, "Nationalism in Southeast Asia: Revisiting Kahin, Roff, and Anderson", *Journal of Social Issues in Southeast Asia*, April 2009, Vol. 24, No. 1, p.4.

家松散地联结起来的是一条被称为民族主义的线条,这条长长的线跨越欧亚大陆一直延伸到了自己的家乡爱尔兰,这些民族共同经历了漫长而残酷的斗争过程从欧洲列强的殖民统治中挣脱了出来,"它有权成为它自己"(*LP*: 7)。我把这种情感和心理现象称为"跨民族的民族主义政治情感认同",它让安德森不再把印度尼西亚视为一个他者,相反,它俨然变成了这位爱尔兰民族主义者的后裔口中念念不忘的"我们的国家":"我的情感和政治教义进入了我的工作当中……我发现自己变成了某种类型的印度尼西亚(印度尼西亚-爪哇)民族主义者。一些富有攻击性的美国官员明显鄙视印度尼西亚人,不愿意留给苏加诺足够的时间,并且反对印尼共产党的政策,每当遇到他们这样做我都会感到愤怒,以至于当苏加诺愤怒地喊出'去你的援助'的反美话语时,我好像感到了一丝兴奋。"[1]"跨民族的民族主义政治情感认同"甚至使被殖民者的形象越过了与其敌对方——殖民主义者之间的平衡点,扭转了萨义德意义上的东方主义,成为一种"颠倒的东方主义"(*LP*: 7)。但是,1965—1966年印尼政变的深层原因究竟是什么?如果苏加诺执行的民粹主义和反帝国主义民族主义路线能够使印尼人走上幸福之路,从而构成了为安德森和卡辛等学者所同情的东南亚新兴民族国家的合法性来源,那么它为什么会导致一场血腥的政治悲剧?假如同胞之间相互残杀的悲剧并非这个国家选择民族主义道路的必

---

[1] Benedict R. O'G. Anderson, "Frameworks of Comparison," *London Review of Books* 38, 2 (January 21, 2016): pp.15-18.

然后果,那么我们应当从哪里找寻答案呢?

几乎就在这场政变发生的同一时间,安德森和他的同事鲁斯·迈克威立即放下手中的工作,在研究生助理弗里德里克·布鲁奈尔的协助下,对此展开了研究。他们翻阅了康奈尔大学图书馆收藏的 20 多种在雅加达和外省出版的报纸,并与在印尼国内的朋友们进行了频繁的交流,在很短的时间内撰写了一份临时性的分析报告。两位作者认为,本次政变是出身于爪哇中部的蒂博尼哥罗营的一小群军官对高居军队上层的六位将军的腐化生活方式不满所引发的"军队内部事件",他们试图借削弱苏加诺总统和印尼共产党权威的方式夺取国家领导权。在这一权力斗争背后隐藏的是印尼社会自 1950 年独立以来左与右、伊斯兰教与共产主义、地主与无产者、伊斯兰内部诸教派以及市民与农民之间长期积累的"敌意和仇恨"。[1] 与官方公开宣称印尼共产党是政变幕后主使的结论不同,安德森和迈克威认为艾迪领导的印尼共产党既没有动机,也没有主动参与筹划和实际卷入到政变之中(*PAO*: 132)。由于这是在缺乏直接证据的情况下得出的初步研究结论,考虑到印尼国内对左翼人士的屠杀尚未结束,为了保护远在那里的康奈尔大学学生,这篇标明"保密,不得外传和复制"的报告最初仅在 20 余位作者的朋友、同事和康奈尔大学研究生之间传阅。然而不幸的是,这 20 份文件中至

---

[1] Benedict R. O'G. Anderson & Ruth McVey, *A Preliminary Analysis of the October 1, 1965, Coup in Indonesia. Interim Reports Series*, Ithaca: Cornell Modern Indonesia Project, 1971, p.63. 后文出自同一著作的引文,将随文标出该著简称 *PAO* 和引文出处页码,不再另注。

少有一份被复制和传播，随后通过《华盛顿邮报》泄露到了外界，它不仅引起印尼政府和支持苏哈托右翼政权的美国中央情报局的不满，从而导致安德森本人和乔治·卡辛被禁止进入印尼多年，而且引发了处于冷战状态中的美国和西方世界知识分子之间的左右之争，最终演变成了轰动一时的所谓"康奈尔文件"事件。"康奈尔文件"挑战了奠定苏哈托"新秩序"体制的神话——苏哈托将自己打扮成挫败"九三〇"集团（军方故意将他们定性为纳粹党卫队"盖世太保"）和印尼共产党企图推翻苏加诺总统阴谋的民族英雄，也深刻地影响了印度尼西亚的政治和思想生活，其影响力度是20世纪其他事件难以匹敌的。（参看World: 3）

1965—1966年政变迫使安德森对印尼社会的关注点发生了根本性的转移。初次踏上印尼国土的安德森迷恋于苏加诺威权时代依然活力十足的传统爪哇文化，这让他做出了后革命印尼的"美好时代"来自文化与政治或者国家相互分离的结论。然而，从古希腊、古罗马、埃及到西欧封建国家的漫长历史来看，国家/政治和文化都是无法分离的，国家是一种民族文化在制度上的实现方式，反过来，民族文化是国家创造力的源泉、统一的工具和目标。文化与国家究竟何者为先？雅克布·布克哈特遵循黑格尔的历史哲学给出的答案是国家与文化二者"相互共生"。[1] 现在，安德森也试图沿用黑格尔和马克思的国家与市民社会（国家与民族）二元框架来

---

[1] Jacob Burckhardt, *Weltgeschichtliche Betrachtungen*, 2 Aufl., Berlin/Stuttgart: W. Spemann, 1910, p.84.

分析印尼政变发生的政治和文化原因。道格拉斯·卡门准确地指出，尽管安德森并没提及马克思的名字，但从《对1965年10月1日雅加达政变的初步分析》（即"康奈尔文件"）一书对印尼军方的爪哇传统派和雅加达西化派、印尼共产党领导层、伊斯兰内部不同宗派、印尼各个族群以及中央和地方等各种政治力量的具体分析中，可以明显看出其灵感来源于马克思的《路易·波拿巴的雾月十八日》。在正统马克思主义史学家们揭示苏哈托政权阶级基础的地方，安德森想要突出能够允许国家权力与某种特殊的阶级利益及其影响相互分离的时势（参看 World: 23）。我在这里想要强调的是，当安德森将1965—1966年印尼政变定性为"军队内部事件"时，他的目光锁定在通常被研究者忽视的军人在印尼国家和政治中的突出作用，以及印尼军队的"持续动荡和复杂性"（*PAO*: vi）上面。安德森并没有从物质利益和抽象的权力斗争角度寻求造成印尼军队持续动荡的原因，而是以人类学田野调查的方式详细描述了来自爪哇岛不同地区的印尼军人的族群特征、历史渊源和文化差异，把由此造成的各方敌意、冲突和斗争认定为国家政变的根源。爪哇岛中部的蒂博尼哥罗营是以日惹宫廷末代王子名字命名的部队，这支部队在"二战"结束后参加了反抗荷兰殖民者的残酷民族独立战争，涌现出了苏哈托和翁东等著名的将领。根据安德森的调查，蒂博尼哥罗营的军人主要来自日惹－柯杜－班茹玛地区，军官们都是忠实的共和主义者，他们大多在日惹地区参加过反抗荷兰殖民者的游击队，拥有浓厚的革命气息，在他们心中，理想的指挥官应该是在革命道路上没有过污点、其生活和指挥风格符合日惹族群的人格理想："坚韧、果断、直率、勇敢和乐于为他人献身。"（*PAO*: 2）与东爪哇岛的布拉维加亚营相比，蒂博尼哥罗营的士兵因地域分散造成的文化差异较大；但是贫苦的生活和紧张的社会关系使他们在情感上倾向于共产主义和反对贵族统治；他们同时也因印尼国家权力中心旁落雅加达而备感失落（*PAO*: 3）；西爪哇岛西里旺吉营的军人则生活富足，精力充沛，笃信伊斯兰教，因为受教育的程度较高和毗邻首都之故，其心态和面貌偏向西化和国际化，更容易适应都市生活；相比而言，蒂博尼哥罗营的士兵生活困苦，性格内向，信仰芜杂（*PAO*: 3）。1957年，萨缪尔·亨廷顿率先研究了西方近代军人与国家的关系，并提出军人的职业伦理乃是一种"保守的现实主义"，"他们强调历史的连续性和价值，将民族国家视为政治组织的最高形式……"。[1] 我们无法知道安德森是否看过亨廷顿的《军人与国家》一书，但是从士兵的族群和文化构成来观察和分析印度尼西亚的政治，这不能不说是安德森开创的先河，因为无论是在印尼的民族主义革命当中，还是在苏加诺威权体制下的"美好年代"和苏哈托领导的"新秩序时代"，军队均在国家的政治生活中扮演了极为重要的角色。就本文论述的目标而言，我们更加关心的是安德森在"康奈尔文件"的撰写过程中抛弃了那种将文化与国家、政治分离开来的简单做法，通过对军队内部族群和文化差异及其导致的政治悲剧的

---

[1] Samuel Huntington, *The Soldier and the State: The Theory and Politics of Civil-Military Relations*, Cambridge: Harvard University Press, 2000, p.79.

分析，试图重新将似乎已经因革命断裂开来的爪哇历史、文化和当时的政治状况连接起来，他要回答的问题是印度尼西亚传统文化究竟在何种程度上促进或者阻碍了其民族主义道路的（正常）展开。

安德森带着自小就耳濡目染的爱尔兰民族革命的悠久传统和切身经验，在其"跨民族的民族主义政治情感认同"之下自然而然地将1945—1950年间印度尼西亚的历史简单地想象为一段民族革命的光荣历史。在他看来，印尼与爱尔兰民族同样经历了艰苦的反殖民主义和反帝国主义斗争并最终赢得了胜利，受到民族革命洗礼的印尼与自18世纪70年代以来在欧洲和美洲发生的所有民族革命一样，必然要发生一场深刻的社会革命和文化革命。在美好的60年代，安德森似乎看到了这个民族充满希望的未来，尽管在苏加诺统治后期印尼社会普遍存在的政党纷争、族群冲突、经济萧条和官员腐败等现象预示了一场深刻的政治危机的到来。安德森的合作者迈克威在纪念他的文章中说，安德森1957年到康奈尔大学是为了"寻找革命"[1]，当然他并非要颠覆现存的制度，而是试图寻找导致像大英帝国一样庞大的殖民体系最终崩溃的一系列深刻的社会和政治变化。然而，当束缚印尼的殖民主义体系崩溃之后，为什么在这个已经赢得民族独立的国家仍然发生了兄弟相残的政治悲剧？爱尔兰1922年宣布独立之后，支持英爱联邦和爱尔兰独立建国的两派之间也曾

---

[1] Ruth McVey, "Ben Anderson and the Imagining of Indonesia", *Indonesia*, 101(April 2016), p.15.

爆发过激烈的内战，但是当时的印尼却是拥有全部主权的一个新型民族国家。"康奈尔文件"作者认定印尼政治悲剧的原因就在于军人独立于政府之外，国家权力凌驾于民族利益之上，两种现象均根植于爪哇的文化传统当中。安德森并没有采用传统马克思主义的路径，将印尼民族革命和政治悲剧归为国内阶级利益的冲突，在他看来，激烈的政治变革恰恰体现了爪哇传统文化的连续性，革命没有打断爪哇的文化传统，相反，它以激进的方式回归了其前后同质的文化传统。换言之，民族革命是保持爪哇文化统一性和连续性即印尼民族主义的工具而非相反的情况。在《革命时代的爪哇青年：1945—1946年的占领和抵抗》(1972，即作者博士论文《青年革命：1945—1946年的印度尼西亚政治》的拓展)的撰写过程中，安德森首次发现了推动印尼革命的根本动力——民族主义。在注重对印尼的思想与文化的分析而非单纯的政治方面曾经给安德森带来深刻影响的人类学家西格尔观察到，在印尼1965—1966年政变之后，安德森为了投入民族主义的研究显然"将革命放到了一边"[1]。如果说"康奈尔文件"着重在政治层面分析由政党、教派、军人和政府组成的国家权力网络，那么在此之后，特别是在遭到苏哈托政府"放逐"之后，安德森的目光逐渐下移，转而效仿英国马克思主

---

[1] James T. Siegel, "Once Again: Nationalism and Revolution", *Indonesia* 101 (April 2016), p.29. 后文出自同一著作的引文，将随文标出该著简称OA和引文出处页码，不再另注。"从底层来的历史"观念源自法国革命史编纂学，它追求"普通民众而非精英、从下看而不是从上看的历史"。参见Lucien Febvre, "Albert Mathiez: un tempérament, une éducation", in *Annales d'histoire économique et sociale*. 4ᵉ année, N. 18, 1932. p.576。

义史学家E. P. 汤普森、乔治·卢迪和埃里克·霍布斯鲍姆，开始讲述印度尼西亚"从底层来的历史"（OA: 25）。新故事的主人公将不再是苏加诺、哈达、萨赫利尔和苏哈托等民族英雄和政治精英，而是来自爪哇社会中在政治态度上非常激进的青年阶层。在安德森看来，青年群体的文化选择才是印尼革命和民族主义的真正来源，用他自己的话来说："青年本身是传统爪哇社会的一个本质的范畴，爪哇文化赋予其一种风格和自身意义。"[1]

根据人类学家克利福德·格尔茨对爪哇传统家庭结构的研究，安德森将传统爪哇成年男性的人生轨迹划分为四个阶段：童年、青年、成熟期和老年。爪哇儿童从出生起就在父母和宗亲的照料下生活，他们对长辈保持着严格的敬畏和顺从，行阉割礼之后，他们才能成为真正的爪哇男人或者穆斯林。进入青年期，他们便纷纷走出家门，寻找能够传授其智慧和知识的"古鲁"（教师）。这段"既非男孩也尚未成为人父"即介于前后两种不同人生状态之间的青年期，安德森依据另一位人类学家维克多·特纳提出的"过渡礼仪"理论将之命名为"过渡期或临界期"（*JTR*: 4）。爪哇青年的过渡期可以理解为一个由分离（家庭和社会）、集中（寄宿学校）和（预备）进入社会三个环节组成的完整过程。扮演古鲁角色的人要么是巫师、拳师或怀揣防身秘籍的高人，要么是伊斯兰教士，他们为登门求教的学生提供衣食，并与之朝

---

[1] Benedict R. O'G. Anderson, *Java in a Time of Revolution: Occupation and Resistance, 1944-1946*, Ithaca/London: 1972, p.2. 后文出自同一著作的引文，将随文标出该著作简称 *JTR* 和引文出处页码，不再另注。

夕相处，作为回报，青年人对古鲁们可谓言听计从，并力所能及地帮助他们从事农耕或者完成其他任务。位于偏僻乡村的伊斯兰寄宿学校一方面使青年人脱离了家庭和牢固的社会结构，产生了一种轻松、自由和漂浮的感觉与宗教意识；另一方面，其相对封闭的环境促使青年人产生了稳固的共同体意识和集体认同，逐渐形成了"单纯、互助、团结和无私的真诚"的价值观，伊斯兰教义又恰逢其时地点燃了他们的生活热情（*JTR*: 5-7）。于是，由单一男性构成的、唯巫师之命是从的青年组织形式贯穿了整个爪哇岛的历史，"传统爪哇文化所包含的乌托邦的、崇尚意志的和超越性的因素通过这些组织吸引了大批热情的成员"（*JTR*: 9）。在和平时期，乌托邦的因素塑造了青年人的内心世界，"无论它体现为通过学习、禁欲和祈祷的方式去寻找绝对的东西，还是通过身体和巫术的磨炼去追求权力"；在危机时期，"乌托邦精神则呈现出某种外在的面目，这是对社会分裂和自然灾害做出的反应，它们在传统上被视为预示王朝衰落和宇宙秩序发生危机的可见信号"（*JTR*: 9）。在不同的历史时期，伊斯兰寄宿学校的学生们往往能够挺身而出，成为新王朝继承人的支持者、宗教兄弟之情的宣传者，甚至成为将巫术与宗教汇于一身的劫匪。在荷兰殖民统治时期，爪哇历史上多起农民叛乱的领导者都出自这个青年群体。每当印尼社会遭到外力压迫从而陷入分崩离析之时，寄宿学校这一爪哇青年的特殊组织必然会迸发出强大的生命活力，于是，"社会变成了一所巨大的寄宿学校，寄宿学校的生活风格成为规范和必要"（*JTR*: 10）。在安德森眼里，爪哇青年是印尼社会应对危机时刻所必需的超越性精神动力。

在荷兰殖民统治时期，爪哇青年中只有为数极少的地方统治精英接受过非传统的西方教育，他们要么是来自大城市的成功人士的子女，要么来自外岛生活富足的移民家庭，这两个群体都以荷兰语为日常交流语言，并且与战前民族主义政治家有着种种联系。因此，在这批人高度集中的雅加达和万隆两地的医学、法律和技术学院中，"印尼民族主义的意识形态首先形成并传播开来"（*JTR*: 19）。1927年，毕业于万隆技术学院的苏加诺创立了第一个民族主义政党——印度尼西亚民族党（PNI）。1928年，在青年议会召开的第二届年会上，人们首次唱响了后来成为印尼国歌的《伟大的印度尼西亚》，会议还确立了忠于印尼"一个民族、一个国家和一种语言"的历史性誓词（*JTR*: 18）。印尼民族主义为何首先兴起于爪哇岛上接受了荷兰西式教育的极少数知识精英？安德森这样解释道：

> 在这些受教育的青年人当中，民族主义的发展与其说是他们对欧洲历史的阅读或者与奉行种族主义的殖民当局相遇的结果，不如说是其学校生活经验所致，其存在的理由直接源自20世纪荷属东印度所实行的中央集权结构。只有民族主义才能解释每一个背井离乡的学生之所以要经历漫漫旅行与他人进入同一个班级的现象。只有民族主义才能赋予他们集体迈入的新生活以合理性。（*JTR*: 18）

1942年3月，日本打败荷兰占领印尼后，大肆掠夺当地的原材料以补充日益吃紧的军需，强迫征用印尼劳动力进行大规模的工业生产，致使印尼的经济尤其是港口贸易受到严重打击。为了增加税收和加强与本地人的合作，日本殖民当局将印尼的乡绅和城市精英逐步吸收为高人一等的殖民官员，加剧了后者同普通民众之间的矛盾，印尼传统的社会结构因此难以为继。日本当局还禁止任何类型的学校使用荷兰语教材和荷兰语教学，爪哇的高等教育也因此陷于停滞。失去继续接受教育机会的青年学生要么返回了家乡，要么进入了日本人设立的军政府，他们大多数在殖民政府的宣传部门谋职。只有少数经济状况不错的人才退隐到私人领域，他们会见朋友、讨论自己的现实和未来，其中有不少人后来成为地下抵抗组织的成员。安德森声称，学校教育和事业道路的中断使青年人进入了一个"撤退和自我准备的时期"，"意外爆发的战争为那些教育（西式——引者）偏离传统文化领域的少数青年人创造出一种向传统文化复归的复杂体验"（*JTR*: 20）。在日据时期，尽管传统爪哇青年教育机构被纷纷关闭，但是日本殖民政府在1943年10月建立的"卫国志愿军"（Peta）对印尼民族意识的形成和即将爆发的独立战争起到了至关重要的作用。从爪哇各地征召而来的青年人按行政区划组成连队，负责保卫该地区不受盟军侵略。连队的初级军官往往从中学教师、官员和伊斯兰显贵中选拔，他们必须在"青年军校"接受严格的军事训练和武士道精神的培养，对士兵担负起道德上的引导和监督责任。"青年军校"与伊斯兰寄宿学校的相似之处非常明显，但是却增加了保卫祖国的现代内容，在"卫国志愿军的生活经验和该机构提供的意识形态训练创造并加强了成员们的民族主义政治意识"（*JTR*: 22）。类似的青年政治和军事组织还有1943年4月由日本军政府建立的"青年军"、1944年1月建立的爪哇圣公会以及苏加诺领导的"先锋队"（Barisan Pelopor）等。安德森分析道，诸如此类的青年组织均是印尼社会危机的产物，其成员的行为方式脱离了传统社会为其规定的人生轨迹，它们的创造是为了一个即将到来的历史时刻，这一历史时刻的意义就是"民族的命运"（*JTR*: 30）。安德森继续补充说，这种经验及其意义绝非仅限于该组织内部成员，而是穿越由朋友和乡亲构成的巨大信息网络，通过帮派、足球赛和学校教育的方式传播开来。"在日本占领末期，[一种期待和准备的感觉]就像是一架巨大的引擎被愈加猛烈地加速，但是还尚未合上齿轮。"（*JTR*: 31）在这里，安德森并没有像传统民族主义理论家那样，将印尼民族主义的产生简单地看作由西方发明的启蒙理念通过荷兰殖民教育手段传播到印尼使然，而是与荷兰迥然不同的日本殖民主义风格的"召唤"（*JTR*: 32）使爪哇传统青年文化将自身转化为政治现实的结果。日本军人强调东方人的内在精神和纪律规训高于西方技术和物质手段，在印尼传统文化中，这种精神力量被认为来源于宇宙能量，后者"只有通过禁欲的洁净和精神的规训才能被集中和汇聚起来"（*JTR*: 33）。同时，对精神力量的强调也意味着对"西方理性算计的鄙视"和对东方文化中"顿悟"的高扬（*JTR*: 34）。日本殖民统治激活了爪哇或者印尼的文化传统，在爪哇青年人看来，只有放弃西方的价值回归印尼的文化传

统才能使本民族重获新生:"只有哇扬皮影偶戏、武士和骑士、无私和勇气才是社会幸福和繁荣的保障。"(*JTR*: 34)

安德森相信在爪哇青年文化中找到了印尼1945—1950年民族革命的文化根源,这同样是理解1965—1966年印尼政变的钥匙。印尼的民族革命与其说是一场革命,不如说是爪哇传统力量借用政治革命的手段进行的文化复辟,以一种激进的保守方式维护一个民族的传统文化是印尼民族主义的根本特征。苏加诺和苏哈托均为崛起于20世纪二三十年代的爪哇青年组织的成员,在日本占领时期,荷兰殖民者带给父辈们的西方价值和政治理想纷纷遭到了激烈的批判,年轻的民族主义者在民族独立的问题上比苏加诺等老一代更加坚决,他们既主张摆脱与日本殖民政府的合作,也丝毫不顾忌盟军的态度,执着于追求印尼的民族自决权。1944年9月,日本已经预料到了战败的危险,为了不使印尼再度落入盟军和前殖民者荷兰人手中,并继续推动"大东亚共荣圈"的殖民战略,内阁总理小矶国昭在帝国议会提出,"东印度地区"未来将被给予独立。自此之后,在殖民地后方的农民和学生抵抗运动此起彼伏,与这批人以公开的方式向日本占领军宣示敌意不同,居住在雅加达的受教育的青年市民选择了地下斗争的方式,以防遭到日本宪兵队的迫害。从事地下抵抗运动的青年人主要来自三个阵营:其一是在苏丹·萨赫利尔的影响之下形成的医学院学塾,他们接受荷兰殖民教育,政治态度上倾向于社会民主观念,拒绝与日本殖民政府合作,主张与之进行公开的斗争;其二是在日本军政府宣传部门供职的印尼人组成的"印度尼西亚新一代学塾",其领袖人物是哈伊尔·萨勒和苏卡尼，他们在日本激进民族主义者清水均的教导下，接受了激进的民族主义教育，苏加诺和哈达等著名的民族主义政治家先后在这里发表过演讲；第三个也是最富于争议的阵营就是由设在雅加达的日本海军联络办公室负责人前田精建立的"印尼独立养正塾"。1962年4月，安德森曾经面对面地采访过这位据说是"非常坦诚的"（*Boundaries*: 61-64）前日本海军上将。前田精回忆，建立这个学塾的初衷是为弥补印尼缺乏强有力领导者的不足，为此，他常常邀请那些著名的民族主义政治家演讲，其中甚至还包括始终坚持不与日本殖民者合作的萨赫利尔（*JTR*: 45）。萨赫利尔则怀疑前田精之所以筹办"印尼独立养正塾"，目的是培养渗透分子进入共产主义和亲共产主义的地下抵抗组织内部，借机将他们分化为亲斯大林派和更加倾向于民族主义的共产主义派。曾经在东南亚参加盟军作战的卡辛认为，前田精等日本殖民官员同情和支持印尼民族主义运动是出于一种精明的政治利益计算：在"二战"末期，这些非常讲究现实策略的日本军官预料到无论日本还是英美盟军都会败于强大的苏联，日本将来或许只能与苏联合作，假如自己的国家能够以一种反西方甚至是支持共产主义的姿态在东南亚这个战略中心培养起新一代的领导者，那它势必会从中获益。[1]值得我们特别注意的是，安德森既否认了萨赫利尔对前田上将的指控，也反对其导师卡辛提供的上述解释，坚持

---

[1] George Kahin, *Nationalism and Revolution in Indonesia*, Ithaca: Cornell University Press, 1959, pp.116qq. 后文出自同一著作的引文，将随文标出该著简称 *NRI* 和引文出处页码，不再另注。

肯定以前田精为首的日本海军官员对印尼民族主义事业的同情和支持是出于真诚。然而师徒两人提供的论据却十分一致，在"二战"后期的印尼领导者当中认同前田精真诚态度的人，既有一贯主张在日本与英美之间谋求政治平衡的哈达，又有持单纯民族主义态度的亚当·马利克，还有亲苏联的印尼共产党领导人魏卡纳，后者直到1962年受访时依然未改变这种态度（*JTR*: 46）。卡辛在1952年出版的《印尼民族主义与革命》一书中提到，哈达认为前田精和他的海军武官府在处理自己国家和世界范围的社会问题上都秉持一种"非常进步的方式"。他继续说，与前田精等人关系密切的一些印尼知识分子吃惊地发现这些日本军官拥有丰富的马克思主义知识，相信他们都是具有"国际主义倾向的共产主义者"，有迹象表明他们暗中支持了印尼著名的马克思主义民族主义思想家谭·马卡拉（*NRI*: 118）。1921年，马卡拉曾经短暂地加入过印尼共产党，不久就因反对该党制定的立即发动革命的策略而退党，第二年，他在流亡荷兰期间加入了荷兰共产党，计划利用议会的政治平台为自己的家乡谋求独立地位。马卡拉后来继续流亡于柏林、莫斯科、广州、新加坡、德里、马尼拉、曼谷、上海等地。1942年4月，马卡拉结束流亡生活回到雅加达，开始召集自己的学生和年轻一代展开反对英国军队占领印尼的斗争。1922年，马卡拉曾与印度革命者M. N. 罗伊、越南共产主义者胡志明等亚洲革命者共同参加了在莫斯科召开的共产国际大会，并当选为共产国际驻东南亚代表。在长期的流亡生涯中，马卡拉在东南亚、南亚和东亚地区赢得了广泛的国际声誉和政治影响。[1] 马卡拉思想中的反西方和追求泛亚主义团结的色彩与日本试图扮演亚洲解放者的角色及其谋求"大东亚共荣圈"的殖民战略从外表上看确有吻合之处，因此他极易被日本殖民当局所利用。卡辛猜测，尽管人们不大认为他会为了日本和苏联牺牲印尼的民族利益，但日军或许使马卡拉相信了日本人对印尼民族事业的支持是出于诚恳的态度（*NRI*: 119）。为什么安德森和卡辛在面对同样证据的情况下，看法却如此不同？日本殖民政府究竟在印尼民族独立运动中扮演了什么角色？

安德森在2016年出版的回忆录中将个中原因归于他和卡辛之间的"代际和文化差异"：后者是反抗日本法西斯的战士，前者则只是在"二战"中悄然度过了自己的童年。尽管前者在太平洋战争爆发后，身体力行地抗议美国政府对日本移民的迫害，他对待日本法西斯主义的态度却非常分明。在安德森的第一篇学术论文《日本乃亚洲之光》中，作者得意地宣称自己比前一代印尼学者更加深刻地认识到了日据时期的复杂性，既认识到了日本殖民统治的残酷性，同时又声称，"如若不承认日本的贡献，那么印度尼西亚革命便不可理解"（*Boundaries*: 64）。然而在我看来，安德森之所以如此看重日本殖民政府在印尼民族独立运动中所起的作用，其中一个未曾言明的原因在于其对第二次世界大战结束前夕国际左翼政治状况的错位想象。在安德森的政治想象中，马卡拉、

---

[1] 关于马卡拉的生平，参见 Helen Jarvis, "Tan Malaka: Revolutionary or Renegade?" *Bulletin of Concerned Asian Scholars*, 19:1, pp.41-54，和 Ruth T. McVey, *The Rise of Indonesian Communism*, Ithaca: New York: Cornell University Press, 1965。

魏卡纳、哈达和马利克等印尼民族主义者与前田精等日本海军军官的合作基于他们相信后者始终秉承一种国际主义甚至是共产主义的原则处事。在安德森的眼中,双方的合作是来自(殖民地的)"温和共产主义者",印尼独立运动的领导者与"反对日本帝国主义战争",反对将印尼、缅甸、菲律宾等东南亚国家重新纳入日本帝国的殖民主义体系,从而主张系统性地"解放亚洲"(*Boundaries*: 64)的共产主义者之间的合作。如果没有来自殖民地宗主国的前田精上将这样的共产主义者的努力,日本将要建立的亚洲殖民体系与两百年来压制爱尔兰民族的大英帝国殖民主义体系无异。在"康奈尔文件"中,安德森对印尼共产党的同情和悲悼溢于言表,以至于在证据显然不足的情况下首先排除了印尼共产党的主谋嫌疑,这种受制于同情的"偏袒"行为受到了康奈尔大学校友、与安德森过从密切的另一位犹太裔印尼学家赫尔伯·菲斯的质疑。安德森在愤怒之余,回信直斥菲斯是在为苏哈托的纳粹行为辩护,这一毫无根据的指责给后者带来了极大的侮辱和伤害。[1] 在这里,自20世纪60年代一直活跃在安德森头脑当中的"比较的幽灵"[2] 再度作祟,在"跨民族的民族主义政治情感认同"作用之下,他忽视了被殖民者和殖民地臣民/公民围绕各自主权的想象,忽视了日本殖民统治在印尼和东南亚人民心目当中的残酷形象及其带来的内心创伤。

---

[1] Jemma Purdey, "Being an Apologist? The Cornell Paper and a Debate between Friends", *Transmission of Academic Values in Asia Studies, Workshop Proceedings,* Robert Cribb ed., Canberra: Australian National University Press, June 25-36, 2009, p.7.
[2] Benedict R. O'G. Anderson, *The Specter of Comparison. Nationalism, Southeast Asia and the World,* London/New York, 1998, p.2.

在占领印尼不久的1942年8月,日本南方军第16军司令部颁布命令,禁止印尼当地人组织一切政治活动。为了缓解紧张的政治气氛,排解民众的政治热情,军政府发起了一场"三A运动",其目的是汇聚全民力量消除西方的危险影响,保护"东方精神"不受荷兰旧殖民主义的玷污,极力灌输"亚洲是亚洲人的亚洲""日本乃亚洲母亲"的亚洲优先观念,动员普通民众支持日本发起的太平洋战争,促使印尼在文化和精神上融入日本倡导的"大东亚共荣圈",并露骨地宣称"日本乃亚洲之领导者,日本乃亚洲之保护者,日本乃亚洲之光"。[1] 由于这场"人民运动"根本没有使日本的领导地位得到被殖民者的广泛承认,于是,在东京政府的允许和殖民当局的掌控下,1943年3月成立了以苏加诺为首的"人民权利中心"(Putera),但是这个由日本当局想尽办法扶植起来的唯一合法"政党"依然无法调动印尼人民投入到日本战争机器中的积极性和热情。随着太平洋战争进入紧迫阶段,日本朝野认识到必须尽快和尽可能地取得印尼本地人提供的物力和人力帮助才能维持战事不败。三个月过后,时任内阁首相的东条英机在日本第82届国会发表演讲,在许诺给予缅甸和菲律宾独立的同时,却只允许"爪哇人参与政府",而且这些内容还"被包裹上日本慷慨大方的外衣,仿佛再也没有其他迫使日出之国显示仁慈的理由了"(*JCI*: 215)。然而日本人的慷慨却是有限的,在殖民政府看来,允许印尼人参与政

---

[1] M. A. Aziz, *Japan's Colonialism and Indonesia*, The Hague: Matinus Nijhoff, 1955, p.209. 后文出自同一著作的引文,将随文标出该著简称 *JCI* 和引文出处页码,不再另注。

府、成立顾问会议的举措已经让他们在民族独立的路线上走得太远了。1943年11月5—6日,"大东亚会议"在东京召开。印尼非但没有受到邀请,独立的议题也更是没有进入会议日程。会议发表的宣言号召日本与中国、菲律宾、泰国和缅甸等国彼此承认各自的自主权,致力于消除种族差异,并在"大东亚共荣圈"的框架下展开国际合作。直到10天(11月15日)之后,日本殖民政府才迫于战争不利的局势,为了消除印尼人的失望情绪,派出了苏加诺、哈达等三人组成的"中央顾问会议"代表团来到东京。东条英机既没有答应印尼代表的独立要求,也不允许他们吟唱国歌《伟大的印度尼西亚》、悬挂红白相间的印尼国旗,更没有允许苏加诺等人会见任何一位参加"大东亚会议"的其他独立国家的代表。在日本占领军司令部的要求下,苏加诺一行三人代表印尼觐见了裕仁天皇,向后者表达了印尼人的谢意。回国之后,苏加诺又在日本人的授意下通过媒体描述了这一场景:"天皇陛下允许我们觐见,并允许我们向他当面表达谢意。不仅如此,我们还受到了身着盛装的陛下的接待。我们无法用言辞表达对这份荣耀的感激之情。然而,我们得到的全部荣耀,在我们看来应当主要归功于爪哇的印尼人民。"(*JCI*: 219)胁迫一位殖民地领袖向宗主国主权者裕仁天皇行臣子之礼,这符合日本殖民者对印尼人民进行全面"心理改造"[1]的治理风格。日

---

[1] Goto Ken'ichi(后藤乾一), "Modern Japan and Indonesia: The dynamics and legacy of wartime rule", in *Bijdragen tot de Taal-, Land-en Volkenkunde*, 1996, Deel 152, 4de Aufl., *Japan, Indonesia and the War: Myths and Realities* (1996), p.541. 后文出自同一著作的引文,将随文标出该著简称 MJI 和引文出处页码,不再另注。

本军事和政治精英如此看重印度尼西亚群岛作为太平洋交通要道和工业原材料产地所具有的地缘政治和经济贸易地位，以至于在战局越来越不利于自己的危机情况下，日本依然不肯放弃对殖民地人的心灵"归化"。对印尼人的心理改造和精神归化策略也显现出相互矛盾的两面：日本殖民政府实施的偏重精神力量的策略一方面有力地扫除了印尼人面对西方人或白种人的自卑心态，而且借助于日本人推行的爱国教育和军事训练，印尼人汲取了爪哇传统文化中的道德和权力观念，其民族意识和独立愿望日渐高涨；另一方面，正如亲历日本殖民统治的印尼著名作家曼坤神父所言："日本提供［给印尼］为时三年又半的沙文主义和法西斯主义教育使当地的法西斯主义和卑贱情结被嵌入到我们这一代征服者的基因当中。"（MJI: 542）

与荷兰殖民者"平静的、商业的和市民式的"（*JTR*: 31）温和治理风格不同，日本人热衷于以"粗陋的和残酷的""打脸"方式灌输以亚洲价值为核心的意识形态，塑造围绕大和民族展开的一种类似于19世纪欧洲浪漫主义式的想象；如果说荷兰殖民者尚能有限度地约束和容忍印尼当地的政党活动，日本则将后者视为危险的行为并加以严格控制。虽然军事化管理和军事教育措施促进了印尼民族意识的形成，但当它一旦"忽视了东印度人民的传统习惯，冒犯了他们，那么他们对日本的情感也就会比对其前殖民者荷兰人更加充满仇恨"［日本外务省编《东印度民族主义状况》（1941），Qt. MIN: 538］。没有得到"大东亚会议"入场券的屈辱在苏加诺的心中埋下了仇恨日本的种子。10多年后，在

1955年4月于万隆召开的亚非会议上,苏加诺根本不愿提及1943年在东京举办的那次会议,他声称万隆会议才是印尼这个大国发起的"世界上第一次由全体亚洲人参加的会议"[1](MJI: 548-549)。尽管如此,"大东亚会议"之后的苏加诺仍然选择与日本人合作的方式谋求民族的独立,但是其妥协策略却招致了年轻一代民族主义者的不满和激烈批评。当英美盟军逼近印尼群岛时,日本战争内阁迫切需要加快与殖民地人民合作的步伐。1944年9月,小矶国昭在国会的讲演中明确未来将赋予印尼独立,"以确保东印度种族的永久福祉",并组成以苏加诺为首的"筹备独立调查委员会"讨论解决与独立有关的一些难题。然而,无论是日本提出的独立方案和步骤,还是在其主导下连续召开的七届"筹备独立调查委员会"始终只是围绕如下主题展开,即如何消除印尼与日本之间的种族和政治地位差异、如何加强两者的融合以及如何培养共同的"民族感情"等。因此,在东印度群岛上建立一个符合日本长远战略利益的"大东亚国家"才是隐藏在宗主国日本许诺印尼独立政策背后的真实企图,但将一个独立的印尼国家纳入"大东亚共荣圈"的联邦主义方案与印尼人追求独立主权的民族主义理想相去甚远。1945年8月7日,日本南方总军总司令寺山寿一发布命令,建立"独立筹备委员会",指示设在雅加达的日本殖民当局"加快采取最后措施以建立一个独立的印尼政府制度"(JCI: 520)。即便距其向

---

[1] 关于苏加诺、万隆会议与战后国家秩序的研究,参见 Amitav Acharya, "Studying the Bandung Conference from a Global IR Perspective", *Australian Journal of International Affairs*, 2016, Vol. 70, No. 4, pp.342-357。

盟军无条件投降之日只有短短的8天时间,日本还为印尼的独立开出了这样的前提条件,即要求发挥印尼的战争潜力,与大日本帝国合作并力争取得"大东亚战争"的胜利。为了响应上述指令,苏加诺、哈达和拉吉曼代表筹备委员会于8月9日启程赴日本南方总军司令部咨询有关印尼独立的领土范围和时间问题。当苏加诺一行三人经过长途跋涉来到西贡以北300公里外的一个名为达拉的地方时,他们得到的回答却是印尼的独立必须首先满足在军事方面与日本合作并取得胜利的前提条件。但是,包括印尼共产党在内的左翼民族主义者早已对苏加诺在民族独立问题上与日本殖民政府的合作大为不满,以推翻日本殖民统治的革命方式争取本民族的独立已经成为共识。[1]马克思主义者谭·马卡拉在他第二次回归印尼时期(1942—1945)甚至将苏加诺与日本殖民当局的合作视为前者犯下的"主要罪责",指责"他企图通过外来力量扼杀印尼的民族主义"。[2]苏丹·萨赫利尔站在社会民主主义的立场上,反对印尼通过日本发起和主持的"独立筹备委员会"宣布独立;相反,他希望印尼的独立事业应当具备反日和反法西斯精神。[3]

1945年8月15日下午,从广播中得知日本已无条件投降的多个雅加达青年组织开始集会,并选出了以"印尼独立

---

[1] 参见 Han Bing Siong, "Sukarno-Hatta Versus the Pemuda in the First Months after the Surrender of Japan (August-November 1945)", *Bijdragen tot de Taal-, Land-en Volkenkunde*, Vol. 156, No. 2 (2000), p. 235。后文出自同一著作的引文,将随文标出该著简称 Sukarno-Hatta 和引文出处页码,不再另注。

[2] Rudolf Mrázek, "Tan Malaka: A Political Personality's Structure of Experience", *Indonesia*, Oct. 1972, No. 14 (Oct. 1972), p. 40.

[3] J. D. Legge, *Sukarno, A Political Biography*, Singapore: Didier Millet, 2003, p.210.

养正塾"成员魏卡纳为首的代表团于当晚10点来到苏加诺位于雅加达柏冈散提姆尔街56号的寓所,敦促后者在"独立筹备委员会"会议召开之前立即宣布印尼独立。然而,苏加诺却以不能贸然开罪于日本人为由断然拒绝了魏卡纳等人提出的要求。魏卡纳一行人抱怨前者没有尽到领导的职责,并威胁要立即发动流血政变。在没有取得苏加诺支持的情况下,魏卡纳等人悻悻离去。当天午夜,当日本宣布无条件投降的确切消息传到雅加达街头时,激动万分的青年们终于采取了行动。16日凌晨4点,萨勒、苏卡尼和魏卡纳等人用两辆小轿车将哈达和苏加诺夫妇及孩子劫持到了雅加达以东80公里外通往万隆的冷卡斯登歌罗镇"卫国军"的军营,再次逼迫两位领导者立即宣布印尼独立。其实早在8月14日当苏加诺和哈达刚刚从西贡返回雅加达时,他们就听到了日本投降的风声,为此还向日本军政监部部长山本茂一郎少将当面求证,可是后者并未予会见。15日下午,二人接着又来到海军武官府拜见了前田精,按照安德森的说法,这位海军少将告知自己"确信"(JTR: 68)日本已经战败,但尚未得到官方的消息。许许多多当事者和包括安德森在内的印尼专家均认为,苏加诺在冷卡斯登歌罗军营以和前一天晚上相同的理由回绝了绑架者的要求,因此绑架者并没有达到他们想要的政治目的。第二天(8月16日)晚上10点,在海军官员西岛重忠、前田精等日本军人做出愿意协助印尼独立的许诺之后,供职于海军调查局的青年组织成员苏巴佐将苏加诺和哈达二人带到了前田精的办公室。凌晨3点,包括苏加诺、哈达在内的"独立筹备委员会"委员、青年组织代表萨勒、苏卡尼及与其关系密切的穆瓦迪、迪亚等人聚集在帕拉帕坦大街10号,共同商讨宣布独立的细节。苏加诺首先宣告日本人已经同意印尼"秘密独立"(*JTR*: 82),告诫大家不必担心其后果。于是前田精、苏加诺、西岛重忠、苏巴佐、吉住留五郎、三好俊吉郎来到前田精寓所,共同起草了印尼独立宣言。17日凌晨,苏加诺在哈达和拉蒂夫中尉的陪同下,在其寓所门前宣读了这份由印度尼西亚和日本殖民政府代表合拟的独立宣言,现场升起了红白相间的印尼国旗,响起了国歌《伟大的印度尼西亚》。

在安德森有关印尼民族主义的历史叙述中,担当主角的不仅仅是苏加诺、哈达等民族主义英雄和爪哇青年领袖,还有同情和支持印尼民族主义事业的山本茂一郎、前田精、西岛重忠、吉住留五郎、三好俊吉郎等一批日本海陆军军官。安德森认为,最终是日本殖民者教育了爪哇青年学生,培养了印尼人的民族意识和爱国精神,甚至为印尼人的民族革命和民族独立提供了实质性的帮助。在20世纪六七十年代从人类学视角对传统爪哇神话[1]和权力观念[2]的研究当中,安德森曾经明确声称印尼民族主义的兴起并非源于西方殖民者带来的启蒙理念,而是自身传统文化发展的结果。然而,眼下他所提供的则是另外一幅有关印尼民族主义的历史图景,在这一进程当中,日本殖民者弥补了荷兰殖民者留下的缺

---

[1] Benedict R. O'G. Anderson, *Mythology and the Tolerance of the Javanese*. Ithaca: Cornell Modern Indonesia Project (pub.37), 1965.
[2] Benedict R. O'G. Anderson, "The Idea of Power in Javanese Culture," in *Culture and Politics in Indonesia*, ed. Clair Holt, Jakarta: Equinox, 2007, pp.1-70.

失，承担了印尼传统社会中的"古鲁"职责，扮演了引导印尼回归自身文化和政治传统的教师角色。然而，我们所关心的问题是，印尼的民族独立进程在多大程度上依赖于日本殖民政府的同情和支持？这种同情和支持究竟是出于道德真诚、国际主义，抑或其本身就是日本殖民主义和"大东亚共荣圈"战略的一部分？

关于8月16日凌晨雅加达青年组织突击绑架苏加诺的真实意图，当事人和后来的历史学家们说法不一。一种意见认为这是为了防止苏加诺和哈达在雅加达发表不利于正在筹划中的政变的言论，或者是为了让两位领导人暂时避开政变的伤害以及日军的抓捕。[1]显然，由于预期的政变并未发生，苏加诺方才得以顺利重返雅加达。也有人认为绑架者只是为了再次提出前一天晚上已经提出的革命要求。安德森否认了上述两种说法，暗示苏加诺的态度之所以不为所动乃是因为他仍然对日本军官的许诺抱有一线希望（*JTR*: 75），这与作者引述时任前田精助手和翻译的西岛重忠的描述相互印证。15日晚上，苏加诺从前田精口中第一次听到日本投降的消息时说自己"感到如鲠在喉一般"，当时在场的青年组织成员苏巴佐的态度却截然相反，他质问苏加诺道："你为什么这样说？我们已经开辟了印度尼西亚的道路，不能因为局势有变就发生动摇……日本投降与否，无论如何都不会影响我们的独立。"（*JTR*: 68）我们注意到，这段生动的对话截取自西岛重忠和中

---

[1] 8月15日午夜，前田精收到日本投降的官方消息并且想要及时将其通报给苏加诺时，却发现他和哈达一起消失不见了，安德森推测前田精、西岛和苏巴佐首先想到的是他们二人可能已经被日本宪兵队逮捕，参见 *JTR*: 76。

谷义男（时任山本茂一郎助手）的回忆，而这一回忆则出自安德森个人保存的前田精《在印尼独立的前夜》一文中一份从未公开发表的英译稿附录的注释部分，前田精撰写的这篇回忆录最初发表在1950年3月12日出版的日本《朝日新闻》上。由于无法阅读大量有关"二战"历史的日文文献，安德森对前田精及其他亲印尼日本军官在日本战败前夕的所作所为的叙述只能依赖前田精本人事后所作的英文《供词》《自述》和上述回忆录的那份粗疏的英译稿以及安德森在1962年对前田精本人的英文访谈（*JTR*: 68; *Boundaries*: 61-64）。

1946年4月，前田精被俘，盟军当局以其未能保持印尼政治现状的罪名将他移交给日军军事法庭，再由后者羁押在雅加达西部的裹跛刻村和新加坡，直到1947年才被无罪释放。他在法庭上的询问笔录和交代材料，即《供词》和《自述》现收藏在荷兰国立战争史料研究所。当安德森于1962年4月在雅加达见到前田精本人时，他已经是一位参与开发多贝拉伊半岛石油的日资企业代表。我发现从1946年至1962年将近20年间，这位前日本海军少将对其在日据时期的行为表述前后并不一致。面对讯问，为了减轻罪责，他辩称假如日本不那么迅速地战败，那么苏加诺将会顺利地组建自己的政府；"印尼人便会摆脱日本人，将主动权掌握在自己手中"；假如盟军的登陆打断了这一进程，那么印尼人就会更加倾向于通过"谈判与合作"解决独立问题。[1]其言下

---

[1] "Interrogation-report T. Maeda", *R. V. O.* (Rijksinstituut voor Oorlogsdokumentatie), Nefis AJ/33126, qt. *JCI*: 255.

之意就是印尼民族主义是印尼人的创举，无关乎外部势力的帮助或干扰。1949年日军军事法庭以前田精很少"与涉及在日据时期发展起来的独立运动的舆论变化以及印尼与日本间持续展开的政治谈判有联系"[1]为由宣判他无罪，这个判决招致重新占领印尼并急于追究日军战争责任的荷兰殖民当局的不快。1949年12月，荷兰殖民者迫于联合国和国际社会的压力承认印尼独立，因此在1950年3月撰写的回忆录中，前田精特意夸大了他本人及其领导的海军武官府与苏加诺个人的亲密关系和日本人对印尼独立事业的贡献。脱离军界后，前田精一直想重返印尼，寻找开发石油的商业机会[2]，然而自1957年两国正式建立外交关系起，双方围绕战争赔款问题陷入了旷日持久的谈判。尽管苏加诺总统曾在1958年2月访日时特意会见了这位老朋友，但对前田精和西岛重忠、三好俊吉郎三位前日本殖民官员陆续发表的回忆录非常不满，并在1959年8月17日的国庆纪念演讲中驳斥了其所谓印尼民族独立乃日本人缔造的说法，否认了日本人对印尼民族独立的贡献。[3] 1961年6月苏加诺总统再度访问日本时又一次会见了前田精和两位前日本占领军军政监部部长今村均和山本茂一郎[4]，并允许前者重返印尼从事石油的合作开

---

[1] Robert Cribb, "Avoiding Clemency: The Trial and Transfer of Japanese War Criminals in Indonesia, 1946-1949", *Japanese Studies*, Vol. 31, No. 2, September 2011, p.166.
[2] V. Liebermann, M. C. Ricklefs (ed.), *The Encyclopedia of Indonesia in the Pacific War: In Cooperation with the Netherlands Institute for War Documentation Handbook of Oriental Studies. Section 3 Southeast Asia*, Vol.19, Amsterdam: Brill, 2009, p.545.
[3] Kevin Blackburn, "War memory and nation-building in South East Asia", *South East Asia Research*, 18(1), p.24.
[4] Masashi Nishihara, *The Japanese and Sukarno's Indonesia: Tokyo-Jakarta Relations, 1951-1966*, Honolulu: University Press of Hawaii, 1976, p.218.

发。随着日本在印尼特别是原材料方面投资规模的不断扩大，两国关系进入了一个友好时期。但是，对日本经济渗透的怨恨导致了1974年马拉利事件的发生，1989年两国在阿山精细铝资源分配问题上爆发了纷争，20世纪90年代亚洲金融危机之后，日本在印尼的经济领导地位逐渐趋于衰落。从精神和感情方面看，源自日据时期对日本人的极度不信任构成了20世纪五六十年代印尼对日外交的基石，这表明两国在经济方面的密切联系并没有消除印尼人心头对日本扩张主义政策的担忧。1966年政变之后，印尼人更是把日本视为"严重的威胁"。面对日本的经济援助，1973年，与苏哈托总统关系密切的一位军事顾问曾说，日本人"既能让我们活过来也能让我们死去"，另一位军队领导人则说"我们正在经历所谓的日本第二次侵略……日本想要控制我们"。在普通印尼人心目当中，日本人"残酷、富于攻击性、不可理喻"，很多人认为"日本并非真想要看到印尼成为一个强大的国家"。[1] 1991年秋天，日本天皇明仁对马来西亚、泰国和印尼进行了一次史无前例的访问，三国官方均对天皇此行表示欢迎，然而雅加达的一家有影响力的报纸却发表了一篇题为《伤口愈合了，但伤疤还在》[2]的社评，文章题目深刻地表达了赢得民族独立之后的印尼人在面对日本和日本人时心头涌起的悠长的记忆和持久的创伤。1961—1964年，当安德森第一次踏上印尼这片饱受殖民主义蹂躏的土地时，印尼和日本两国为彼此经济

---

[1] Franklin B. Weinstein, *Indonesian Foreign Policy and the Dilemma of Independence*, Jakarta/Kuala Lumpur: Equinox Publishing, 2007, pp.97-102.
[2] "Modern Japan and Indonesia: The dynamics and legacy of wartime rule", p. 14.

发展的需要所营造的友好气氛让这位西方左翼知识分子错误地认为这个前殖民地国家与其前宗主国之间已经达成了完美的政治和解，以至于在远离印尼长达8年后出版的《革命时代的爪哇青年》一书中，他非常轻率地把印尼民族主义的历史解释为只有在日本殖民政府帮助的前提之下才能成就的伟业，而且断定两国在殖民时期奠定的文化联系必将有助于双方日后保持友好的关系（*JTR*: 46）。在此，安德森不仅将前田精及其翻译和助手西岛重忠这些多少倾向于左翼民族主义的日本军官，以及今村均、山本茂一郎、西村乙嗣及其助手三好俊吉郎等一伙始终在印度尼西亚群岛顽固执行"大东亚共荣圈"军事和文化政策的军事官僚想象成印尼民族主义的同情者和支持者，甚至想象成像安德森自己那样的"印度尼西亚民族主义者"，这种与日本殖民者的政治立场不加区分的殖民想象本身对印尼人来说就是一种伤害。

让我们再次回到1945年8月15日前后印尼独立的前夜。根据时任军政监部总务部长西村乙嗣战后在军事法庭的供状，他的上司、军政监部部长山本茂一郎在15日上午根本就不愿接待急于得到日军投降确切消息的苏加诺和哈达（*JCI*: 256）。然而山本自己却在1979年接受采访时声称日本军政当局在印尼独立运动中起到了重大作用，还不无虚伪地说15日那天假如是他而不是西村接待苏加诺和哈达的话，他就会给这两人一个更加"灵活"的说法。山本此举不仅与西村撇清了关联，还将后者不支持印尼独立的原因归结为其在印尼任职时间太短（参看 Sukarno-Hatta: 242–243）。16日下午，从冷卡斯登歌罗军营返回雅加达的苏加诺和哈达曾登门求见西村乙嗣，他们以青年组织有可能发动暴动为由请求日方同意他们立即宣布独立，但却遭到了西村的断然拒绝。不仅如此，后者在1946年的供状中还承认自己当时还以"如果局势发展不尽人意，（日军——引者）除了武力镇压之外别无选择"（Sukarno-Hatta: 238）之语相威胁。据当日参加会见的翻译官中谷回忆，西村同样拒绝了苏加诺和哈达立即召集独立筹备委员会会议的请求，但他同时暗示假如会议采取"私人聚会"或"茶话会"的方式进行，他将不予干涉。基于西村本人的回忆，安德森认为他曾经"默许"苏加诺和哈达在独立筹备委员会会议框架之外自行宣布独立的做法"代表了[日本军方的]一种可以接受的妥协"，并进一步解释道，"也应当铭记，西村代表着第16军（日本占领军——引者）中一个相当大的群体，他们现在（即1945年8月15日前后——引者）极为同情印尼的独立追求，遵照小矶国昭宣言和日本'大东亚共荣圈'的整个意识形态理念，他们感到对印度尼西亚人怀有一种强烈的道德义务"（*JTR*: 80）。然而，西村乙嗣本人却在1983年的访谈中明确否认自己曾在1945年8月16日那天面对苏加诺和哈达有过任何暗示，注意此时距对西村的审判已有将近30年之久，他完全没有必要隐瞒自己那时的真实想法。他虽然承认当时的确感到印尼人有权要求独立，但认为日本军方根本不应在此事上置喙（参看Sukarno-Hatta: 242）。西岛重忠并没有参与此次会见，有关西村默许苏加诺等人宣布独立的说法只是他从其顶头上司，即在8月16日陪同苏、哈二人面见西村的前田精那里道听途说而来的，但是在1984年进行的一次访谈中，西岛却一口咬定西村拒绝给印尼人提供任何帮助（参看Sukarno-Hatta: 243）。同一位西岛在1975年出版的回忆录中承认，1951年印尼政府因敏感原因拒绝为其发放赴印尼探亲访友的签证，这促使他在回忆录中有意"提醒"印尼政府，日本在印尼独立过程中起到了重要的作用。[1]尽管如此，前田精、西岛重忠、中谷义男和时任第16军作战参谋的宫本静雄的回忆录[2]出版之后，所谓西村乙嗣"暗示"和"默许"苏加诺和哈达两位印尼民族主义领袖按照自己的方式宣布独立的观点逐渐在西语历史文献中流行起来，变成了印尼和日本双方在20世纪五六十年代为恢复两国经济往来有意制造出来的历史依据，这突出地反映了那个时代在前日本殖民官员和日本学者中流行的一种思想、宣传和道德绑架倾向：是日本引导印尼人走向了独立，并且帮助他们制定了独立宣言，印尼的著作家们不应该出于维护其民族尊严的目的"掩盖这些历史事实"。[3]

作为一个西方左翼知识分子和印度尼西亚专家，安德森不自觉地陷入"大东亚共荣圈"这一日本殖民主义意识形态陷阱当中，认为苏加诺与哈达在8月17日正式宣布印尼独立的行为"允许（日本）高层军事当局同时履行了其（对印尼的）道德义务和对东京负有的法律责任"（*JTR*: 80）。这

---

[1] 详见西嶋重忠『証言インドネシア革命—ある日本人革命の半生』，東京：新人物往来社，1975, Qt. Anthony Reid, "Indonesia: From Briefcase to Samurai Sword", in Alfred W. McCoy (ed.), *Southeast Asia under Japanese Occupation*, New Haven: Yale University Press, 1980, p.26。
[2] 宮本静雄『ジャワ終戦処理記』，東京：ジャワ終戦処理刊行会，1973。
[3] "Indonesia: From Briefcase to Samurai Sword", p.26.

种在日本和印尼之间通过"跨民族的民族主义政治情感认同"制造的文化(精神)和政治共同体,正如印度历史学家帕特拉·查特吉所言,是资本在"空洞和同质的时间"中将西方历史"去地方化"[1]之后出现的普遍历史当中产生的乌托邦。[2]如果说在查特吉看来,这个乌托邦的源头在西欧的现代性及其制造物——经典民族主义那里,那么在"大东亚共荣圈"意识形态构架中,日本的现代性及其民族主义则是一种强制性的、无法摆脱的精神控制和政治暴力,上述殖民性力量也左右了安德森对印度尼西亚民族主义的想象,在这里,我们可以套用查特吉用来批评安德森将反殖民民族主义视为欧美经典民族主义塑造物的话来说:"日本这个历史的真正主体立足于印度尼西亚,不仅构想出了对殖民地的启蒙和剥削,也构想出了后者反殖民主义的抵抗和后殖民的苦难。他们的想象必然永远是被殖民了的想象。"[3]这里的"他们"并非是指印度尼西亚人民,而是像安德森这样罔顾印尼人民真正的集体认同和主权认同的理想化和浪漫化的西方知识分子。对于印度尼西亚人来说,正如亲身经历1945—1946年民族革命的印尼著名历史学家拉皮安(A. B. Lapian)1995

---

[1] 西方"去地方化"是指将在近代西欧特定地方(空间)发生的特殊历史形态抽取掉其地方性和历史性,使其变成了涵盖和适用于亚洲、非洲和世界上其他地方的普遍历史形态,我在这里反用了查克拉巴迪的"地方化欧洲"概念。参见 Dipesh Chakrabarty, *Provincializing Europe: Postcolonial Thought and Historical Difference*, New Jersey: Princeton University Press, 2009。
[2] Partha Chatterjee, "Anderson's Utopia", in *Grounds of Comparison: Around the Work of Benedict R. O'G. Anderson*, ed. Pheng Cheah and Jonathan Culler, New York/London: Routledge, 2003, pp. 161-170.
[3] Partha Chatterjee, *The Nation and its Fragments: Colonial and Postcolonial Histories*, New Jersey: Princeton University Press. 1993. p.5.

年4月在东京大谷大学举办的一次演讲会上所言:"赋予印尼国家生命的独立宣言完全是印度尼西亚人的事情,除了个别的同情者之外,日本占领当局仿佛就是一位漠然视之的旁观者而已。官方从一开始就没有打算赋予印尼人政治自由的意图。"[1] 8月16日下午,在请求西村乙嗣同意宣布独立之前,苏加诺等印尼民族主义领导人无视日军同意与否,已经提前指派苏巴佐邀请独立筹备委员会成员开会。卡辛更是指出,无论爪哇青年组织发动起义与否,他们都准备冒着被日军血腥镇压的危险宣布独立(参看 Sukarno-Hatta: 239)。以日本东南亚殖民史研究著称的历史学家后藤乾一表明,日本在印尼的殖民统治于1945年8月5日前后经历了一个180度的转向。在此之前,殖民当局不断向印尼人灌输"命运一体"的观念,并在"大东亚共荣圈框架下许诺他们独立",争取印尼人的忠诚和屈服以便对西方殖民者展开"圣战";在此之后,日本人则宣称"日本与印尼的独立毫不相干",声称假如卷入印尼的独立就会伤害其民族尊严、违抗盟军要求保持其政治现状的指令,进而扰乱其民族政治。[2]

安东尼·里德将日本殖民风格的突然转换形象地称为"从公文包到武士剑"。那么,究竟有多少在爪哇的日本人同情、支持乃至于效忠独立的印尼共和国呢?根据后藤乾一援引宫本静雄的统计,在爪哇的70000名日本人中有98%遵

---

[1] A. B. Lapian, "Personal Reflections on the Japanese Occupation in Indonesia", *Southeast Asian Studies*(東南アジア研究), Vol. 34, No. 1, June 1996, p.222.

[2] Goto Ken'ichi, "Caught in the Middle: Japanese Attitudes toward Indonesian Independence in 1945", *Journal of Southeast Asian Studies*, Mar., 1996, Vol. 27, No. 1, The Japanese Occupation in Southeast Asia (Mar., 1996), pp.48-49.

守帝国的命令"秩序井然"地返回了母国。在不同程度介入印尼独立战争的日本占领军第16军当中，拥有少校即少校以上军衔的军官中没有发现叛国者，其原因是他们接受过严格的军事训练，服从组织精神，并且对祖国拥有强烈的归属感。持"民族联合"态度的人在非军事人员和军事人员中所占的比例分别只有0.47%（约85人）和0.39%（约195人），前田精和西岛重忠等人只能归于后一类别，其"民族联合"的态度也仅止于支持印尼在"大东亚共荣圈"框架下取得"半独立地位"而已。[1]真正投身于印尼独立和解放事业的日本人则为数极少，市来龙夫和吉住留五郎是其中最为著名的代表，他们共同对日本殖民政府的转变持批评态度，并且毫无保留地认同印尼人的独立欲望。两人分别供职于卫国军宣传部和海军武官府，通过各自的工作接触到了普普通通的印尼士兵和平民，倾向于亚洲团结的意识形态。他们又一同被荷兰殖民政府视为与日本南进政策有关系的"不受欢迎的人"。印尼宣布独立之后，市来龙夫并没有遵守帝国的命令，反倒抛弃了自己的祖国，化名阿布杜·拉赫曼参加了抵抗荷兰侵略者的游击战直至牺牲。[2]后藤乾一这位颇富正义感的日本历史学家提醒我们，理解日本东南亚战争的后果和遗产应具备两个前提条件：其一，必须正确认识日本占领之前印尼民族主义运动三十年以来的历史和已经取得的成就，正如阿尔弗雷德·麦克考伊所言，不是日本操控了东南亚精英，而是

---

[1] "Personal Reflections on the Japanese Occupation in Indonesia", p.222.
[2] "Caught in the Middle: Japanese Attitudes toward Indonesian Independence in 1945", p.47.

"东南亚精英操控了日本";其二,必须铭记,日本占领东南亚的主要目的是为了夺取其原材料和劳动力。即便是日本解放亚洲的许诺和其他实践取得了一些积极的结果,这也只不过是为了达成其真实目标而制造的借口而已。因此,"那种认为东南亚国家赢得独立是大东亚战争理想的实现,认为日本的占领或者日本通过自我牺牲造福于它们的过于粗浅观点是倒果为因的做法"(MJI: 550)。

自由帝国主义与殖民地民族主义

1963年2月2日,在接受印度尼西亚大学授予其荣誉学位的仪式上,苏加诺总统面对前来观礼的众多欧洲使节,竟然称赞起阿尔道夫·希特勒的"英明"及其领导的德意志民族主义。这位演说家惟妙惟肖地模仿希特勒的口吻,号召其德国同胞共同建设第三帝国,"在第三帝国,你们将过上幸福的生活","你们德国爱国者将会看到德国越过世界民族之巅而加冕"。[1]作为印尼领导人,苏加诺此番言辞丝毫也不顾忌萦绕在老欧洲人心头的法西斯梦魇,这不仅让人感到"震惊和难以置信",甚至连在现场担任翻译的安德森也感到一阵"眩晕"。在1945—1946年民族革命怒潮席卷印度尼西亚群岛之前,人们一直认为宽容和温顺是印尼人突出的民族性格。在长达数百年的殖民统治中,荷兰殖民者和历史学家们

---

[1] Benedict R. O'G. Anderson, *The Spectre of Comparisons. Nationalism, Southeast Asia, and the World*, New York: Verso, 1998, p.2. 后文出自同一著作的引文,将随文标出该著简称 *SC* 和引文出处页码,不再另注。

相信印尼人正如《圣经》中摩西带领的以色列人那样是"大地上最驯顺的民族"(zachtmoedigste volk teraarde)。[1]在20世纪60年代初对爪哇民间文化和神话的研究中,安德森认为哇扬皮影偶戏体现了爪哇人对人类多样性和人格真正的尊重,它植根于其有关自然和人世万物相接的独特经验,爪哇文明由此发展出了一种以宽容为特色的伦理、道德和哲学观念。[2]格尔茨和瑞克莱夫同样认为基于宇宙和谐的世界观,印尼人先后拥抱、接纳和吸收了佛教、印度教、伊斯兰教和儒教诸多因素,形成了一种将人生的神秘主义体验与多样的宗教礼仪融合为一体的精神创造方式,这一被瑞克莱夫称为"神秘的综合"的精神构成了跨历史的爪哇身份认同[3],其宽容精神不仅仅局限在宗教,而且成为印尼传统思想、社会、政治和法律制度的基本特征。20世纪60年代中期以来,在反对苏加诺和苏哈托颁布执行的《亵渎法》(1965)的浪潮声中,印尼的宗教多样性与讲求宽容的历史为之提供了重要的合法性。[4]对安德森而言,尽管苏加诺在1963年的演说中对希特勒的称颂略显突兀,但在不久后发表的《爪哇的神话和宽容》(1965)一书中,他仍旧在约翰·斯麦尔[5]首倡

---

[1] Van der Wal, S. L. (ed.), *Officiële bescheiden betreffende de Nederlands-Indonesische betrekking 1945-1950*, Vol. I. R. G. P. Kleine serie 36. The Hague, 1971, p.410.
[2] Anderson, Benedict, *Mythology and the Tolerance of the Javanese*, Jakarta: Equinox Publishing, 2009, p.45. 后文出自同一著作的引文,将随文标出该著简称 *MTJ* 和引文出处页码,不再另注。
[3] M. C. Ricklefs, *Mystic Synthesis in Java*, Wast Bridge: Norwalk, 2007, pp.221qq.
[4] Melissa A. Crouch, "Law and Religion in Indonesia: The Constitutional Court and the Blasphemy Law," *Asian Journal of Comparative Law*, Volume 7, Issue 1, 2012, p.23.
[5] John R. W. Smail, "On the Possibility of an Autonomous History of Modern Southeast Asia", *Journal of Southeast Asian History*, Volume 2, Issue 01, March 1961, pp.72-102.

五　自由帝国主义与民族主义

的地方社会与文化视角之下，将宗教和道德的宽容视为爪哇或者印尼的民族特性，促使安德森的态度发生重大转变的直接原因则是1965年的印尼政变。

我们发现在《印度尼西亚的政治语言》（1966）[1]、《爪哇文化中的权力观念》（1972）[2]和《克里斯马再探》（1985）[3]等著述当中，作者对印尼传统中暴力文化根源的讨论代替了其先前对爪哇传统宽容美德的推崇。安东尼·里德在回忆安德森的文章中说，在经历了"亲印尼的天真态度受到1965年政变的震颤"之后，安德森转向了从暴力角度"重估印尼的革命与民族主义"。[4]回过头来看，安德森在政变前一系列著作当中之所以强调爪哇传统文化的连续性，目的是在尝试为苏加诺时期印尼现实政治状况中体现出的"进步性"提供解释。在政变发生之后，他密切关注着主导印尼政治生活的军事精英集团的动向[5]，并对这个被他视为初恋的国家的前途和未来持一种悲观和担忧的态度。[6]道格拉斯·卡门细心地观察到安德森有意选择在印尼三次大选（1971、1977、1982）举行前夕分别撰写了三篇非常有政治针对性的文章，

---

[1] Benedict R. O'G. Anderson, "The Languages of Indonesian Politics," *Indonesia* 1 (April 1966): 89-116.
[2] Benedict R. O'G. Anderson, "The Idea of Power in Javanese Culture," in *Culture and Politics in Indonesia*, ed. ClairHolt, 1-69. Ithaca: Cornell University Press, 1972.
[3] Benedict R. O'G. Anderson, "Further Adventures of Charisma", in *LP*, pp.123-151.
[4] Anthony Reid, "Ben Anderson and Indonesia—an Appreciation", at https://www.ssrc.org/pages/ben-anderson-and-indonesia-an-appreciation/, retried at 15/08/2020.
[5] 1970年至1999年，安德森先后在康奈尔大学主办的《印度尼西亚》杂志上连续发表了15篇题为《有关印尼军事精英现状的资料》（"Current Data on the Indonesian Military Elite"）的文章。
[6] Benedict R. O'G. Anderson, "Indonesia: United against Progress," *Current History* 48, 282 (1965), pp.75–81. "Indonesia's Uncertain Future," *Current History* 57, 340 (December 1969), pp. 355–360.

讨论了"推动印尼革命发生的理想与制约其进步的权威和权力结构之间的关系"(World: 20),作者试图介入和影响当下印尼国内政治进程的愿望非常明显。

20世纪60年代初到印尼的安德森,在苏加诺广场上目睹了以佛教史诗《摩诃婆罗多》为题材的哇扬戏诸多主要角色的生动表演,这促使他以该艺术形式表征出的政治美德来解释苏加诺治下印尼平民政治的文化根源。在他看来,哇扬戏传统作为"一种几乎被普遍接受的、能够调动演员和观众深刻的情感与思想忠诚的宗教神话"(*MTJ*: 5)在西方久已消亡,而它却能够在(东西方——引者)现代民族国家内部起到黏合剂的作用。哇扬戏目中角色模型的巨大多样性"为能够形成广泛比照的多种社会和心理类型的相互共存提供了真实的合法性。换言之,一种形塑和贯穿整个爪哇传统的神话传说培育并保持了宽容的精神"(*MTJ*: 26)。然而具有讽刺意味的是,安德森对哇扬皮影偶戏乃至整个爪哇传统的文化阐释并非源自自己的田野调查,而是不加批判地承袭了荷兰殖民者的语文学观点。他并不讳言荷兰爪哇语文学家台奥尔多·庇古(Theodoor Pigeaud)的经典著作《爪哇的民间表演艺术》(*Javaanse Volksvertoningen*, 1938)[1]使他"爱上了爪哇文化"(*Boundaries*: 52)。在《爪哇的神话与宽容》一书中,阿居纳(Arjuna),一个将"姿态的优雅和心灵的柔软"融为一体从而备受后世推崇的旧爪哇人的完整代表和

---

[1] G. W. J. Drews, "In Memoriam: Theodoor Gautier Thomas Pigeaud: 20 February 1899-6, Maart 1988", in *Bijdragen tot de Taal-, Land-en Volkenkunde*, Deel 145, 2/3de Aufl. (1989), p.207.

傀儡子的形象（*MTJ*: 71）直接取材于雅克布·卡茨（Jacob Kats）关于哇扬戏的著作。这位荷兰中学教师曾在中爪哇地区定居长达数十年之久，他与梭罗王室的旺古尼嘉兰七世王子合作编辑和撰写了多部有关爪哇表演艺术和文学的著作。作为爪哇皇室和贵族，旺古尼嘉兰对哇扬皮影偶戏的阐释却深受在殖民时代的思想界影响甚巨的西方神智学社（Theosophical Society）的影响。神智学社是1875年在纽约成立（数年后迁至印度马德拉斯附近的阿迪亚尔）的一个思想组织，它吸收了吠檀多、大乘佛教、犹太教神秘主义卡巴拉和伊斯兰教苏菲主义等多种东西方宗教因素，将包括自然和人类社会在内的、已知和未知的所有存在视为在宇宙规模上展开的智性演化过程，人类在地球上的演化只是宇宙整体演化过程的一部分，它受到一个隐藏起来的精神等级秩序的监控，其中最高的精神存在被称为"古老智慧大师"。[1]神智学社的创立者分别是乌克兰神秘主义哲学家海伦娜·布拉瓦茨基、美国军官和记者亨利·斯太尔·奥尔科特和爱尔兰神秘主义者及律师威廉·关·贾奇，其核心宗旨之一便是"形成一个涵盖全人类范围的世界兄弟会，其中不分种族、信仰、性别、阶层和肤色的差别"[2]，这种融合主义及其对爪哇文化的阐释显然符合爪哇王室和以温和著称的荷兰殖民政府的利益。因此，神智学社标举的跨越东西方宗教的神秘主义

---

[1] Helena Blavatsky, *The Secret Doctrine: The Synthesis of Science, Religion, and Philosophy*, Vol. I: *Cosmogenesis*, London, The Theosophical Publishing Company, 2010.
[2] "Three Objects of the Theosophical Society", at https://www.ts-adyar.org/content/mission-objects-and-freedom, retried at 15/08/2020.

成为爪哇上层贵族与荷兰精英超越殖民主义造就的不平等关系之上的共同思想领地,"爪哇宫廷、正在成长中的贵族官僚精英与荷兰殖民者的联系并非偶然"。[1]

基于以上思想联系,20世纪70年代在爱德华·萨义德解构"东方主义"方法的影响之下,许多学者在政治层面上认为无论是西方的印尼学家还是印尼本土的传统主义者,他们"对包括神秘主义在内的爪哇传统的理解是荷兰语文学的一种建构"(Deconstruction: 54)。20世纪60年代就已经有人揭示出印尼精英、荷兰的语言教育和印尼民族主义三者在构成和取向上的关联,后来的研究者则更加倾向于主张"民族精英深深地受到了殖民主义的形塑,他们对地方历史的看法在很大程度上要归功于荷兰的学术研究","本土学者对印尼神话进行的神秘主义阐释被当作西方神智学社的虚构加以抛弃,而当代政治哲学范围内对印尼传统的指涉几乎仅仅被解读为当权者犬儒主义的操控策略"(Deconstruction: 54)。这个结论同样适用于安德森对爪哇传统文化的研究。他从微观世界与宏观世界的对应解读哇扬戏角色——傀儡子人格与爪哇宇宙观之间的同构关系,将爪哇传统权力的具体性与西方传统权力的抽象性对立起来,视前者为充斥宇宙的"不可触摸到的、神秘的和神圣的"与"创造性的能量"(*LP*: 22)之一部分,进而将苏加诺总统作为民族领袖所具有的超凡魅力(charisma)归结为宇宙能量在其个人身上的集聚和以其为中

---

[1] Paul Stange, "Deconstruction as disempowerment: New orientalisms of Java", *Bulletin of Concerned Asian Scholars*, 23:3(1991), p.64. 后文出自同一著作的引文,将随文标出该著简称 Deconstruction 和引文出处页码,不再另注。

心的发散（*LP*: 74qq.）。上述种种见解根本无法摆脱荷兰殖民者和印尼本土知识分子精英在神智学认识论制约下的爪哇想象。1942年之后，为了推行"大东亚共荣圈"的殖民计划，日本殖民政府号召印尼人反抗和驱除荷兰殖民者带来的偏重物质的西方价值，然而让人感到啼笑皆非的是，荷兰历史学家和语文学家在日军占领岛国之前早已制造了一种符合其殖民利益的"唯灵主义"和神秘主义的爪哇文化传统。爪哇的文化传统在被荷兰和日本轮番建构的过程中沦为了两个殖民宗主国之间进行政治论争的工具，其真实的面目却隐而未显。在20世纪60年代"语言学转向"的学术氛围当中，格尔茨率先将索绪尔的符号学和由乔治·赫尔伯特·米德及吉尔伯特·莱尔等英美分析哲学家奠定的语义学运用到了对爪哇宗教和文化的研究方面[1]，形成了别具一格的"阐释人类学"方法，其根本特征在于将整个文化现象视为符号系统，它的意义只存在于符号与符号的复杂关系之中。具体到对哇扬戏的阐释方面，无论是格尔茨本人还是追随其阐释人类学方法的安德森，以及其他国外和本土观察者，都过于关注角色的符号交流及其所表征的语言、社会和文化结构及由此生成的意义，而无法触及和领会在语言、知识和思想之外的爪哇人的"神秘的""宗教性的"内在生活，符号系统这一结构主义认识论工具限制了人们对爪哇人的真正了解（参看Deconstruction: 62）。另一方面，作为外部观察者和认识

---

[1] Clifford Geertz, *The Religion of Java*, Chicago: University of Chicago Press, 1976 (1st.ed.1960).

中介，爪哇文化的阐释者们本身就处在殖民情境造成的不平等权力等级当中。倘若他们没有清醒地意识到这一点，并在自我与他者、观察者与被观察者、表征者与被表征者之间保持一种列维-斯特劳斯所说的人类学距离[1]，就会落入殖民想象的陷阱当中，结果不但削弱了自身的观察力，而且贬低了本土被表征者的自发性和创造力，这是殖民主义"形塑和怂恿"的一种对爪哇传统的理解方式（参看 Deconstruction: 62）。保罗·斯坦格指出，"趣味"（rasa）作为爪哇文化中同时包含情感和思想、头脑和心灵的精神和经验维度，恰恰是外部观察者的盲点所在（参看 Deconstruction: 60），然而它却是进入爪哇人内在生活的基本途径。与西方观察者习惯于将精神世界与物质现实分离开来的做法相悖，"趣味"表现在爪哇人日常生活的言谈举止（例如玩笑、对政治人物的臧否等等）以及音乐、舞蹈和哇扬皮影偶戏当中，尽管普遍认为能够表现"趣味"的哇扬戏题材和形式源于古代印度的摩诃婆罗多故事，但是后者在哇扬戏中如何得以"地方化"，换句话说，爪哇人的创造性体现在如何运用它达到自身的目的，例如运用哇扬戏这一文化媒介召唤起诸如"身份""权威""控制""意识"和"屈从"之类能够揭示权力与自我之间的博弈的爪哇思想[2]，这远比西方殖民者、本土统治精英和像安德森一样不自觉地模仿前两者简单地将哇扬戏当作工

---

[1] Abderramane Moussaoui, "Observer en Anthropologie: Immersion et Distance", *Contraste*, No.36(2012), pp.29-46.
[2] Ward Keeler, *Javanese Shadow Plays, Javanese Selves*, New Jersey: Princeton University Press, 1987, p.239.

具并期望从中观察当地民风的善恶或者获取政治信息的做法要复杂和高明。

一旦我们试图摆脱殖民者对爪哇传统的想象，爪哇或者印尼社会的复杂性就展现在人们面前：在印尼宗教和神话当中，残酷的暴力与温和的宽容并行不悖。就在"九三〇运动"打破安德森对印尼朦胧的"初恋"之际，曾经在爪哇有过四十多年传奇经历、对殖民时代前后的爪哇文明耳熟能详的克莱尔·霍尔特[1]提醒安德森，"爪哇神话中最令人喜爱的部分莫过于摩诃婆罗多故事的一个本土化版本，故事的高潮是在近亲之间展开的一场疯狂的血腥残杀。这让人最终发现最喜爱的人反倒是一位谋杀者"（*LP*: 6）。在为数众多的哇扬皮影偶戏故事和历史纪事中，安德森发现，目睹王朝腐败的内幕并大胆预言其必将衰落的旁观者往往会遭到统治者的无情惩罚："旁观者被抽打、摧残或者被置于死地。然而被施之以暴力本身就是旁观者的预言得到验证的符号，而统治者诉诸暴力的行为则表明他已经任由其暴虐的激情所支配。"（*LP*: 63-64）爪哇神话故事和哇扬戏所表征的绝非仅仅是这个民族在宗教和道德上的宽容，上述场景也为安德森提供了其多年来孜孜以求的有关"九三〇运动"的暴力根源。一位可靠的目击者在回忆中这样描述当年七位将军在哈利姆空军基地被总统卫队谋杀的场景：他们被当作犯人对待，"一些满脸血污的人被背了起来。有两人坐在那里，双手被捆绑在

---

[1] 关于霍尔特在印尼的传奇经历，详见 Benedict R. O'G. Anderson, "In Memoriam: Claire Holt", *Indonesia*, No. 10 (Oct. 1970), pp. 190-193。

一起，眼睛蒙上了红布"。凌晨6点半，伴随"消灭不信神者"的尖叫声，"有人从帐篷里把他们一个个背了出来并投到了井里，紧接着一位肩上绣有两条白带的空军士兵拿起自动步枪朝井里一阵猛烈扫射。之后又有一名双手被捆绑、眼蒙红布的人被投入了井里，接着又是一阵扫射"。就在这位目击者惊恐万分之际，一个总统卫队的士兵前来安慰他道："不必害怕，我们是奉总统之命杀掉他们的，因为他们都是将军会议的成员，企图在建军节当天谋杀总统。如果我们不提前行动，他们就会杀掉总统。你知道总统卫队的任务就是保护总统。"[1]这段证词使我们强烈地感到了参与政变的不同派别的军人集团彼此之间怀有的深刻敌意，而"指导民主"时代晚期的印尼社会到处笼罩着种种政治敌意：经济萧条、通货膨胀、粮价上涨和生活水平普遍下降，加之1959—1960年印尼共产党在农村单方面强行推行大规模均粮和土改运动招致了分别代表官员、平民、军人和土地贵族利益的乌理玛复兴党（Nahdlatul Ulama）和印尼民族党的敌视（LP: 109）。苏哈托政府正是利用了当时在印尼社会各个阶层普遍存在的相互怀疑和敌视态度，使人们轻而易举地相信了印尼共产党才是政变的幕后主使，并为接踵而至的针对众多左翼人士的大规模屠杀找到了借口。[2]

印尼民族主义并非欧洲意义上的世俗化运动，而是建立在由国家制定和维护的一种包容伊斯兰教、佛教、基督教等

---

[1] *Sukarno and the Indonesian Coup. The Untold Story*, p.13.
[2] John Roosa, *Pretext for Mass Murder. The September 30th Movementand Suharto's Coup d'État in Indonesia*, Wisconsin: The University of Wisconsin Press, 2006.

一神论宗教信仰之上的民族主义（godly nationalism）。1945年6月1日，苏加诺总统在独立筹备工作调查委员会会议上发表了题为"潘查希拉的诞生"的演讲，在这篇具有印尼独立宪法意义的演讲中，"信奉独一无二的至高神明"[1]首次被确立为五项立国哲学原则即潘查希拉之一。从"指导民主"到"新秩序"时代直至今天，围绕此项原则的争论尽管从未间断，但其神圣性却从未有丝毫的减弱。[2]在印尼民族革命和独立建国的历史当中，无论是国家还是穆斯林世俗社会均将不认可真主安拉为最后一个先知，即不信一神教的阿赫迈底亚派视为异端加以排斥，然而对宗教异端的不宽容却恰恰构成了推动统一的印尼民族国家建设的"生产性"动力。[3]从1965年军事政变一直到20世纪90年代印尼国内持续发生的"兄弟相残"现象，促使研究者们开始深入反思爪哇传统文化的复杂性。安德鲁·贝蒂在《爪哇宗教的多样性》一书中质疑了格尔茨、安德森等印尼学者从神话和艺术的阐释中得出的所谓爪哇文化具备宗教和道德宽容及其"融合主义"的结论。格尔茨将"斯拉梅坦"（slametan，集体宴会）视为"世界上最普遍的宗教仪式的爪哇版本"，指出后者在爪哇宗教体系中占据着核心地位，"象征参与者在其中达成了神秘的和社会性的融合"。[4]贝蒂却并不认同这个观点，假如"融

---

[1] Sukarno, "Panca Sila", in Roger Smith(ed.), *Southeast Asia: Documents of Political Development and Change*, Ithaca/London: Cornell University Press, 1974, p.180.
[2] Michael R. J. Vatikiotis, *Indonesian Politics Under Suharto, The Rise and Fall of the New Order*, 3rd ed., London/New York: Routledge, 2003, pp.79qq.
[3] Jeremy Menchik, "Productive Intolerance: Godly Nationalism in Indonesia", *Comparative Studies in Society and History*, 2014;56(3): 591–621.
[4] *The Religion of Java*, p.10.

合主义的含义是指多种彼此不同的传统因素之间的系统性关联与对多元主义和文化差异做出的一种有序的回应",那么尽管"斯拉梅坦"的参与者将这个共餐仪式看成社会生活的一部分,认为它能够赋予其统一的爪哇身份的感觉,但是这一过程"没有定义出一种独特的共同体",因为其大量的言语表述和冗长的解释仅仅表明参与者获得了理解人类、神明和世界的共同视角,却无法"表征出任何一个人的特殊观点"。[1]一方面,"斯拉梅坦"仪式使每位参与者进入到了一个与超验的神明和其他参与者交流共通的情境,并借此意识到了自己的共同体成员身份;另一方面,每位参与者对同一个被贝蒂称为"多重象征"(multivocal symbol)的宗教仪式的理解各不相同,在这种特殊的情境之下,其内心深处的信仰无法得到表达。在"斯拉梅坦"达成的表面的、形式上的共识之下"隐藏着矛盾和分歧"(VJR: 51),因此所谓共识只是差异双方暂时达成的妥协和"休战"(truce)状态,而差异本身却并没有消失。贝蒂设想了一种格尔茨提及的拥有不同信仰取向的三人共同参与"斯拉梅坦"的情境:"一位虔诚的商人,一位信奉唯灵论的农民和一位神秘主义者共同坐在一张桌子前进餐,履行义务讨论彼此存在分歧的事情。他们之间可能会有什么样的共同点呢?什么事情能够保证他们满怀激情加以坚持的差异不会就此爆发为争执呢?"(VJR: 30)果真如此,通过"斯拉梅坦"宗教仪式弥合信仰差异

---

[1] Andrew Beatty, *Varieties of Javanese Religion. An Anthropological Account*, Cambridge: Cambridge University Press, 2003, p.25. 后文出自同一著作的引文,将随文标出该著简称 *VJR* 和引文出处页码,不再另注。

并以此作为"共融主义"和共同体精神资源的做法将无从谈起。1998年,在贝蒂描绘的"斯拉梅坦"盛行、具有"巫术货仓"之称的东爪哇巴纽旺宜市连续发生了蒙面武装分子猎杀巫师的事件,当地伊斯兰党派和公众媒体纷纷宣称这些遭到谋杀的巫师是伊斯兰教士。同年,在巴纽旺宜市附近的诗都文罗,一群身着统一制服的蒙面人发动了一场暴动,他们袭击了当地的基督教堂、学校和华人财产。[1]宗教和种族谋杀与暴动的频繁发生表明"斯拉梅坦"并没有使地方上拥有不同信仰的人形成爪哇人的身份认同和地方归属感。一方面,政府督促地方的人们要勇于面对和容忍彼此的差异;另一方面,爪哇地方的"融合主义"传统又不足以消除人们的普遍差异,这就是在苏哈托"新秩序"时代国家和地方之间形成的巨大鸿沟。因此西格尔指出,在国家尚未发明除地方"融合主义"之外的新的社会认同方式的状况之下,"斯拉梅坦"作为"机械的"和"被压制的差异认同"方式只能以暴力形式出现,它为1965年政变之后的大屠杀提供了合理的解释。[2]

如何思考遍布印尼群岛的文化差异及其导致的暴力与独立革命和民族主义之间的关系?假如"九三〇运动"之前,安德森相信经过反抗日本和荷兰殖民主义者的民族革命,印尼从此就会如取得民族独立战争胜利之后的爱尔兰那样走上

---

[1] 关于两地系列谋杀事件的实地调查和具体分析,详见 Nicholas Herriman, "Fear and Uncertainty: Local Perceptions of the Sorcerer and the State in an Indonesian Witch-hunt", *Asian Journal of Social Science*, 2006, Vol. 34, No. 3 (2006), pp. 360-387。
[2] James T. Siegel, "Varieties of Javanese Violence", *Indonesia* 69 (April 2000), p.201.

一条幸福之路。在此之后,他却发现在印尼革命和独立的历史背后隐藏着一个更为宏大的共同方案,这就是民族主义,唯有它才是印尼政治革命的真正动力,才能解释独立之后印尼国内为何会一再发生"兄弟残杀"的现象。民族革命要在想象领域里制造在民族外部的敌人——殖民者,民族主义却无法在后革命时代消除民族内部的普遍差异,并跨域不同的政治、宗教和种族界限形成一个建立在统一的爪哇人身份之上的共同体。安德森不愿采用经典马克思主义的史学方法,从经济和社会矛盾以及阶级利益冲突的角度寻找印尼革命的根源,而将其起因追溯到在日本殖民者奉行的民族主义教育之下成长起来的爪哇青年激进组织那里。在他的眼里,印尼民族主义从它产生那一刻起就带有与西方强调物质和技术方面的民族主义不同的精神主义特征;安德森之所以重视日本殖民者对印尼民族主义的贡献,原因在于他至少在20世纪70年代初期依然相信亚洲精神或者日本式的文化民族主义能够克服西方的殖民压迫。当查特吉指责安德森在《想象的共同体》一书中提出的民族主义理论忽视了亚非反殖民民族主义"内在的""精神文化领域"[1]时,我相信这位印度历史学家并没有对安德森早期的印尼民族主义研究给予充分的关注。在"九三〇运动"以及因"康奈尔文件"遭意外泄露被驱逐出印尼之后,安德森被迫将眼光投向了从马来西亚、菲律宾、越南、缅甸等东南亚国家出发波及南北美洲和欧洲所构成的全球史视野,直至此时方才渐渐摆脱了对印尼文化独

---

[1] *The Nation and its Fragments: Colonial and Postcolonial Histories*, p.6.

特性的迷恋。2001年，在为佩里·安德森主编的《新左派评论》撰写的回应查特吉的文章中，他相信东西方民族主义的差别无关紧要，"在亚欧民族主义之间做出的任何尖锐和确定的区别均缺乏任何有效性"。[1] 在上文提到的演讲中，苏加诺指出希特勒并不满足于将自己的民族主义理想仅仅建立在"物质基础"之上。为了平息其非道德的民族主义观点在欧洲外交官们心中激起的愤怒，安德森在苏哈托政府倒台的1998年发表的《比较的幽灵》一书的前言中，回忆自己当时是这样向一群面有愠色的欧洲人解释的："他（指苏加诺——引者）只是提醒自己的同胞，民族主义是与国际主义不可分割的普世现象。"（*Spectre*: 2）

令人遗憾的是，时隔35年后的他对这个细节的回忆并不可信，因为就在安德森刚刚开始被苏哈托政府禁止入境的1972年，他还在为苏加诺领导的民族主义道路的特殊性辩护。安德森说，欧洲的观察者只是在欧洲历史的参考框架中看待苏加诺的非道德民族主义言论，但是如若将其放置在"爪哇传统当中，那么苏加诺［对希特勒德国］的参考则是可以被冷静分析的"。安德森继续为苏加诺辩解道，作为一个左派领导者，他显然不会缺乏对希特勒德国道德问题的敏感和关注，而他之所以并未提及它的原因是"在爪哇的政治理论当中，政府的特定道德性（无论是在历史的还是在分析的范畴中）相对其权力方面而言实在是次要的。任何对其体

---

[1] Benedict R. O'G. Anderson, "Western Nationalism and Eastern Nationalism", *New Left Review*, 9 May/Jun 2001, p.42.

制的分析都应以希特勒身上拥有的一种'放射性的魅力'这一事实为核心和出发点"(*LP*: 31)。与这种态度形成鲜明对照的是安德森在1999年3月重返印尼后在雅加达婆罗浮屠宾馆所做的基调演讲中对苏加诺体制的强烈谴责。面对当时的印尼政府以1945年宪法(即上文提到的"潘查希拉")为依据反对东帝汶、亚齐和西伊里安查亚地区独立诉求的做法,安德森指责这部标志印尼独立运动的伟大成果、被树立为印尼建国基石的宪法是"一个渴望攫取权力的军人集团和威权不断增加的苏加诺总统结合而成的机会主义联盟的产物"。[1]从1961年初次踏上印尼的土地到1972年被禁止入境再到1999年重返印尼,安德森对印尼民族主义的阐释和评价经历了由钟爱、赞颂和辩护再到谴责的过程,导致其态度变化的根本原因是其试图将根植于爪哇文化传统中的印尼民族主义特殊道路确立为理解和阐释南北美洲、欧洲、亚洲其他地区和非洲乃至全球范围内自18世纪以来兴起的所有民族主义革命、独立和建国的模式。基于对安德森早期印尼民族主义研究的详细分析,我认为其在1983年首次通过《想象的共同体:民族主义的起源和散布》一书提出的一般意义上的民族主义理论是将印尼民族主义而非通常认为的美洲民族主义模式加以全球化、普世化和理论化的结果。

为什么是印尼民族主义而不是美洲民族主义的模式?在"新秩序"宣告终结的1998年撰写的回忆录当中,安德森

---

[1] Benedict R. O'G. Anderson, "Indonesian Nationalism Today and in the Future", *Indonesia*, No. 67 (Apr. 1999), p.6. 后文出自同一著作的引文,将随文标出该著简称 INTF 和引文出处页码,不再另注。

将苏加诺在35年前引起争议的那场演讲中所透露出来的民族主义理想看作是"与国际主义不可分割的普世现象",应该说这也是安德森本人的民族主义理想。印尼民族主义不同于希特勒德国之处在于,它既非种族主义民族主义,也并不反对社会民主主义和共产主义一贯奉行的国际主义原则,而是将左翼运动的国际主义原则与民族主义结合了起来:在国内,以承认民族自决权或者民族主权为前提建立统一的联邦制国家,在安德森的眼里,这是印尼民族主义的正当性所在;在国际上,受惠于日本殖民教育的印尼不应从一种孤立的民族主义立场出发继续敌视前者,而应当,事实上也必将会与其前宗主国保持密切的精神和文化联系。在我看来,这是"大东亚共荣圈"体现的以日本为主导的亚洲联邦主义("亚细亚主义")思想的延续,如同安德森的祖辈作为爱尔兰定居者在爱尔兰取得独立战争胜利后拥护英格兰主导的联邦主义一样。1999年,安德森在雅加达的演讲中公开承认印尼民族主义"在本世纪直至结束时依然是一个几乎是普世现象的例证"(INTF: 1)。然而事与愿违,他发现已经独立50年之久的印尼国家非但没有按照合法的民族主义理想在联邦主义道路上(INTF: 6)发展成为普世民族主义的典范,反倒成为一个像殖民时代晚期日惹王朝的蒂博尼哥罗王子一样的征服王朝。安德森一再提醒听众,尽管这位王子从20世纪50年代开始就被奉为印尼人心目中反抗荷兰殖民者的民族英雄,但他在自己的回忆录中所表露的政治目标却是"征服"爪哇(INTF: 1)。如果说蒂博尼哥罗王子征服的对象是爪哇岛,那么现在的印尼国家却是借爪哇民族主义之名对国内的东帝汶、亚齐和西伊里安查亚等少数族裔进行武力镇压。在安德森看来，国家与民族（主义）的强行结合使民族主义蜕变成以暴力为实现手段的排他性意识形态，最终使民族主义和国家的合法性受到挑战。

1965年之后，安德森放弃了格尔茨从印尼原始神话、宗教和艺术中寻求其民族根源的文化人类学方法，将印尼民族主义的根源锁定在殖民时代晚期的爪哇青年政治群体。在1983年的《想象的共同体》一书中，他肯定了爱尔兰、意大利等欧洲国家以及缅甸、马来西亚等殖民地国家青年群体在各自的民族主义运动过程中所发挥的积极政治意义（*IC*: 118qq.）。他否定了安东尼·斯密斯所谓民族主义源自远古族群的传统主义看法[1]，主张全球范围内的民族主义是起源于18世纪殖民时代的新现象，其动力来自代表"活力、进步和自我牺牲的理想主义以及革命意志"（*IC*: 119）的青年阶层。民族主义是他们试图挑战殖民地宗主国流行的旧君主统治原则之合法性的政治话语策略及其"共同的方案"（INTF: 4）。20世纪80年代初期，在经历了"欧裔海外移民民族主义"、印刷资本主义推动下的欧陆方言民族主义、"官方民族主义"和"最后一波"即反殖民民族主义四个阶段之后，民族主义似乎已经完成了自己的历史使命，应该有人出来为它树碑立传了。就在此时，安德森愉快地接受了弟弟佩里·安德森的建议，投入到了《想象的共同体》的写作当中，其"柔和、优雅和轻快"（OA: 30）的笔调仿佛让读者们感觉到

---

[1] Anthony Smith, *The Ethnic Origins of Nations*, Malden/Oxford/Victoria: Blackwell, 1986.

一个民族主义时代已经走向了终结。但是,如果我们放眼全球就会发现几乎与此同时,大量贫民从前殖民地国家涌向核心资本主义国家西欧、北美、日本以及其他亚洲新兴工业国家,人口和资金跨国流动的强度和规模纷纷突破了民族国家的界限和控制,这一方面导致苏联加盟共和国纷纷独立,产生了一系列领土狭小、经济脆弱的民族国家;另一方面,由于无力为其国民提供"繁荣、福利、安全、民族自豪感和国际承认",一些少数族群纷纷要求从所在的民族国家中分离出去。[1]此外,长年定居国外的移民在与国内亲朋好友之间通过飞速进步的通信技术展开频繁交流的基础上形成了后来被安德森称为"远距离民族主义"(*Spectre*: 58–76)的现象。自20世纪50年代独立以来,种族、宗教和意识形态的残酷斗争以及地方分离运动一直困扰着印尼政府,迫使它不断使用暴力来平息接连不断的谋杀、抗议和暴动。政府的上述行为甚至让安德森产生了"假如印尼民族主义不是面对远古的过去,而是面向现在和未来的共同方案,那么它便永远不可能完成"(INTF: 3)的想法。

在1999年雅加达演讲的结尾,安德森一方面呼吁印尼政治家、知识分子和一般民众共同面对"兄弟残杀"的历史,寻求被迫害者的宽容和谅解,确保不再发生类似于1965—1966年的大屠杀惨剧,欢迎这次政变中被谋杀者的遗骸和后裔重新回到民族主义的共同方案当中(INTF: 3);另

---

[1] Benedict Anderson, "Introduction", in Gopal Balakrishnan (ed.), *Mapping the Nation*, London /New York: Verso, pp.8-9.

一方面主张印尼政府主动放弃针对东帝汶、亚齐和西伊里安查亚的征服政策,在尊重印尼人普遍人权、族群权利和地区自治的基础上,修改1945年宪法成立印尼联邦。针对质疑联邦方案原本就是荷兰人制订的殖民计划或者是受外国启示、旨在肢解统一的印尼共和国框架的声音,安德森说:"在现今这个后冷战世界,还会有哪个外国人对这种肢解行为感兴趣呢?我想没有。"(INTF: 3)在此,我们不得不非常遗憾地指出,安德森对冷战后期印尼在亚洲乃至全球地缘政治中的地位和意义的忽视令人震惊,如同将胡志明领导的越共反抗美国在1965年2月借口东京湾事件发动侵略战争的行为称颂为民族主义的英雄主义而非"社会主义的英雄主义"(*LP*: 7)一样,安德森看不到这场"热战"背后印度支那地区复杂的意识形态和国际地缘政治格局[1];严重缺乏国际视野的弱点也反映在他抛开中苏社会主义阵营分裂的事实于不顾,将1979—1980年的中国、越南和柬埔寨三国间爆发的边境战争单纯视为民族主义战争(*IC*: 1)的做法中,我们知道,解读这场战争起源的冲动甚至成了他撰写《想象的共同体》一书的最初动因。单一的民族主义视野使安德森无法深入思考从"二战"尾声到冷战后期国际权力斗争在格局和形式上发生的一系列深刻变化。假如说安德森民族主义理想中的国际主义在20世纪60年代还意味着对民族主义普世

---

[1] 关于两次印度支那战争前后美国试图遏制共产主义在柬埔寨、老挝和越南三国扩张的战略利益以及上述三个国家对此做出的反应的分析,详见 Ronald Bruce St John, *Revolution, Reform and Regionalism in Southeast Asia Cambodia, Laos and Vietnam*, New York: Routledge, 2006, pp.1-19。

性的认可和对殖民地民族独立运动的支持，那么到了20世纪八九十年代特别是在新民族主义兴起之后则仅仅意味着要求所有的民族国家都尊重、认同和服从普遍人权这一普世化的"国际标准"，而这个标准实质上是地地道道的西方标准。[1] 20世纪60年代中期以来，安德森似乎越来越关心印尼、马来西亚、越南、缅甸和泰国这些新兴东南亚国家的人权状况，其热心程度远远超过了其对上述国家政治和文化生活其他方面的兴趣。1970—1980年，这位东南亚地区研究者先后多次出席国际人权理事会律师委员会、美国国务院和美国国会听证会，撰写了有关印尼特别是东帝汶人权状况的报告并连续对印尼政府提出了尖锐的批评；1976年春天，一批进步工人、农民组织和左翼学生与政治家遭到泰国政府的暗杀，安德森率先在《纽约时报》上发起签名抗议。[2] 在上述一系列公开演讲、报告和抗议书中，安德森不厌其烦地对主权国家展开规训，教导它们在普遍人权的旗帜下不断让步、退缩和屈服，其口吻和立场与源自维多利亚时代的英国并延续至今的以美国为首的大多数西方国家在应对战后新兴民族国家的分离运动时所奉行的"自由帝国主义"立场[3]并无二致。

---

[1] 普遍人权是1948年12月10日发表的联合国《世界人权宣言》的核心内容，这个宣言的起草过程是由西方国家主导的，详见Lydia H. Liu, "Shadows of Universalism: The Untold Story of Human Rights around 1948", *Critical Inquiry*, Vol. 40, No. 4 (Summer 2014), pp. 385-417.
[2] Benedict Anderson, "Thailand: The New Dictators", *New York Times*, November 2, 1976.
[3] 关于自由帝国主义在英国的产生和发展，详见Jennifer Pitts, *A Turn to Empire: the Rise of Imperial Liberalism in Britain and France*, New Jersey: Princeton University Press, 2005。

18世纪末,东印度公司开始逐步征服印度次大陆,然而其在第一阶段采取的粗暴治理方式不断引发地方暴乱。于是,一批英国自由主义者和英印殖民官员开始反对旧殖民主义的残酷和不义,尝试为英国殖民统治寻求新的道德基础,他们主张尊重印度人的情感、习惯和法律,改善他们的生活状况,希望在征得当地人同意的前提下建立一个"仁慈的政府",用艾德蒙·伯克的话说,就是"按照他们自己的而非我们的原则和行为准则"来治理印度臣民,"我们必须不能迫使他们接受我们狭隘的思想,而是扩充我们自己的思想直至将他们的思想接纳进来"。[1]不同于伯克对印度人的信任和同情,詹姆斯·穆勒认为应当抛弃威廉·琼斯和威廉·罗伯逊等英国东方学家塑造的一个"高度发达的印度文明"形象,指出其风俗和宗教中蕴含的"迷信和道德堕落"是导致印度社会"野蛮"和"停滞"的原因。詹姆斯的儿子,约翰·斯图亚特·穆勒分别把印度文明和印度人的心智定位为"野蛮"(savage/barbarian)和"未成年/童年"(nonage/children)状态,认为印度人尚不足以施以自由的教化和被赋予自治的权利。因此,查尔斯·格兰特主张必须借助于启蒙、传教和教育特别是英语教育手段才能使这个落后的种族得到改造、提升和发展,弥补和赎回英国征服印度的"罪责"(*AE*: 26–39)。然而,在1883年就一部试图将印度刑事程序法典的实施范围

---

[1] E. Burke, "Speech on Opening of Impeachment", 15 February 1788, Quoted from Karuna Mantena, *Alibis of Empire, Henry Maine and the End of Liberal Imperialism*, New Jersey: Princeton University Press p.24. 后文出自同一著作的引文,将随文标出该著简称 *AE* 和引文出处页码,不再另注。

扩大至在印度土地上生活的欧洲人的法案进行表决前后，建设"仁慈政府"的殖民政策陷入了危机。英印殖民地法律官员詹姆斯·斯蒂芬在《泰晤士报》上发表文章，指责自由帝国主义政策损害了英国"作为一个征服种族的优势地位、思想和制度"，在他看来，以先进的英国文明代替野蛮的印度文明不应当被视为"一种道德责任，更不应当是对其征服罪责的一种道歉和赎回，而是代表了英格兰的美德、荣誉和优势"（*AE*: 41）。斯蒂芬声称上述主张基于对遍布殖民地印度的"多愁善感的"自由主义感到恐惧，后者将会对英格兰和帝国构成威胁（*AE*: 42）。保守主义者与自由帝国主义者关于殖民政策的争论最终导致了英国自由党的分裂，后者在1886年有关爱尔兰地方自治条例的讨论中表现出来：自由帝国主义者支持在爱尔兰实施民主和自治原则，而以斯蒂芬和梅茵为代表的"旧自由主义者"则予以反对。1900年，以理查德·哈尔德纳、赫尔伯特·阿斯奎斯为代表的自由帝国主义者反对布尔战争，呼吁帝国的统治应当建立在更为仁慈的基础上。[1] 自由帝国主义旨在为英国在印度的殖民统治提供道德合法性，其目标一方面是为了遏制专制主义在宗主国政治中造成的恶劣影响；另一方面也是为了制定一种有益于殖民地臣民的统治原则。然而，自由帝国主义终究是一项殖民治理技术，其理想的政治效果是通过殖民地与宗主国在共同的民主和自由原则上加强思想和文化上的联系，最终巩固英国的殖民统治。

---

[1] T. Boyle, "The Liberal Imperialists, 1892–1906", *Bulletin of the Institute of Historical Research*, Volume 52, Issue 125, May 1979, pp. 48-82.

进入20世纪之后,美国继承了英国自由帝国主义的精神衣钵,并将之发展成为一项基本的外交政策。"一战"前后形成的威尔逊主义主张在认同民主自由原则的前提下赋予在俄罗斯帝国、奥匈帝国、奥斯曼帝国治下的少数族群以及前英国殖民地国家以民族自决权,从而在自由资本主义国家联合起来组成的"国联"旗帜下缔造新的世界和平。[1]在第二次世界大战末尾和冷战时期,美国政府依据这项原则支持和帮助新兴第三世界国家纷纷独立,甚至利用美国中央情报局情报网络致力于策划颠覆东南亚和拉美国家的左翼政权。自后冷战时期以来,自由帝国主义已经成为美国历届政府以普遍人权为借口、以"不自由"或者"反自由"的武力手段对"非自由主义国家"进行"人道主义"干涉的意识形态工具。[2]由于失去了苏联这个强劲的对手,自由帝国主义在美国政府的手里演变成了路易·哈慈所说的"自由绝对主义":美国外交政策的核心包含着"一种深层的、不成文的暴政冲动","对外将(那些不奉行自由主义的)异国看成是不可理喻的国家,从而阻止(对它们采取)积极的行动;对内通过渲染这些不可理喻的国家带来的焦虑而引发人们的疯狂"。[3]按照哈慈的观点,自由帝国主义奉行的标准是"不证自明的","没有任何合法的理由不接受它。如果一个人偏离了自由主义的

---

[1] Lloyd E. Ambrosius, *Woodrow Wilson and the American Diplomatic Tradition: The Treaty Fight in Perspective*, Cambridge/New York: Cambridge University Press, 1987.
[2] Michael C. Desch, "America's Liberal Illiberalism: Ideological Origins of Overreaction in U.S. Foreign Policy", *International Security*, Vol. 32, No. 3 (Winter 2007/08), pp. 7-43.
[3] Louis Hartz, *The Liberal Tradition in America*, New York: Houghton Mifflin Harcourt Publishing Company, 1991, pp. 12、285.

信条，那这便构成了其道德缺陷与居心叵测的证据"。[1]

安德森看待爱尔兰和印尼民族主义的两种截然不同的态度恰好构成了自由帝国主义意识形态的正反两个方面。在1999年雅加达演讲中，安德森以民间故事《棕色的奶牛》的爱尔兰语版本在爱尔兰民族独立前后的出现和消失说明，古老的爱尔兰语并非作为不列颠前殖民地的爱尔兰民族认同的标准。他暗示英语文化带来的自由精神才是"自由的爱尔兰与英格兰之间的关系远远好于150年前"的原因，"那时成千上万的人迫于殖民主义造成的饥荒而移民美国"（INTF: 4）。我们在上文中已经提到，安德森认为日本殖民政府对印尼民族主义施予的恩惠同样有益于前殖民地宗主国与独立后的印尼之间保持良好的精神和文化联系，在他看来，在对待东帝汶独立问题上，后苏哈托时代的印尼政府应当学习爱尔兰的经验，放弃征服的欲望。然而杰夫·诺南指出，自由帝国主义原则一方面依据康德的启蒙观念、《永久和平论》（*Zum ewigen Frieden: Ein philosophischer Entwurf*, 1795）和罗尔斯《正义论》一系的法哲学赋予人类个体以自主走向成熟和自由的潜力；另一方面极力主张被殖民者如不借助于殖民者所代表的先进文明的教导便无法实现自身蕴含的自由潜力，即无法通过本民族自发的创举改变自身的社会结构从而持续走向进步和完善[2]，自由帝国主义原则隐含的上述矛盾

---

[1] "America's Liberal Illiberalism: Ideological Origins of Overreaction in U.S. Foreign Policy", p. 32.
[2] Jeff Noonan, "The Principle of Liberal Imperialism: Human Rights and Human Freedom in the Age of Evangelical Capitalism", *Socialist Studies/Études Socialistes*, Vol. 2, Spring 2006, pp.5-22.

也贯穿在安德森对印尼民族主义的评价和《想象的共同体》一书对拉美民族主义起源的想象当中。

安德森将18世纪晚期至19世纪早期美洲国家,特别是西班牙王国所属殖民地墨西哥、秘鲁、智利、委内瑞拉在各自独立运动中形成的民族主义树立为后来兴起的欧洲方言民族主义、亚非反殖民民族主义广泛模仿或"盗版"的民族主义模式。为什么在这些地方首先产生了民族主义意识并且将之变为了政治现实?其一,启蒙观念和自由主义思想、人权、民族主权和共和原则对西班牙王国的殖民统治方式构成了挑战。在法国大革命和自由主义经济学说的影响下,广袤的西班牙美洲帝国从16世纪至18世纪按照不同的土壤、气候和经济发展水平已经分离为不同的行政、政治和军事区域。其二,18世纪末期,"开明君主"卡洛斯三世为了挽救西班牙在与英国竞争中落败的经济地位而采取的一系列加强殖民地经济和政治控制的措施,加上当时落后的通信技术导致以上地理区域进一步被封闭和隔绝起来,激起了当地濒于破产的中产阶级的愤怒和憎恨。然而在安德森看来,无论是发生在殖民地内部的文化和政治革命,还是全球自由资本主义的发展,都不足以解释为什么"智利、委内瑞拉和墨西哥最终均转变成了那种在情感上合理、在政治上又可行的实体",以及为什么何塞·德·圣马丁会发布政令将某些土著人(印第安人)认定为"秘鲁人"(*IC*: 51)。换句话说,为什么西班牙美洲殖民者划分的行政单位会被欧裔美洲移民视为情之所系的"祖国"呢?

安德森为了解释上述现象再次抬出了特纳的"过渡礼

仪"理论。我们知道他曾经用这一著名的人类学理论来解释爪哇青年的革命性来源。[1]与特纳赋予基督教和伊斯兰教教徒的"朝圣"旅行以其在形成宗教共同体中的重要意义一样,安德森将西班牙裔殖民地官员往返于殖民地和宗主国之间的宦游轨迹视为宗教"朝圣"之旅的世俗对等物,并以此来解释上述"模式化旅行"在欧裔美洲移民民族主义意识形成当中的意义。同样是政府官员,美洲出生的西班牙裔殖民官员的"朝圣"轨迹既与欧洲绝对君主制之下的封建官员不同,也与那些在伊比利亚半岛出生的西班牙殖民官员迥异:封建大臣凭借自己的才干能够从地方顺利地升职到中央,出生在西班牙本土的西班牙殖民官员也能够凭借自己的才干顺利返回宗主国任职,然而,在美洲出生的西班牙裔殖民官员升迁至其他殖民地或宗主国的路线却因自己出生在美洲、生而为"美洲人"的身份而被阻断。西班牙人惧怕与其拥有共同宗教、文化和军事手段的非半岛出生的美洲殖民官员给其殖民统治造成威胁而将他们排斥在宗主国统治阶层之外,这种马基雅维利式的人事安排和16世纪以来在欧洲流行的"生物学和生态污染概念"使欧裔美洲殖民官员"无论在水平方向还是在垂直方向上的运动均被折断"(*IC*: 58),尽管他们在"语言、宗教、祖辈和风俗"上和在半岛出生的西班牙人并无二致。一方面,尽管仕途受到阻碍,在美洲出生的西裔殖民官员却与宦游途中相遇的、出生在半岛的西班牙殖民官员,以及出生在半岛的美洲殖民官员,彼此之间因

---

[1] 详见本书第288页。

为操同一种行政语言、同为西班牙人而被联结在了一起,并且达成了一种"伙伴"关系;另一方面,宗主国的种族意识及其对殖民地的控制和支配催生了西裔美洲殖民官员的地方主义。在安德森看来,西属美洲殖民地民族主义和地方主义的"双重性"(*IC*: 62)同样构成了该地区以报纸发行为代表的印刷资本主义的基本特征:居住在墨西哥的西裔美洲移民也许会阅读马德里出版的、不会报道任何墨西哥当地事务的报纸,而同一条街上居住的半岛官员会尽量不去阅读加拉加斯的报纸;西属美洲报纸的书写是在一个与他们自己平行的世界中怀着充分的地方意识进行的,墨西哥城、布宜诺斯艾利斯和波哥大城的读者"或许并没有读过对方的报纸,但他们却意识到了彼此的存在"(*IC*: 62),由此诞生了基于生在美洲这一共同命运之上的民族意识;此外,"世界性事件"往往借助于当地的报纸被投射到地方读者的想象当中,这种"稳固的同时性"是形成想象共同体的基础(*IC*: 63)。按照安德森的看法,虽然经济利益、启蒙观念和自由主义对西属美洲民族意识的形成而言非常重要,但其想象共同体的真正缔造者却是西裔美洲殖民官员和从事印刷资本主义事业的西裔美洲移民。

安德森对西属美洲民族主义起源的分析实质上重复了他对爪哇或印尼民族主义的解释:二者均是欧洲和日本殖民者带来的启蒙观念和自由(印刷)资本主义培育和缔造的反殖民主义民族主义。安德森早期虽然尝试过在爪哇民间文化传统中寻找其民族主义的根源,但是正如我们在上文的分析中已经看到的那样,其对前者的认识依然来自荷兰殖民主义语文学,精英主义和精神性一直是安德森民族主义理论的显著特征,其强调宗主国与殖民地在宗教、精神和文化上的友善关系,低估印尼和美洲独立战争在塑造其民族认同过程中的重要作用,试图消除殖民地人民与宗主国殖民精英之间的敌意,弥合殖民地内部存在的宗教和文化差异等做法是从西方殖民者立场出发的自由帝国主义想象。在20世纪七八十年代西方史学界否定革命的知识氛围[1]中,安德森以民族主义取消民族革命的方法带有鲜明的修正色彩。从表面上看,他似乎回到了印尼和西属美洲殖民地民族革命前的传统,但这个传统实际上却是由16—18世纪西班牙殖民主义意识形态构建出来的幻象。尽管安德森声称民族主义是现代社会启蒙观念和自由资本主义的产物,但他却不得不依赖原始的、神秘的宗教仪式来解释现代民族共同体的想象机制。在他的眼里,"民族主义是前现代世界宗教普世性的一种文化继承者"[2],由分散于不同地理空间中的殖民官员、双语知识分子和报纸读者构成的民族主义主体仿佛中世纪走在朝圣途中的教徒那样,他们分别面对着拉丁文《圣经》、阿拉伯文《可兰经》和用方言书写的报纸想象一个宗教或者民族共同体的方式就如同是在参加一场"联合的礼仪"(*IC*: 54)一般。在爪哇传统中,承担融合功能的是哇扬皮影偶戏和"斯拉梅

---

[1] 弗朗索瓦·弗雷在1978年出版的《反思法国大革命》一书中认为,被视为大革命带来的诸多社会变化实际上早在其爆发之前就已经普遍发生了,详见 François Furet, *Penser la Révolution française*, Paris: Gallimard, 1978。
[2] Claudio Lomnitz, "Nationalism as a Practical System: Benedict Anderson's Theory of Nationalism from the Vantage Point of Spanish America", in *The Other Mirror: Grand Theory Through the Lens of Latin America*, Miguel Angel Centeno and Fernando Lopez-Alves (ed.), New Jersey: Princeton University Press, 2001, p.329.

坦";在西属美洲的传统中,其对等物则是一种被认为虽然在东非的赞比亚尼登布部落发现但普遍存在于包括美洲印第安人在内的世界各地原始社会中的"过渡礼仪"[1],它通过主体与所属文化的适应过程将前者纳入和提升到同一个文化共同体当中。[2]特纳将荷兰民族学家阿诺德·范·根奈普的"过渡礼仪"[3]提升为一种包含"分离、过渡或者边缘和再聚合"三个阶段的普遍文化或者社会过程。其中"过渡"或者"边缘"是一个模棱两可的阶段:与其他成熟的社会成员隔离开来、进入其中的未成年人或尚未成为社会成员的"新人"既不能被先前的也不能被后来的社会位置和状态所界定(*FS*: 94),其社会状态既无法被分类也尚未被分类,而是介于由一个位置进入另外一个位置的过渡或者边缘阶段,这个非常特殊的领域包含了所有对"新人"的否定和肯定方面,因而是一个"纯粹可能性"的领域(*FS*: 96)。从负面来说,处于过渡或边缘阶段的人格会被视为对其他社会成员造成了"污染";其次,他是"一无所有"之人,既没有"地位、财产、名号、衣饰、品阶和在亲族中的位置",也没有任何政治和法律意义上的权力(*FS*: 98)。从正面来说,"新人"认同在此阶段对其履行训导责任的教师(爪哇传统中的"古鲁")的权威,并对后者保持严格的服从态度,他们先前

---

[1] Victor Turner, *The Forest of Symbols: Aspects of Ndembu Ritual*, Ithaca: Cornell University Press 1986, p.95. 后文出自同一著作的引文,将随文标出该著简称 *FS* 和引文出处页码,不再另注。
[2] Victor Turner, *Dramas, Fields and Metaphors: Symbolic Action in Human Society*, Ithaca/London: Cornell University Press, 1974, p.231. 后文出自同一著作的引文,将随文标出该著简称 *DFM* 和引文出处页码,不再另注。
[3] Arnold van Gennep, *Les Rites de Passage*, Paris: Éditions A. et J. Picard, 1906.

拥有的权利、义务、责任等统统都被取消，转由教师一人来承担（*FS*: 99），因此"新人"们彼此之间往往容易结成一种"完全平等"的关系，并由此组成了一个超越所有世俗等级差别的共同体，其"伙伴关系"甚至区别于兄弟姐妹间的亲情，因为长幼关系会形成政治和法律上的实质不平等，而这种深厚的友谊在"过渡礼仪"结束之后依然能够得到延续，甚至被一代人终生保持（*FS*: 101）。

特纳用来解释文化或社会过程机制的"过渡礼仪"以及在这个过程中"新人"们之间产生的"伙伴"友情被安德森移植到民族共同体理论当中，他把一种排除了"不平等和剥削"（*IC*: 7）关系的伙伴和兄弟友情扩展为民族主义主体的普遍心态和民族共同体想象的前提，甚至将兄弟间的手足之情看作是共同体成员之间不再因种族、阶级和地方冲突进行"兄弟残杀"和甘愿为这个集体赴死的保证（*IC*: 203）。在以宗教礼仪所追求的纯粹性原则解释民族主义想象机制的框架下，安德森认为人们对身在其中的民族共同体的眷恋（attachment），或者说爱国主义是在民族主义主体认可"共同体之美"的前提下对民族共同体不掺杂任何"功利"色彩的"纯粹"之爱（*IC*: 143）。以菲律宾民族主义诗人黎萨尔的诗作《最后的告别》为例，安德森断言尽管被殖民者最有理由宣扬对殖民者（即诗中的"陌生人"）的仇恨，然而"在这些民族情感的表达当中仇恨的因素如此微不足道多么令人感到惊讶"（*IC*: 142）。可是令我们感到如此惊讶的倒不是这些，而是安德森对特纳共同体概念所做出的乌托邦式的理解、对西方殖民者残酷掠夺殖民地土地财产和自然资源的行为以及对殖民主义治理方式本身造成的种族主义冲突的熟视无睹。

1974年,特纳将"过渡礼仪"放置在动态的社会进程当中,不再认为从这一过程中获得的共同经验能够自发地形成一种标志其参与者的存在状态发生持久改变的共同体,而更多地视之为一种凸显其"平等和伙伴关系"的"文化和规范化的形式"(*DFM*: 232)。于是,稳固的共同体被弱化为断裂的、短暂的和流动的"共通体"(communitas)。在这位人类学家看来,社会持续从一种结构走向另一种结构,在两种不同结构之间必然要经过"共通体"环节,也可以说社会进程就是两种社会观念"各自按照某种比例"交替发展的结果:其一认为社会是由有差别的、被分割开来的"(社会——引者)位置体系"组成;其二认为社会是一个"无差别的、同质的整体"(*DFM*: 237–238)。在整个社会化进程当中,"共通体"则被看作在旧的社会结构面临危机之际文化"自发和自我产生"(*DFM*: 243)的调整方式。在"过渡礼仪"结束之后,参与者或许会重新返回礼仪之前的社会结构,从而使其得以巩固;或许被提升到一种全新的社会结构中去。"共通体"往往被描述为一种没有时间的状况,一种永恒的现在,一种"在时间之内又在时间之外的时刻"(*DFM*: 238)。在这个梦幻般的时刻,参与者暂时摆脱了先前的权力和等级关系以及"焦虑、攻击、嫉妒、恐惧、兴奋"等种种不良情绪,转入到一种孤独的、禁欲的甚至是自然的生活方式,在闲暇中沉思宇宙和社会秩序。"结构的断裂或许给了共通体以机会"(*DFM*: 251),在特纳看来,这正是"共通体"的积极性所在，它是一个社会和文化的创造性源泉。我们可以看到，安德森将特纳笔下的共同体或者后来加以弱化的"共通体"从其所描述的整个社会或文化进程当中孤立出来，其结果是民族主义仅仅呈现出一种稳定的、连续的、"同质的、空洞的时间"和"伊甸园的、天堂的、乌托邦的和千禧年的"（*DFM*: 237）面目。因此，就"共同体"或者"共通体"而言，这个宗教、文化、社会学和人类学术语不能被简单地翻译到政治哲学领域，无论是费迪南德·滕尼斯的"有机共同体理论"、马克斯·韦伯的"世俗共同体"、哈贝马斯的"交往行为理论"，还是20世纪80年代在美国兴起的"新社群主义"，均反对自17世纪以来霍布斯等自由主义者建立的个人主义范型，将共同体看作是"扩大了的主体"。迄今为止，有关共同体的哲学理论或者使个体和自我"膨胀"为一种集体主体性；或者直接将主体性界定为在个体自我之内承认和接纳他者的"主体间性"。自近代资本主义崛起以来，共同体往往与"财产"关联在一起，共同体成员与共同体之间不再只是一种宗教式的归属和服从关系，前者变成了共同体这一公共财产的全体而非个人的所有者和集体主体，"对所有哲学家而言，它（指共同体——引者）意味着一种'完整'或者'全部'，或者是作为族群、民族和人民的社会体的'完善性'"。[1]然而，无论从其古希腊、古罗马词源上看，还是在范·根奈普、维克多·特纳及其遗孀艾

---

[1] Roberto Esposito, *Communitas: Origine et destin de la communauté*, Traduit de l'italien par Nadine Le Lirzin, Paris: Presse Universitaires de France, 2000, pp.14-15. 后文出自同一著作的引文，将随文标出该著简称 *ODC* 和引文出处页码，不再另注。

迪斯·特纳[1]的人类学田野调查当中，"共通体"均为参与者（"新人"）在失去世俗的财产、地位、特权甚至是性别差异的前提下——简单说就是在失去其社会地位和主体性的前提下——所获得的一种特殊的共通体验。"共通体并非依靠财产联合起来的人们全体，不是通过'增加'而是通过'减少'，通过一种缺乏和表现为一种任务的形式，甚至是一种缺陷的模式联合起来的，它涉及的是受这一缺失'影响'的人，这与'免除'或者'被免除'上述任务的人们不同。"（*ODC*: 19）也就是说，"共通体"的主体是依靠"义务"联合起来的，他们通过失去、放弃或者被取消了先前拥有的私人财产和社会地位而加入共同体的方式成为自己的主人，获得了主体性，其真实的共同体体验不是"你欠我什么"，而是"我欠你什么"（*ODC*: 20）。中世纪的基督教共同体终结了上述"非功利的"和辩证的"共同体"含义，并将其与财产和财产的个人或集体所属关系挂起钩来，改造成了一个政治和法律范畴（*ODC*: 22-23）。我想在此补充的是，随着17世纪近代资本生产方式和商业社会的兴起，黑格尔极力称颂的"（土地）财产赋予自由"的信念不但使看不见的、抽象的共同体成为民族主义主体的共同财产，而且连共同体的人口、脚下的土地和这片土地上出产的矿藏等自然资源都成了可供人们占有和夺取的财产。脱胎于德国浪漫派民族主义的滕尼斯说，共同体"[对人口和自然资源的]的任何利用方

---

[1] Edith Turner, *Communitas: The Anthropology of Collective Joy*, New York: Palgrave Macmillan, 2012.

式都是一种完善的占有、内化和同化：就土地是共同体的有机财产而言，即便是深藏地底的贵金属也应该被当作宝藏奉献出来"。[1]从原始部落反文化的"共同体"中无法形成现代的政治民族共同体，而现代的民族共同体必然建立在一种近代发明的财产所有关系之上。印刷资本主义激发出来的共同体想象和美洲殖民地民族意识集中体现在"我们人民"（We the people）、"我们美洲人"（nosotros los Américanos）和"我们美洲"（nuestra América）（*IC*: 62）的说法上，然而这种平面化的民族认同模式无法遮蔽包括土著人在内的殖民地人民对主权、土地和自然资源的所有权、开发权和利用权的诉求，更无法消除欧裔美洲移民与美洲土著族群在宗教、风俗、文化和社会经济发展方式上存在的普遍差异和政治上的等级关系。安德森就南美洲民族共同体成员之间普遍存在的"深度的、水平的伙伴关系"（*IC*: 7）所做的描述并不符合历史实际，无论是伙伴还是兄弟友谊本身并没有排除政治上既有的等级关系：何塞·圣马丁发布政令宣布今后不准再称印第安人和当地人为土著，而应当视他们为"秘鲁的孩子和公民"和"秘鲁人"，其行为并非如安德森声称的那样是出于平等主义的政治感情。相反，这恰恰体现了西班牙国王卡洛斯三世试图缩小包括美洲殖民地在内的帝国内部各个等级之间的差异，构建一种"同质化的臣民范畴"的政策。[2]圣马丁的政令反过来表征了18世纪君主与臣民之间的等级

---

[1] Ferdinand Tönnies, *Gemeinschaft und Gesellschaft*, Leipzig: Fues's Verlag, 1887, p.211.
[2] "Nationalism as a Practical System: Benedict Anderson's Theory of Nationalism from the Vantage Point of Spanish America", pp. 334-335.

关系，同时，称土著人为"秘鲁人"并不能改变前者相对于欧裔自由民的奴隶地位。在西属美洲反殖民民族主义的问题上，安德森也重复了其对印尼民族主义运动中存在于殖民者和被殖民者之间，以及被殖民者内部在政治、宗教和文化方面的普遍差异的漠视。正因为如此，当安德森在20世纪90年代目睹上述种种差异的集中爆发所导致的东帝汶分离主义运动之际，除了表示震惊和愤怒之外，他依然未能在与《想象的共同体》一致的精神和解之外为印尼民族主义的正常发展找到有效的解决方案。在《想象的共同体》的末章，安德森甚至退回到了一个深深根植于浓厚的基督教背景之中的厄尔斯特·勒南的立场上，呼吁一个在历史上曾经发生过内战和"兄弟残杀"的民族"必须遗忘掉"（doit avoiroublié）[1]那段痛苦的历史，因为只有意识到曾经为共同体付出的牺牲，才能构建出关于一个民族的"家族历史"（IC: 201）。在我看来，安德森不明白"兄弟相残"的寓言故事是基督教"原罪共同体"得以建立的基石（ODC: 25），而非现代民族主义的"创世神话"，想要克服印尼的分离主义与南美国家土著人的社会运动，必须在宗教和精神因素之外寻求更为合理有效的经济发展、资源分配和政治参与方式。[2]

本文分别考察了英帝国的殖民官员西姆斯·安德森和赫

---

[1] Ernest Renan, *Qu'est-ce Qu'une Nation? Conférence en Sorbonne, le 11 mars 1882*, Paris: Calmann Lévy, 1882, p.9.
[2] Roger Merino, "Reimagining the Nation-State: Indigenous Peoples and the Making of Plurinationalism in Latin America", *Leiden Journal of International Law (2018)*, pp.1-20.

德对半殖民地中国的情感认同,以及继承父亲民族主义理想的本尼迪克特·安德森从欧洲和日本殖民者的立场对印尼和西属美洲民族主义起源的阐释。在爱尔兰民族主义与印尼和南美民族主义之间,安德森试图建立一种同构的关系,以期树立一个拥有普世价值的民族主义模型。然而,在将现代民族主义起源归因于西方启蒙思想与自由(印刷)资本主义的联合作用时,安德森忽视了印尼和南美洲国家在各自的民族独立运动中自发创造的地方性特征,以及这些地方远比人类学想象更为复杂和矛盾的认同方式,甚至是激烈的宗教、文化和种族冲突问题。归根结底,《想象的共同体》所提供的民族主义理论最终沦为了漠视东西方民族主义的普遍差异,奉行自由主义、民主原则和抽象"普遍"人权标准的一种自由帝国主义的想象。当安德森激烈地批评以奥匈帝国、俄罗斯帝国为代表的"官方民族主义"以及独立后的印尼等新兴民族国家试图将王权原则与民族主义结合在一起,针对其他少数族群推行的"征服"政策之时,我们是否可以追问,引发上述国家分离主义和土著人社会运动的种族、宗教、文化和经济差异难道不是西方人为了服务于其所在宗主国的经济和文化利益而采取的"分而治之"的殖民政策所制造出来的吗?人口调查、地图绘制、博物馆的设立(*IC*: 163–185)、殖民官员的选拔过程和不平等的移民政策制造并实践了种族主义,掠夺式的殖民主义经济模式制造了殖民地国家地区经济发展的不平衡,而以自由帝国主义的想象来克服殖民主义的后果只能是一种再殖民化的行径。